教育判例で読み解く

憲 法

第2版

柳 瀬 昇
Yanase Noboru

学文社

はしがき

　本書は，教育問題に関連する著名な憲法判例を素材として，憲法解釈論の諸問題について検討するものである。

　憲法とは，国家統治の組織・作用の基本法であり，今日的意味においては，特に，自由主義に基づき人権保障のために権力を抑制することを定めた基本法をいうと解される。このように述べると，憲法の解釈論はきわめて難しいものであるように感じるかもしれない。また，市民生活の基礎法である民法や，犯罪と刑罰に関する法律である刑法などと比べると，憲法は，非常に抽象的な規定が多いため，自分自身の問題としてとらえることが難しいかもしれない。そして，抽象的であり難解であるということから，一般的には，憲法は，学ぶ対象として敬遠されがちである。

　そこで，本書では，教育に関連する憲法判例を通じて，日本国憲法の解釈論の全体像を鳥瞰できるように工夫した。具体的には，教育関連の判例について，事件の概要と裁判所による判断を解説したうえで，その憲法学的位置づけを示す。憲法を学ぶにあたって，なぜ教育問題を取り上げるのかといえば，一般に，多くの国民にとって，教育問題は非常に関心が高いからである。特に，これまでに初等・中等教育を受けた経験をもち，かつ，現在，高等教育を受けている大学生にとっては，教育問題はとても身近に感じうるであろう。

　憲法解釈論に関しては，優れた基本書・体系書や趣向を凝らした初学者向けの入門書が，数多くある。さまざまな解説書が出版されているなかで，敢えて筆者が本書を書き下ろした理由は，教育問題に関連する著名な憲法判例を素材として，憲法解釈論の世界へといざなおうとする図書をつくりたいと考えたからである。具体的な判例を通じて憲法解釈論の諸問題を概括しようとする単行書は多数刊行されているものの，教育関連の憲法判例に絞って取り上げたものは，これまでになく，本書の最大の特徴であるといってよいだろう。

ただし，限られた紙幅のなかで，教育関連判例を通じて考えるという制約の下では，憲法解釈論として取り組むべき課題を網羅的に取り扱うことはできない。本書の記述を通じて憲法の解釈論に関心をもった読者は，ぜひ，定評ある憲法の解説書を読み，体系的に学び考えてほしい。

　本書を執筆するにあたって筆者が特に意識したのは，日本国憲法の解釈論上，重要な概念についての定義を明確に記述したことである。憲法学をはじめとする法律学は，概念をきちんと定義したうえで，それを用いて論理を構成していく学問である。概念定義をおろそかにすれば，議論がすれ違いに終わってしまうおそれがある。本書では，憲法を学ぶうえで鍵となる概念については標準的な定義を示しているので，独習する読者は，マーカー等で印をつけながら読み進められたい。

　本書の前身は，筆者が佐々木幸寿教授（東京学芸大学）との共著として刊行した『憲法と教育』（学文社，2008 年）である。第 1 編が佐々木教授の手になる教育基本法の解説であり，第 2 編が筆者の担当した本書の原形である。同書は好評により版を重ねたが，このたび，分冊し，内容を改めたうえで 4 つの章を新たに書き加えて刊行することとした。

　旧著において，佐々木教授と筆者は，「これまで，憲法と教育とは，その密接不可分な関係が意識され，かつ，指摘され続けてきたが，学問としての憲法学と学問としての教育学とは，それぞれ固有の領域をもち，独自に展開してきたため，本格的な学的協働は今後の課題とされてきたのではないかと思われる。我々は，教育行政学と憲法学の世界で，研究者・教育者として道を歩み始めたばかりの者であるが，相互の学的交流の必要性を強く認識し，問題関心を共有するものである」と述べた。

　本書においても，筆者は，このような問題意識を強く抱きながら，旧著の第 2 編をもとに，憲法解説書として記述を充実させることとした。

　「憲法と教育をめぐる激動の時代において，今後さらに展開されるであろう憲法と教育との学的協働という困難な作業に取り組むことは，ようやく研究者として歩み始めたばかりの我々にとって，やや勇気を要することであった。

……先学諸兄のご意見・ご批判を頂戴したいと希うところである」という前著での思いは，なんら変わるところはない。

　佐々木教授と筆者は，信州大学松本キャンパスに全学教育機構という教養教育組織が発足するにあたり，それぞれ教育学担当・法学担当の教員として採用された。一回り以上も年上の同僚との語らいは，筆者が大学の教員として歩み始めるにあたって，大きな影響を与えてくれた。佐々木教授との出会いがなければ，憲法と教育との連関について真摯に取り組もうと考えることはなかったであろう。佐々木教授も筆者も，ともに信州大学を巣立ち，東京でそれぞれの専門科目の教育を行うこととなったが，お互いの研究室を訪ねては深夜まで議論を続けた松本での日々は忘れられない。そんな愛しい思い出への筆者の若干の感傷を込めて，本書を世に送ることとする。

柳　瀬　　昇

第2版　はしがき

　初版が刊行されてから今日までに，多くの読者の手に取っていただくことができ，この場を借りて，著者として心より感謝を申し上げたい。

　このたび，法制度の改正や新判例の登場に伴い，必要な加筆を行うとともに，詳しく解説すべき点について，大幅に書き改めることとした。また，近時の大学教育改革において学生の能動的な学修の充実が求められているが，それに対応するため，第2版では，自主的な調査活動やグループ討議を行う際の素材（2つの「課題研究」）を新たに付録することにした。

柳　瀬　　昇

目　　次

体系索引

教育判例で読み解く

憲　法

第 2 版

序　章　憲法判例の読み方

1　六　法

　六法とは，法令集のことをいう。法律学の学習の際には，六法を必ず手もとに置き，参照できるようにしておくことが必要である。なぜならば，法律学の中心は，法令の条文の解釈学であり，条文を離れて議論を行うことは基本的には認められないからである。

　法令が毎年改廃されるため，六法も毎年刊行される。したがって，六法は，できる限り最新のものを常備しておきたい。一般的な六法としては，小型のものとして，『三省堂基本六法』（三省堂），『デイリー六法』（三省堂），『法学六法』（信山社），『ポケット六法』（有斐閣），判例の要旨つきの小型のものとして，『判例付き法務六法』（三省堂），『有斐閣判例六法』（有斐閣），判例の要旨つきの中型のものとして，『模範六法』（三省堂），『有斐閣判例六法 Professional』（有斐閣），大型のものとして，『六法全書』（有斐閣）などがある。憲法を学び始める際には，小型から中型のもので十分である。

　また，『税務六法』や『環境六法』など，特定の職業に従事する者向けの六法や，特定の行政分野の法令に特化して編集されている六法があるが，これらは，憲法の学習用としては，あまり適切ではない。なお，教育関係の六法としては，文部科学法令研究会監修『文部科学法令要覧』（ぎょうせい）や高見茂監修『必携教職六法』（協同出版）などがある（これらは，憲法や教育関係の法律だけでなく，教育関係の政令，省令，通達なども収録している一方，基本的な法令であっても，教育とは関係ない法令は収録していない）。このなかには，教育関連の年表，用語集，判例の要約などを付録しているものもある。

六法は，実務や学習にとって必要なごく一部の基本的な法令を選択的に収録しているにすぎず，すべての法令が収録されているわけではない（収録法令が最も多い汎用六法である『六法全書』であっても，現在効力を有する約7,000件の法令のうち，1,000件程度を抄録しているにすぎない）。学習の際に必要な法令が六法に収録されていない場合には，大学の図書館や公立の図書館などにある『現行法規総覧』（第一法規）や『現行日本法規』（ぎょうせい）で，検索するとよい。これらは，現在効力を有するわが国の法令を分野ごとに網羅的に収録した加除式の法令集である。また，総務省行政管理局の「e-gov 法令検索」（https://elaws.e-gov.go.jp/）は，現行法令を法令の題名や用いられている語句で検索することができる無料の電子データベースである。内閣府令や省令までは，これらで検索することができるが，それ以下の通達などを探すためには，分野に特化した六法を参照するか，または，各省庁のウェブサイトを検索して調べる必要がある。

2　裁　判

　裁判は，民事事件の裁判と刑事事件の裁判との2つに大別される。民事事件とは，貸金の返還，不動産の明渡し，人身損害に対する賠償を求める訴えなど，基本的には私人相互間の法的な紛争である（国や地方公共団体の行った行為に不服がある場合など，行政に関連して生じた争いを裁判所で解決するための手続に関する事件を，特に，行政事件という）。民事裁判において，訴えた人を原告と，訴えられた人を被告という。一方，刑事事件とは，窃盗や殺人など犯罪に関する紛争である。刑事裁判では，罪を犯したものとして検察官によって起訴された人を被告人といい，裁判所は，被告人が有罪であるかどうか，有罪の場合には，どのような刑罰にするかを決める。なお，新聞やテレビの報道などでは，刑事裁判の被告人のことも「被告」というが，法律上は，民事事件で訴えられた者のみを被告といい，刑事事件で訴えられた者は被告人であるので，注意が必要である。

なお，本書では，原告をＸと，被告または被告人をＹとし，当事者以外の関係者を，Ａ，Ｂ，Ｃ……と表記することとする。

　本書で扱う事件は，すべて，民事事件（行政事件を含む）か刑事事件のいずれかであり，その裁判の過程で，なんらかの法令の規定やその適用が憲法の規定に違反するか否かが争われたものである。裁判所は，民事事件・刑事事件の裁判権のほかに，法令や行政処分等の憲法適合性を審査する権限（違憲審査権）を有する（憲法81条）。わが国では，違憲審査は，具体的な事件の裁判において，当該事件の解決に必要な限りで行われるものであり，裁判所は，原則として，その必要がなければ，積極的に憲法や法令の解釈を示すことはない。憲法判例が，すべて民事事件か刑事事件の裁判の判決等になっているのは，そのためである。

　裁判所は，最高裁判所と下級裁判所（高等裁判所，地方裁判所，家庭裁判所，簡易裁判所）があり，通常，第1審の裁判所の判決に不服のある当事者は，上級の裁判所に対して控訴することができ，控訴審の裁判所の判決に不服のある当事者は，より上級の裁判所に対して上告することができる。このうち，法令の最終的な解釈権をもっているのは，最高裁判所である（憲法81条）。

3 　判　例

　判例とは，裁判において最高裁判所が示した法的判断である（最高裁判所以外の下級裁判所による裁判例を含めて，判例と呼ぶこともある）。正確には，裁判所が判決や決定などのかたちで示した法的判断のすべてを判例というのではなく，一定の法令に関する解釈であり，先例としての価値をもち，他の事件などに適用されうるもののみをいうが，単に裁判所の判決や決定そのものを指すこともある。このうち，憲法判例とは，憲法の解釈に関する判例をいう。なお，わが国では，判例には法的拘束力は認められないが，事実上の拘束力があると一般には解されている（下級裁判所は，判例に拘束されるし，国会や内閣などの他の国家機関も，判例を尊重しなければならない）。

判例を引用する場合には，通常，次のような略記がなされる。

　　　最大判昭和 51 年 5 月 21 日刑集 30 巻 5 号 615 頁

　この場合，「最大判」という部分が，裁判所の種類と行った裁判の種類を示し，「昭和 51 年 5 月 21 日」という部分が，判決等が言い渡された日を示し，そして，その後の「刑集 30 巻 5 号 615 頁」という部分が，その判例が収録されている判例集とその該当箇所を示している。

　裁判所の種類については，「最大」とは，最高裁判所の大法廷を，「最」とは，最高裁判所のいずれかの小法廷を示す。高等裁判所であれば，「高」と，地方裁判所であれば，「地」と，また，簡易裁判所であれば，「簡」と略記され，具体的な裁判所名がその文字の上に付される（例えば，東京高等裁判所であれば，「東京高」，名古屋地方裁判所であれば，「名古屋地」など）。

　裁判の種類については，判決であれば，「判」と，決定であれば，「決」と略記される。

　同一日に同一の裁判所から複数の判決が宣告されることもあるため，裁判所・裁判の種類と判決日の組み合わせのみでは，その判決を特定することができない場合もある。例えば，最高裁判所の大法廷で昭和 51 年 5 月 21 日に言い渡された判決は，旭川学力テスト事件と岩教組学力テスト事件の 2 つがある。そこで，判例集の該当箇所を示したり（前者は刑集 30 巻 5 号 615 頁，後者は同 1178 頁），裁判所に係属したときの事件名（前者は「建造物侵入，暴力行為等処罰ニ関スル法律違反被告事件」，後者は「地方公務員法違反，道路交通法違反被告事件」）をあげたりすることもある。

4 　判例集

　本書で判例を取り上げる際には，最高裁判所が発行する公式の判例集である最高裁判所民事判例集（「民集」と略称する）または最高裁判所刑事判例集（「刑集」と略称する）に収録されているものについては，その該当箇所を示すこととする。民集・刑集に収録されていないものについては，民間出版社による定

評ある判例集の１つである判例時報（「判時」と略称する）の該当箇所をあげることとする（民集・刑集及び判時にも収録されていないものについては，判例集の表示を行わないものとする）。なお，判例集は，公的なものであれ民間のものであれ，わが国の裁判所の行った裁判の判決等のすべてを登載するのではなく，裁判所の判決等のうち，法律の実務や学習に影響を与えるような，とりわけ重要な判断が示されたもののみを，厳選して収録しているにすぎない。したがって，非常に重要な判決であるにもかかわらず，判例集に登載されないこともまれにある。

　最近では，電子媒体による判例データベースも多く刊行されている。無料で利用できるものとして，裁判所のウェブサイト（http://www.courts.go.jp/）の「裁判例情報」がある。これには，主要な最高裁判所の判例や下級裁判所の判例が収録されており，判決が言い渡された後きわめて短期間にアップロードされる点が特徴的である（ただし，著名な判例であっても収録されていないものがある）。

　なお，憲法関連の判例について，事件の概要や裁判所の判断などがまとめられている学習用の判例集も，多数刊行されている。憲法を学習するにあたっては，長谷部恭男ほか編『憲法判例百選Ⅰ・Ⅱ〔第７版〕』（有斐閣，2019年），高橋和之編『新・判例ハンドブック憲法〔第２版〕』（日本評論社，2018年），戸松秀典・初宿正典編『憲法判例〔第８版〕』（有斐閣，2018年）や野中俊彦・江橋崇編，渋谷秀樹補訂『憲法判例集〔第11版〕』（有斐閣，2016年）が便利であろう。

　そのほかに，教育関連の判例を特に取り上げているものとして，兼子仁編『教育判例百選〔第３版〕』（有斐閣，1992年），斎藤一久編『重要教育判例集』（東京学芸大学出版会，2012年），坂田仰・星野豊編『学校教育の基本判例』（学事出版，2004年），浪本勝年ほか『教育判例ガイド』（有斐閣，2001年）などがある。

日本国憲法の基本的原理と意義

日本国憲法13条は「すべて国民は，個人として尊重される」と規定するが，ここに憲法の意義が集約されている。すなわち，憲法の目的は，国家権力を制約することにより，個人を最大限に尊重できる社会をつくり，もって，各人の幸福追求を実現することにある。

日本国憲法は，国民主権主義，平和主義，人権尊重主義（基本的人権の尊重）の3つを基本原理としている。まず，これら3つの原理がそれぞれどのような内容であるかを確認しておきたい。

国民主権主義は，国の政治のあり方を決定する権力と権威が国民にあるということを意味する。これは，絶対主義時代の君主の専制的支配（君主主権）に対抗して，国民こそが政治の主役であるということを示す観念である。国民主権には，権力性の契機と正当性の契機という2つの要素がある。権力性の契機とは，国の政治のあり方を最終的に決定する権力を国民が行使するということであり，正当性の契機とは，国家の権力行使を正当化する究極的な権威が国民に存するということである。なお，主権の概念は多義的であるが，一般に国家の統治権，国家権力の属性としての最高独立性（国内的には国家が最高の権力を有しており，対外的には国家として独立しているということ），国政についての最終的な最高決定権という3つの意味で用いられる。国民主権というときの主権とは，このうち最高決定権という意味である。

平和主義に関しては，日本国憲法9条の解釈をきちんと理解しておきたい。9条1項で放棄されている戦争について，「国際紛争を解決する手段としては」という留保が付されている点（国際紛争を解決する手段としての戦争とは，国際法上，侵略戦争を意味すると解されている）に注目し，侵略戦争のみを指す（したがって，自衛戦争は放棄されていない）という見解と，自衛戦争をも含めたすべての戦争を意味する（したがって，自衛戦争も放棄されている）という見解とが対立している。

前者が通説であり，政府の見解でもある。また，2項の「前項の目的を達するため」という文言について，9条1項全体の指導精神を指す意味なのか，国際紛争を解決する手段としての戦争（侵略戦争）を放棄するためという意味なのかで，理解が分かれている。この点についても，前者が通説であり，政府の見解でもある。

　9条に関する政府見解をまとめると，次のとおりである。すなわち，1項は，独立国家に固有の自衛権⑴までをも否定する趣旨ではなく，自衛のための必要最小限度の武力の行使は認められる。2項の戦力の不保持については，自衛のための必要最小限度の実力を保持することまでをも禁止する趣旨ではなく，これを超える実力（戦力）を保持することを禁止する。自衛隊は，2項で禁止される「戦力」には至らない自衛のための必要最小限度の実力（自衛力）を保持するものにすぎず，9条に違反するものではない。

　三大原理の中心は人権尊重主義であり，その手段として，国政について国民一人ひとりの発言権を認める国民主権主義が採用され，その前提として，平和が求められるというように，三大原理は，人権尊重主義を中心に相互に関連している。

　さらに，三大原理のほかに，権力分立，法の支配，法治主義など，人権が最大限に尊重されるようにさまざまな工夫がなされている。

　国家権力が単一の国家機関に集中している場合，国家がひとたび個人の人権を侵害しようとすれば，その被害は甚大である。そこで，国家の諸作用をその性質に着目して区別し，それぞれ別の機関に担当させ，相互に抑制と均衡を図らせ，全体として国家権力が公正に行使されるようになっている（この仕組みを権力分立という）。権力分立の典型は，国の統治権を立法・行政・司法の3つに区別し，それぞれ国会・内閣・裁判所に分担させるという三権分立であるが，国会における二院制や国と地方との垂直的な分立も，権力分立の一種である。

　また，権力を行使する者の恣意によって政治がなされるのであれば，個人に自由も権利もありえない。そこで，国家権力が国民を統治する際には，必ず国会で制定された法律によらなくてはならないという（形式

的）法治主義の原理が重要となる。人権を制約するためには，人権の主体である国民自身が納得して制約を甘受することが必要であるので，国民の代表機関である国会が制定した法律（それは，国民自身がその制約に納得したということと同視できる）によらなければ，人権は制約できないのである。

　しかし，国会が制定した法律といえども，その内容が常に絶対に正しいものであるとは限らない。法律は，国会がまったく自由に制定できるというわけではなく，憲法の内容に適合的につくられなければならない。そして，法律は，その内容が憲法に抵触する場合は無効とされなくてはならない（違憲審査制）。すなわち，法の支配とは，専断的な国家権力の支配を排斥し，権力を法で拘束することによって，国民の権利・自由を擁護することを目的とする原理である。法の支配の重要な要素としては，憲法の最高法規性の観念，権力によって侵されない個人の人権，法の内容・手続の公正を要求する適正手続，権力の恣意的行使をコントロールする裁判所の役割に対する尊重などが挙げられる。

　これらの原理は，国家の権力行使は憲法に基づいてなされなければならないという立憲主義にとって，いずれも不可欠なものである。

第1章　憲法の私人間効力

　人権総論で議論すべき主要な課題は，大別すると次の2つの問いに集約される。すなわち，日本国憲法の規定する人権は，だれに保障されるのかと，どのような法律関係において保障されるのかである。

　前者について，日本国憲法の第3章の表題が「国民の権利及び義務」と規定しているため，わが国の国籍を有する国民が人権の享有主体になることは明らかであるが，法人（自然人以外で，法律上，権利義務の主体となることを認められたもの）や外国人に対しては，どのような人権がどの程度保障されるかという問題がある。

　後者については，（1）国家（地方公共団体を含む，公権力という意味である）と私人との関係，（2）私人相互間の関係，（3）国家と，国家と特別な関係に立つ私人との関係の3つに分けて考えなければならない（このうち，（3）は第2章で取り上げる）。

　本来，憲法によって規律することが予定されている関係は（1）であるが，民法や刑法などの憲法より下位の法規範が規律すべき関係である（2）についても，憲法の人権規定を適用すべきであるという見解が一般的である。では，この関係について，憲法の人権規定をどのように適用させるべきであろうか。本章では，この憲法の私人間効力の問題が争われた昭和女子大事件について検討する。

昭和女子大事件

身分確認請求事件
最判昭和 49 年 7 月 19 日民集 28 巻 5 号 790 頁

1　事件の概要

　Y（学校法人昭和女子大学）が設置する昭和女子大学は，その建学の精神に基づく校風と教育方針に基づいて，「生活要録」を定めていた。これによれば，同大学の学生は，学内外を問わず署名運動をする場合には事前に大学に届け出なければならず，大学の許可なしに学外の団体に加入できないとされていた。

　同大学の家政学部 3 年生であった X₁ は，この生活要録に違反して，無届で政治的暴力行為防止法案⁽²⁾ に反対する署名運動を学内などで行い，許可なく学外の政治団体である民主青年同盟（「民青」または「民青同」などと略称される）⁽³⁾ への加入を申し込んでいた（その後，民青同に正式加入した）。また，同じく同大学の家政学部 3 年生であった X₂ は，無許可で民青同に加入していた。

　大学側は，X₁ と X₂ に対して民青同からの離脱を求めたが，逆に，X₁ と X₂ は，週刊誌やラジオなどで大学側の対応を公表するなどして，大学への批判を強めた。そこで，このような一連の行動は，大学の学則 36 条 4 号の「学校の秩序を乱し，その他学生としての本分に反したもの」に該当するとして，同大学の学長は，1962（昭和37）年 2 月，X₁ と X₂ を退学処分にした。

　そこで，X₁ と X₂ は，この退学処分は無効であると主張して，学生としての身分を有することの確認を求める訴えを提起した。

2　下級裁判所の判断

　第 1 審判決は，私立大学は校風や教育方針に従い学生に対して自律的に規制できる（したがって，同大学の生活要録による学生の政治活動への規制は不合理な

第 1 章　憲法の私人間効力——昭和女子大事件　*17*

ものとはいえない）としても，（1）日本国憲法14条や19条は私人相互間においても尊重されるべきであることを前提に，教育機関としては，退学処分の前に学生の反省を促す必要があったこと，（2）私学の教育作用も社会公共のためのものであり，公の性質・公共性をもち（2006（平成18）年改正前の教育基本法6条1項（現6条1項），私立学校法1条），国立大学と同様に私立大学でも学生の思想に対する寛容が法的に導かれること，（3）学生を処分するには，学生が単に大学の教育方針と異なる思想を抱いているというだけでは十分ではなく，その行動が現実に教育環境を乱すなど，学生の本分にもとる具体的な行為が行われたことが必要であることなどから，X₁とX₂に対する退学処分を無効であるとした（東京地判昭和38年11月20日判時353号9頁）。

　一方，控訴審判決は，第1審判決を取り消し，私立大学には，処分の前に反省を促す過程を経由させる法的義務はあるとはいえないので，退学処分は，社会観念上著しく不当ではなく，学長の裁量権の範囲をこえるものではないとして，X₁とX₂の請求を棄却した（東京高判昭和42年4月10日判時478号16頁）。

　そこで，X₁とX₂は，（1）生活要録の違憲性（学生の署名運動を届出制とする規定が，憲法15条，16条，21条に違反し，また，学外の団体への学生の加入を許可制とする規定が，憲法19条，21条，23条，26条に違反する），（2）退学処分の違憲性（本件退学処分がX₁とX₂の学問の自由を侵害し，思想・信条を理由とする差別的な取扱いであるとして，憲法14条，19条，23条に違反し，かつ，X₁とX₂の教育を受ける権利を侵害するので，憲法13条，26条に違反する），（3）退学処分に反省を促す過程の経由がなかったことの違法性などを理由に上告した。

3　**最高裁判所の判断**
　　　　——上告棄却（X₁・X₂の請求を認めなかった）

（1）　憲法の私人間効力

　日本国憲法19条，21条，23条などのいわゆる自由権の規定は，国または地方公共団体の統治行動に対して，個人の基本的な自由と平等を保障することを

目的とした規定であって，もっぱら国または地方公共団体と個人との関係を規律するものであり，私人相互間の関係について当然に適用ないし類推適用されるものでないことは，三菱樹脂事件最高裁判決（最大判昭和48年12月12日民集27巻11号1536頁）の示すところである。したがって，私立学校であるYの学則の細則としての性質をもつ生活要録の規定について，直接憲法の人権保障規定に違反するかどうかを論ずる余地はない。

(2) 大学の学則制定権

　大学は，国公立であると私立であるとを問わず，学生の教育と学術の研究を目的とする公共的な施設であり，その設置目的を達成するために必要な事項を学則等により一方的に制定し，これによって在学する学生を規律する包括的権能を有する。特に私立学校においては，学生は建学の精神に基づく独自の伝統・校風と教育方針の下で教育を受けることを希望して，当該大学に入学するものと考えられる。学則の制定によって，学生の政治的活動にかなり広汎な規律が及ぶとしても，これをもって直ちに社会通念上学生の自由に対する不合理な制限であるということはできない。もっとも，学校の有する包括的権能は，無制限ではなく，在学関係設定の目的と関連し，その内容が社会通念に照らして合理的と認められる範囲においてのみ是認されるものであるが，具体的に学生のいかなる行動についていかなる程度・方法の規制を加えることが適切であるかは，それが教育上の措置に関するものであるので，必ずしも画一的に決定することができず，各学校の伝統・校風や教育方針によって異なる。

(3) 本件退学処分と学問の自由（憲法23条）・教育を受ける権利（憲法26条）

　民青同への加入や政治的暴力行為防止法案反対の署名運動などの実社会の政治的・社会的活動に当たる行為を理由として退学処分を行うことが，直ちに学生の学問の自由や教育を受ける権利を侵害し，公序良俗に違反するものでないことは，東大ポポロ事件判決（最大判昭和38年5月22日刑集17巻4号370頁；本書102頁）の趣旨に徴して明らかである。

(4) 本件懲戒処分の手続的適法性

学生の懲戒処分は，学内の事情に通暁し直接教育の衝にあたるものの合理的な裁量に任せるものでなければ，適切な結果を期しがたい。当該学生に改善の見込みがなく退学がやむをえないかどうかの判定に際して，反省を促す過程を経由させるかどうかも，学校の方針に基づく学校当局の具体的かつ専門的・自律的判断に委ねざるをえないのであって，反省を促す過程を経由させることが法的義務であるとまではいえない。

(5) 本件学則の合理性と本件処分の合理性

Yが設置する大学が学生の穏健中正を求める私立学校であることを考えれば，政治的目的をもつ署名運動に学生が参加したり，学外の団体に学生が加入するのを放任しておくことは好ましくないとする大学の教育方針に基づき，このような学生の行動について，届出制または許可制をとることによりこれを規制しようとする生活要録の規定は，それ自体は不合理なものではない。

大学側が，X₁とX₂について，同大学の教育方針に従った改善を期待できず，教育目的を達成する見込みが失われたとして，「学内の秩序を乱し，その他学生としての本分に反した」ものと認めた判断は，社会通念上，合理性を欠くものであるとはいいがたい。したがって，本件退学処分は，懲戒権者に認められた裁量権の範囲以内にあるものとして，その効力を是認すべきである。

4　解　説

(1) 憲法の私人間効力

本判決は，私立学校の校則の規定が憲法上の人権を侵害しているとするX₁とX₂の主張に対して，三菱樹脂事件最高裁判決を引用して，これを退けた。

憲法は，本来，国家権力と私人との関係を規律することによって国民の権利・自由を保護するための法規範であり，私人と私人との関係を規律する規範ではない。これが，原則である。私人というと，生身の個人をイメージしがち

であるが，民間企業や私立学校の設置者（学校法人など）なども，私人である（前者を自然人というのに対して，後者のように，法律によって法人格を付与された団体を法人という）。しかしながら，資本主義の高度化によって，大企業，労働組合，マス・メディアなど，社会的権力ともいうべき私的団体が発生し，個人の人権を侵害するおそれが生じるようになった。そこで，従来のように人権保障の名宛人として国家のみを想定していたのでは不十分であり，私人相互間の関係においても，憲法の人権規定を適用させるべきではないかということが議論されるに至った。

　憲法の人権規定を私人相互間に適用させる方法としては，（1）私人相互間での適用が明文で規定されている条項以外は，適用されないとする無適用説（無効力説ともいう），（2）憲法の人権規定は，私人間の法律関係に全面的に適用されるとする直接適用説（直接効力説ともいう），（3）憲法の人権規定を私人間に直接適用させず，民法 90 条（公序良俗違反の法律行為の無効）などの私法の一般条項を通じて，間接的に適用させるべきとする間接適用説（間接効力説ともいう）の 3 つの学説が対立している。

　無適用説は，憲法の本来の考え方に忠実であるが，先に述べた私人相互間の法律関係に憲法の人権保障を及ぼす必要があるという現代社会の要請に十分に応えていない。また，直接適用説は，私人間の法律関係は私人間の自由な合意や契約で定めるという私的自治の原則を否定してしまうことになるという点に問題がある。そこで，間接適用説が通説的見解となっている。

　判例も，大学在学中に学生運動をしていたことなどを秘匿して民間企業に採用された者が，その事実が明らかになり，3 か月間の試用期間終了後に本採用されなかったことが，思想・良心の自由（19 条）と法の下の平等（14 条）に違反するか否かが争われた三菱樹脂事件の最高裁判決（最大判昭和 48 年 12 月 12 日民集 27 巻 11 号 1536 頁）において，憲法の人権規定はもっぱら国または地方公共団体と個人との関係を規律するものであり，私人相互の関係に適用ないし類推適用すべきではないとしたうえで，具体的な立法や民法 1 条，90 条などの私法の一般条項の適切な運用を通じて，私人相互間の社会的許容性の限度を

超える人権侵害に対して憲法の人権保障の趣旨を達成できるとして，間接適用説を採ることを示している。

したがって，学校での法的紛争を憲法問題として構成しうるか否かについては，私立学校と公立学校とでは扱いが異なりうることに注意が必要である。具体的には，設置主体が国や地方公共団体そのものの場合，憲法の人権規定の直接適用もありうるが，国立大学法人，公立大学法人，学校法人等の場合には，憲法の直接適用はなく，基本的には私人間効力の問題になる。

(2)　私立学校の教育の自由

本判決では，大学は，国公立であると私立であるとを問わず，学生の教育と学術の研究を目的とする公共的な施設であると判示されている。

法律に定める学校は，公の性質を有するものであって，国，地方公共団体及び法律に定める法人のみが，設置することができる（教育基本法6条1項）。そして，同法8条は，私立学校が「公の性質」を有すると重ねて規定されており，また，学校教育における私立学校の果たす重要な役割にかんがみ，国や地方公共団体は，その自主性を尊重しつつ，助成その他の適当な方法によって私立学校教育の振興に努めなければならないと定められている。また，私立学校法1条も，「この法律は，私立学校の特性にかんがみ，その自主性を重んじ，公共性を高めることによつて，私立学校の健全な発達を図ることを目的とする」と定めている。

つまり，私立学校は，公の性質を有する公共的な存在であるとともに，その自主性が尊重されなければならないということが，法令上，明記されている。

(3)　学校の学則制定権

一般に，学校は，その設置目的を達成するために必要な事項を学則等により一方的に制定し（学校教育法施行規則3条4号），これによって在学する学生や生徒等を規律する包括的権能を有する。この学校の有する包括的権能は，無制限ではなく，在学関係設定の目的と関連し，その内容が社会通念に照らして合

理的と認められる範囲においてのみ是認されるものである。

　特に，私立学校は，建学の精神に基づく独自の伝統・校風と研究・教育方針の下で研究・教育を行うことを前提としており，また，学生や生徒等も，そのような教育を受けることを希望して当該学校に入学するものと考えられる。とりわけ，伝統・校風や教育方針を重視する私立学校では，それらに関連した内容の学則の制定が認められるということが，本判決で確認されている。

(4)　学生の政治活動の自由

　憲法 15 条 3 項は，「公務員の選挙については，成年者による普通選挙を保障する」と規定し，それを受けて，公職選挙法が，9 条で選挙権（満 18 歳以上の国民）について，10 条で被選挙権（衆議院議員・都道府県議会議員・市町村議会議員・市町村長については，満 25 歳以上の国民，参議院議員・都道府県知事については，満 30 歳以上の国民）について，それぞれ定めている。

　国民の選挙権またはその行使は，やむを得ないと認められる事由がない限り，原則として制限することは許されない（在外国民選挙権訴訟最高裁判決（最大判平成 17 年 9 月 14 日民集 59 巻 7 号 2087 頁）(4)）ので，これらの要件を満たしている限り，学校の学生や生徒等であっても，選挙権の行使は自由になされるべきである（ただし，被選挙権に関しては，学業と公務との両立を図ることができるか否かが問題となる(5)）。

　また，公職選挙法 137 条の 2 は，満 18 歳未満の者が選挙運動を行うことを禁止しており，同法 239 条 1 項 1 号は，これに違反して選挙運動をした満 18 歳未満の者に対して，1 年以下の禁錮または 30 万円以下の罰金に処すると規定している。

　学校において適切な政治教育がなされることは，民主国家の基盤となる子どもたちの健全な育成という観点からも重要なことである。特に，2015（平成 27）年の選挙権年齢の引下げ(6) に伴い，学校において政治的教育を育む教育を一層推進すること(7) が求められるようになった。教育基本法 14 条 1 項も，「良識ある公民として必要な政治的教養は，教育上尊重されなければならない」

と定めている。ただし，同法2項は「法律に定める学校は，特定の政党を支持し，又はこれに反対するための政治教育その他政治的活動をしてはならない」と規定している。教員が学生や生徒等に特定の政治活動への参加を強要することは論外である[8]が，学生等の自発的な政治活動については，政治教育という観点からは必ずしも否定すべきことではない。

　もっとも，学生等の政治活動に関しては，特定の政治的思想のみに深入りすることを防ぎ，デモや暴徒から学生等の安全を確保し，学校内の教育環境の混乱や他の学生等に対する教育の実施の阻害を防ぎ，学習に専念させるなどの理由から，学校が学則等で一定の規制を行うことが一般的である[9]。

(5)　懲戒処分と法定適正手続の保障

　憲法31条は，「何人も，法律の定める手続によらなければ，その生命若しくは自由を奪はれ，又はその他の刑罰を科せられない」と規定している。この法定適正手続の保障は，奴隷的拘束や意に反する苦役を禁止する18条とともに，人身の自由の総則的規定である。

　この31条の規定は，(1) 手続が法律で定められなければならないことのみを保障しているようにも読める。しかし，手続が法定されていてもその内容が不当であれば，国家による恣意的な刑罰権の行使を防止し，国民の権利自由を保障することはできない。そこで，31条は，(2) 法律で定められた手続が適正でなければならないことをも保障していると解されている。具体的には，公権力が国民に刑罰その他の不利益を科す場合には，当事者に対して，あらかじめその内容を告知し，弁解と防御の機会を与えなければならないということを意味する。また，同条は，(3) 手続だけではなく実体もまた法律で定められなければならないことと，(4) 法律で定められた実体規定も適正でなければならないことをも意味すると解するのが妥当である。

　31条が刑事手続について規定しているのは，近代国家において刑罰権が国民の権利・自由に対する最大の脅威であったためであるが，今日のような福祉国家においては，国家が国民生活に対してさまざまな形でかかわり合うように

なっており，行政権の行使による国民の権利・自由の侵害の危険性も高くなっている。したがって，31条は「刑罰を科せられない」というように，直接的には刑事手続について規定するものであるが，その趣旨は行政手続にも適用ないし準用されると解するのが妥当である。

判例も，成田新法事件最高裁判決で，行政手続が刑事手続でないとの理由のみで，当然に31条の保障の枠外にあると判断すべきではないと判示している（最大判平成4年7月1日民集46巻5号437頁）。もっとも，行政手続は刑事手続とは性質が異なり，多種多様なものがあるため，事前に告知・弁解・防御の機会を与えるかどうかは，行政処分により制限を受ける権利・利益の内容・性質，制限の程度，行政処分によって達成しようとする公益の内容，程度，緊急性などを総合衡量して決定され，そのような機会を必ず与えなければならないわけではないとするのが，判例の立場である。

本判決では，X₁とX₂によって，退学処分に反省を促す過程の経由がなかったことの違法性が争われたが，憲法31条違反が争われたわけではないので，最高裁判所による31条に関する判断は示されていない。しかしながら，退学処分などの懲戒処分は，設置主体が国や地方公共団体である場合には，行政処分としての性格を有するし，国立大学法人，公立大学法人，学校法人等の場合であっても，それに準ずる性格をもつものとして理解すべきであるので，憲法31条の趣旨にかんがみ，法定適正手続が保障されるべきであると解される。具体的には，事前に一般的な形で，学則等の形式によって，懲戒の内容と手続を定めておき（それらは，適正なものでなければならない），また，具体的な処分の際には，学生や生徒等に対して，十分な告知と聴聞の機会を保障しなければならないといえよう。

人権の享有主体性

$\boxed{日}$　本国憲法の規定する人権はだれに保障されるのかという人権の享有主体性の問題に関して，ここでは，法人と外国人について検討することとする。

　まずは，法人の人権についてである。人権は，個人の権利であるから，その主体は，本来，自然人でなければならない。しかし，現代社会では，企業をはじめとする法人その他の団体は，1つの社会的実体として重要な活動を行っており，また，法人の活動は自然人を通して行われ，その効果は究極的には自然人に帰属するので，法人にも性質上可能な限り人権享有主体性が認められると解されている（八幡製鉄事件最高裁判決（最大判昭和45年6月24日民集24巻6号625頁)(10)）。

　法人は，自然人と異なり肉体を有しないので，権利の性質上自然人のみを対象とする選挙権・被選挙権（15条），生存権（25条），一定の人身の自由（18条，33条，34条，36条）などは保障されない。その一方で，その他の人権規定は，原則として，各団体の固有の性格と矛盾しない範囲内で適用される。例えば，精神的自由権に関して，思想・良心の自由などの内心の自由は，性質上，法人に保障されないが，法人には，結社の自由（21条）が保障されるほか，団体の性質に応じた人権の保障もなされる（例えば，宗教法人には信教の自由（20条）が，報道機関には報道の自由（21条）が，学校法人には学問の自由（23条）が保障される）。

　次に，外国人についてである。人権が前国家的な性格を有するものであり，また，日本国憲法が国際協調主義を採っていることから（前文，98条2項），憲法の規定する人権は，性質上可能な限り外国人にも保障されると解される。条文に「国民は」と書かれているものと「何人も」と書かれているものとで，外国人への適用を区別するという見解（文言説）もあるが，権利の性質上適用可能な人権はすべて保障される

という性質説が，通説・判例である（マクリーン事件最高裁判決（最大判昭和 53 年 10 月 4 日民集 32 巻 7 号 1223 頁)(11)）。

　外国人には保障されない人権として，例えば，次のようなものがある。生存権をはじめとする社会権は，第一次的には各人が帰属する国によって保障されるべきであり，外国によって当然に保障されるべき性格のものではない(12)。自国の安全と福祉に危害を及ぼすおそれのある外国人の入国を拒否することは，国際慣習法上，国家の主権的権利とされているので，外国人に入国の自由が保障されない（最大判昭和 32 年 6 月 19 日刑集 11 巻 6 号 1663 頁）。在留についても，同様に国家の自由裁量である（マクリーン事件最高裁判決）。出国の自由については，22 条 2 項により外国人にも保障される（最大判昭和 32 年 12 月 25 日刑集 11 巻 14 号 3377 頁）が，入国の自由が保障されない以上，再入国の自由は保障されないとするのが，判例の立場である（森川キャサリーン事件最高裁判決（最判平成 4 年 11 月 16 日））。

　参政権は，その性質上，その国の国民のみに認められる権利であり，国民主権国家においては，当然に，外国人には認められない。憲法上，国政レベルの選挙権・被選挙権は国民のみに保障され（アラン訴訟最高裁判決（最判平成 5 年 2 月 26 日判時 1452 号 37 頁)），地方政治レベルの選挙権・被選挙権も国民である住民のみに保障されており，憲法上，外国人には保障されない（最判平成 7 年 2 月 28 日民集 49 巻 2 号 639 頁(13)）。広義の参政権である公務就任権についても，憲法上，外国人には保障されない(14)（東京都管理職選考受験訴訟最高裁判決（最大判平成 17 年 1 月 26 日民集 59 巻 1 号 128 頁)(15)）。

第2章　公務員の人権

　本章では，公務員(16) などのような，国家と特別な関係に立つ私人について，憲法上保障される人権がどのように制限されるかについて検討する。

　憲法上，「全体の奉仕者であつて，一部の奉仕者ではない」（15条2項）とされる一般職公務員には，公権力を行使する主体である公務員としての側面のほかに，一般の国民ないし私人としての側面をもつ。つまり，公務員は，権力主体であると同時に権利主体であるという特殊な立場である。したがって，純然たる私人の場合とは異なり，その人権については，一定の制約が認められると解されている。

　具体的には，本来，日本国憲法21条等によって保障される政治活動の自由と，28条によって保障される労働基本権が，国家公務員法や地方公務員法等によって制限されている（種々の行為が禁止されており，それに違反した場合，懲戒処分や刑罰による制裁が課されうる）。

　この関係でなされる人権制約については，かつては，特別権力関係論（法律の規定や本人の同意などによって，国家と特別な関係に入った国民に対しては，法治主義が排除され，国は，包括的な支配権を認められ，法律の根拠なしに人権を制限でき，この関係内部での国家行為に対しては司法審査が及ばないという理論）によって説明されていた。

　しかし，法の支配の原理を採用し，基本的人権の尊重を基本原理とする日本国憲法下では，この特別権力関係論は妥当ではない。では，今日，公務員の人権制限は，どのような理由から正当化されるのだろうか。

岩教組学力テスト事件

地方公務員法違反, 道路交通法違反被告事件

最大判昭和 51 年 5 月 21 日刑集 30 巻 5 号 1178 頁

1　事件の概要

　岩手県内の学校の教員によって組織される岩手県教員組合（岩教組）の役員であった Y ら 7 人は, 1961（昭和 36）年度の全国中学校一斉学力調査[17]の実施に反対し, 組合傘下の市町村立中学校の教員に対して, 学力調査の実施責任者や補助員の任命を断り, 平常授業を行わせるなどして, 学力調査を実施させないようにする指令を出し, 組合員をあおった。

　この行為が, 地方公務員である教員に対して争議行為の遂行をあおり, そそのかすものであり, そのような行為などを禁止し, その罰則を定めた地方公務員法 37 条 1 項, 61 条 4 号に違反するとして起訴された。また, 学力調査の当日, 立会人が中学校に行こうとするところを, 組合員約 50 名と共謀して, 人垣をつくって道路上に立ちふさがり, 通行させなかったことが, 道路交通法 76 条 4 項 2 号, 120 条 1 項 9 号に違反するとして起訴された。

2　下級裁判所の判断

　第 1 審は, すべての訴因について, Y ら全員を有罪（懲役 1 年から罰金 1 万円, 執行猶予）とした（盛岡地判昭和 41 年 7 月 22 日判時 462 号 4 頁）。

　しかし, 控訴審（仙台高判昭和 44 年 2 月 19 日判時 548 号 39 頁）は, 第 1 審の判決を破棄し, 無罪とした。控訴審は, 争議行為をあおるなどの行為に刑罰を科す地方公務員法 61 条 4 号の規定は, そのような行為のすべてではなく, そのなかでも特に違法性の強い行為のみを処罰するものであると解釈する限り, 合憲であると述べたうえで, Y らの行為は争議行為に必要かつ不可欠または通

常随伴する行為であり，可罰的違法性のないものとして，地方公務員法 61 条
4 号所定の罪を構成しないとし，また，道路交通法違反については，労働組合
法 1 条 2 項の正当行為であるとして，違法性を阻却した。

そこで，これを不服とした検察側が上告した。なお，本件学力調査の適法性
については，第 1 審・控訴審ともに，合憲・合法であると判示している。

3　最高裁判所の判断
——原判決破棄（Y らの有罪が確定した）

(1)　公務員の労働基本権の制限（先例との関係）

最高裁判所は，全農林警職法事件判決（最大判昭和 48 年 4 月 25 日刑集 27 巻 4
号 547 頁）において，国家公務員法の労働基本権を制限する規定の合憲性につ
いて判断し，非現業の国家公務員の労働基本権の制限に関する憲法解釈につい
ての基本的見解を示したが，この見解は，今日においても変更する必要がな
い。そして，この法理は，非現業の地方公務員の労働基本権の制限についても
妥当するものであり，これによれば，地方公務員法 37 条 1 項，61 条 4 号の規
定は，控訴審判決のいうような限定解釈をあえて行わなくても，その合憲性を
肯定することができる。

(2)　地方公務員の争議権制約の根拠（公務員の地位の特殊性と職務の公共性）

地方公務員は，日本国憲法 28 条の勤労者として同条による労働基本権の保
障を受けるが，地方公共団体の住民全体の奉仕者として，実質的にはこれに対
して労務提供義務を負うという特殊な地位を有し，かつ，その労務の内容は，
公務の遂行，すなわち直接公共の利益のための活動の一環をなすという公共的
性質を有するものである。地方公務員の争議行為は，公務員の地位の特殊性と
職務の公共性と相容れず，また，もしそれが行われれば，そのために公務の停
廃を生じ，住民全体ないしは国民全体の共同利益に重大な影響を及ぼす（また
は，そのおそれがある）点は，国家公務員の場合と同じである。

(3) 地方公務員の争議権制約の根拠（勤務条件法定主義，財政民主主義）

地方公務員の勤務条件が，法律や地方公共団体の議会の制定する条例によって定められ，また，その給与が地方公共団体における政治的，財政的，社会的その他諸般の合理的な配慮によって決定されるべきものである点も，国家公務員の場合と同じである。したがって，地方公務員が争議権を行使すれば，かえって議会における民主的な手続によってなされるべき勤務条件の決定に対して不当な圧力を加え，これを歪めるおそれがある。

(4) 地方公務員の争議権制約の根拠（代償措置）

地方公務員法には，国家公務員の場合とほぼ同様の勤務条件に関する利益を保障する規定があるほか，人事院制度に対応するものとして，人事委員会または公平委員会の制度が設けられている。したがって，制度上，地方公務員の労働基本権の制約に見合う代償措置としての一般的要件を満たしている。

(5) 地方公務員法37条1項の合憲性

地方公務員法37条1項が，地方公務員の争議行為等を禁止し，かつ，同項後段が何人を問わずそれらの行為の遂行を共謀し，そそのかし，あおるなどの行為をすることを禁止したとしても，住民全体ないし国民全体の共同利益のためのやむをえない措置として，憲法28条などに違反するものではない。

(6) 地方公務員法61条4号の合憲性

集団的かつ組織的な行為としての争議行為を成り立たせるものは，その行為の遂行を共謀したり，そそのかしたり，あおったりする行為であって，これら共謀等の行為は，争議行為の原動力をなすもの，つまり，全体としての争議行為のなかでもそれなくしては争議行為が成立しえないという意味において，その中核的地位を占めるものである。このような行為をした者に対しては，違法な争議行為を防止するために特に処罰する必要性があるので，罰則を設けることは十分に合理性があり，憲法28条などには違反しない。

（7） 判例の変更

　地方公務員法 61 条 4 号の規定の解釈について，争議行為に違法性の強いものと弱いものとを区別して，前者のみが同条同号にいう争議行為にあたるものとし，また，争議行為の遂行を共謀し，そそのかし，またはあおるなどの行為についても，いわゆる争議行為に通常随伴する行為は単なる争議参加行為と同じように刑罰を科すべきではないと判断した都教組事件判決（最大判昭和 44 年 4 月 2 日刑集 23 巻 5 号 305 頁）は，変更すべきである。

（8） 学力調査の合憲性

　全国中学校一斉学力調査は，旭川学力テスト事件最高裁判決（最大判昭和 51 年 5 月 21 日刑集 30 巻 5 号 615 頁；本書 130 頁）が示すとおり，憲法違反ではないので，学力調査を妨げる本件行為は，地方公務員法 37 条 1 項の禁止する同盟罷業またはその他の争議行為の遂行に当たるものといわざるをえない。そして，それが同法 37 条 1 項の禁止する争議行為である以上，それをあおるなどの行為が違法性を欠くものとすることはできない。

4　　解　説

（1） 労働基本権（憲法 28 条）の意義

　日本国憲法 28 条は，「勤労者の団結する権利及び団体交渉その他の団体行動をする権利は，これを保障する」と規定している。ここでいう「勤労者」とは，労働力を提供して対価を得て生活する者（いわゆる労働者）をさす。これには，公務員も含まれる（全逓東京中郵事件最高裁判決（最大判昭和 41 年 10 月 26 日刑集 20 巻 8 号 901 頁））。

　労働市場をまったくの私的自治の原則に委ねると，労働者は，使用者に対して不利な立場に立たされ，劣悪な労働条件のもとでいやおうなしに働かされるおそれがある。そこで，憲法は，27 条で勤労の義務とともに勤労の権利を保障し，また，28 条で，労働基本権を保障し，労働者と使用者とが対等な立場

で交渉できるようにしている。この労働基本権は，国民が労働基本権を保障する措置を国に対して要求し，国がその施策を実施すべき義務を負うという意味で社会権であり，使用者対労働者という関係で労働者の権利を保護することを目的とするので，私人間にも直接適用がなされるという性質をもつ。この28条の規定を受けて，労働組合法や労働関係調整法などが制定されている。

労働基本権は，団結権・団体交渉権・団体行動権（争議権ともいう）の3つを内容とする。団結権とは，労働者が労働組合を結成し，それに加入する権利である。団体交渉権とは，労働組合が労働条件について使用者に交渉を要求できる権利であり，その結果として締結されるのが労働協約である。使用者は，労働組合から団体交渉を求められた場合は，これに応ずる義務があり，正当な理由なく交渉を拒否すると不当労働行為になる。団体行動権とは，労働組合が，労働条件の実現を図るために，ストライキやサボタージュなどの争議行為を行うことができる権利である。それが正当なものである限り，争議行為を行った労働組合や個々の組合員は，刑事責任を追及されず（労働組合法1条2項），民事上の債務不履行ないし不法行為責任を免除される（同法8条）。ただし，団体行動権の行使は，使用者の利益を制限するものなので，無制限に認められるものでなく，争議行為の目的と手段が正当なものでなければならないし，また，いかなる場合も暴力の行使は正当化されない（同法1条2項但書）。

(2) 公務員の労働基本権

公務員は，前述のように，勤労者ではあるが，公務員の地位の特殊性と職務の公共性にかんがみ，職種に応じて，一般の労働者に憲法上認められている労働基本権が大幅に制限されている（国家公務員法98条2項，3項，108条の2〜108条の7，地方公務員法37条，52〜56条参照）。公務員の労働基本権の制約に関して，かつて，全逓東京中郵事件や都教組事件（最大判昭和44年4月2日刑集23巻5号305頁）などにおいて，国民生活全体の利益の保障という見地からの内在的制約のみが許されるとして厳格な条件を示し，禁止される争議行為を行い起訴された被告人を無罪とする最高裁判決が続いたが，その後，全農林警

職法事件判決により，判例変更がなされた。

　この岩教組学力テスト事件判決は，国家公務員の労働基本権の制約を合憲とする全農林警職法事件判決で示された判断につき，地方公務員に関しても，基本的には同様であると判示したものであるので，この判決を理解するためには，その前提として，全農林警職法事件判決を理解しなければならない。

　全農林警職法事件とは，全農林労働組合の役員を務める農林省（現在の農林水産省の前身）の非現業の国家公務員が，警察官職務執行法改正に反対する統一行動の一環として，他の職員に対して，勤務時間内の職場大会への参加を呼びかけたところ，この行為が国家公務員法98条5項（現98条2項）の禁止する違法な争議行為のあおり行為に該当するとして起訴された事件で，公務員の労働基本権に対する制約は憲法28条に違反するとの被告人の主張に対して，最高裁判所は，(1) 公務員の勤務条件は国会が制定する法律や予算によって定められるので，政府に対する争議行為は的外れであること，(2) 私企業のような市場の抑制力がないため，公務員が争議行為を行うとすれば，歯止めの利かない一方的に強力な圧力になること，(3) 公務員による争議行為は，公務の退廃をもたらし，国民全体の共同利益に重大な影響を及ぼすこと，(4) 勤務条件の法定，人事院勧告制度，身分保障制度など，公務員の労働基本権に対する制限には代償措置があることなどの理由から，国家公務員に対する一律かつ全面的な労働基本権の制限を合憲と判示した（最大判昭和48年4月25日刑集27巻4号547頁）。

　この判決の法理は，本判決によって，地方公務員についても妥当することが確認され（都教組事件判決を変更），全逓名古屋中郵事件判決（最大判昭和52年5月4日刑集31巻3号182頁）で，現業の国家公務員や公営企業体職員について（全逓東京中郵事件判決を変更），北九州市交通局事件判決（最判昭和63年12月8日民集42巻10号739頁）で，現業の地方公務員について，また，北九州市清掃事業局事件判決（最判昭和63年12月9日民集42巻10号880頁）で，単純労務職員についても，同様に妥当すると判示された。つまり，国または地方公共団体の職員等は，各種公務員法または企業労働関係法の規定により，労働基本権が制約されるものの，その制約は，憲法28条に違反するものではないと

するのが，判例の立場である。

　一方，学説は，公務員の労働基本権の制限は，憲法が公務員関係という特別の法律関係の存在とその自律性を憲法的秩序の構成要素として認めていることに求めるべきであるとしたうえで，当該公務員の地位，職務の内容や性質などを考慮したうえで，必要最小限度の範囲にとどめるべきであるという見解が有力であり，全農林警職法事件や本事件についての最高裁判決のような労働基本権に対する一律かつ全面的な規制を許容する議論に対しては，批判的である。

　なお，近時の公務員制度改革において，公務員の労働基本権の制約を解除すべきではないかという議論がなされており，その動向が注目される。

(3)　公務員の政治活動の自由

　憲法 15 条 2 項により「全体の奉仕者」とされる公務員は，法令によって，労働基本権が制約されるが，同様に，政治活動の自由も制約される。例えば，国家公務員の場合，政党または政治的目的のために，寄附金等を募ったり，受け取ったりすること（国家公務員法 102 条 1 項），公選による公職の候補者となること（2 項），政党等の役員等となること（3 項）が禁じられるほか，人事院規則 14-7 に定める政治的目的をもって政治的行為[18]を行うことが禁じられ，違反行為に対しては，懲戒処分による制裁（国家公務員法 82 条）とともに刑罰による制裁（同法 110 条 1 項 19 号）が課される。また，地方公務員法にも，36条に同様の規定がある（ただし，国家公務員よりも禁止される行為の範囲が狭く，また，違反者に対する刑事制裁の規定はない）。

　この政治活動の自由の制限についても，最高裁判所は，現業の国家公務員（旧郵政省の事務官[19]）が勤務時間外に衆議院議員選挙用のポスターを配布・掲示したことが，人事院規則 14-7 第 5 項 3 号にいう「政治的目的」をもってなされる，同規則 14-7 第 6 項 13 号にいう「政治的行為」に該当するとして起訴された猿払事件の判決（最大判昭和 49 年 11 月 6 日刑集 28 巻 9 号 393 頁）において，国家公務員法 110 条 1 項 19 号が憲法 21 条等に違反するとの被告人の主張をしりぞけ，国家公務員に対する一律かつ全面的な政治活動の自由の制限を

合憲と判示した。その論拠として，最高裁判所は，公務員が全体の奉仕者（15条2項）であることから，行政の中立的運営とそれに対する国民の信頼の維持が憲法上要請されており，また，公務員の政治的中立性が維持されることは国民全体の重要な利益であると述べたうえで，（1）行政の中立的運営とこれに対する国民の信頼を確保するという立法目的は正当であり，（2）その目的のために公務員の政治的中立性を損なうおそれがある政治的行為を禁止することは，目的との間に合理的関連性があり，（3）禁止によって得られる利益と失われる利益との均衡がとれているとの理由をあげた。

　学説は，公務員の政治活動の自由の制限は，憲法が公務員関係の自律性を憲法的秩序の構成要素として認めていることに求めるべきであり，当該公務員の地位，職務の内容や性質などに応じて，勤務時間の内外，国等の施設の利用の有無，政治活動の種類・性質・態様などを考慮したうえで，具体的・個別的に判断すべきであるという見解が有力であり，猿払事件最高裁判決のような政治活動の自由に対する一律かつ全面的な規制を許容する議論に対しては，批判的である。

　その後，管理職ではない国家公務員が勤務時間外に勤務地から離れた場所において公務員とはわからない態様で政党の機関誌を配布した行為につき，人事院規則14-7第6項7号・13号に該当するとして起訴された堀越事件の判決（最判平成24年12月7日刑集66巻12号1337頁）では，最高裁判所は，本件行為が，公務員の職務の遂行の政治的中立性を損なうおそれが実質的に認められるものとはいえないとして，国家公務員法の禁止する政治的行為に該当しないと判示した（被告人を無罪とする控訴審判決を認容した）[20]。その一方で，管理職の国家公務員が職場外で政党の機関誌を配布した行為につき起訴された宇治橋事件の判決（最判平成24年12月7日刑集66巻12号1722頁）では，最高裁判所は，被告人が他の多数の職員の職務の遂行に影響を及ぼしうる地位にあったことなどから，職務遂行の政治的中立性が損なわれるおそれが実質的に生じていたとして，被告人を有罪とした。

日本国憲法の規定する個別の人権

第 1章と第2章では，人権総論について検討した。人権総論は，憲法の人権論全体に共通する議論であり，個別の人権を考えるうえでの基礎となる部分であるので，しっかりと理解しておきたい。

さて，第3章以降では，個別の人権について検討する。日本国憲法の規定する人権は，およそ次のように分類することができる。

人権

消極的権利（自由権） 「国家からの自由」
・精神的自由権…思想・良心の自由（19条），信教の自由（20条），集会・結社の自由（21条），表現の自由（21条），学問の自由（23条）
・経済的自由権…居住・移転の自由（22条），職業選択の自由（22条），財産権（29条）
・身体的自由権（人身の自由）…奴隷的拘束・苦役からの自由（18条），法定適正手続の保障（31条）など

積極的権利（受益権） 「国家による自由」
・国務請求権…請願権（16条），国家賠償請求権（17条），裁判を受ける権利（32条），刑事補償請求権（40条）
・社会権…生存権（25条），教育を受ける権利（26条），勤労の権利（27条），労働基本権（28条）

能動的権利（参政権） 「国家への自由」
選挙権（15条）

このほかに，幸福追求権（13条）や法の下の平等（14条）など，人権の総則的な規定や複合的な性格を有する人権がある。では，それぞれの人権について，どのような議論があるのだろうか。第3章以下で，詳しく検討することにしよう。

第3章 幸福追求権と新しい人権

　基本的人権ないし人権とは，人格的生存に不可欠な権利のことである。人権は，原則として，人間であることにより当然に有するものであり，公権力によって不当に侵害されず，性別や身分等によって区別されることはない。

　ところで，プライバシーの権利は，憲法上の人権といえるだろうか。日本国憲法の条文を見る限り，プライバシーの権利の規定は存在しない。では，憲法に規定がない以上，それは人権とはいえないのだろうか。

　日本国憲法は，第3章で詳細な人権についての規定を置いているが，これは，すべての人権を網羅的に規定したものではなく，歴史的に国家によって侵害されることが多かった重要な権利・自由を列挙したものにすぎない。つまり，憲法に明示的に保障する規定がない法的利益であっても，人権として憲法上保障されるべきものは存在する。また，社会の変化に伴って，新たな法的利益について，新しい人権として憲法上保障することが必要となってきている。そして，新しい人権の憲法上の保障の根拠となるのが，13条の「生命，自由及び幸福追求に対する国民の権利」（幸福追求権）である（前述のプライバシーの権利も，13条を根拠に保障すべき新しい人権と考えられている）。

　本章では，校則で禁止されているバイクに乗るなどしたために自主退学せざるをえなくなった元高校生が，憲法13条を根拠にバイクに乗る自由を新しい人権として主張し，学校を訴えた東京学館高校バイク自主退学事件を取り上げる。また，13条などを根拠に主張される髪型の自由についても，あわせて考えることにする。

東京学館高校バイク自主退学事件

損害賠償請求事件
最判平成 3 年 9 月 3 日判時 1401 号 56 頁

1　事件の概要

　Y（学校法人鎌形学園）が設置する東京学館高等学校では，校則によって，生徒がバイク（自動二輪車と原動機付自転車）の運転免許を取得することと，バイクを購入し，運転することを全面的に禁止していた（以下，「三ない原則」[21] という）。

　X は，1980（昭和 55）年 4 月に同校に入学し，翌年 3 月に，親の許可を得てバイクの運転免許を取得し，親にバイクを購入してもらった。X は，同校の生徒 A にバイクを貸したところ，生徒 B が，それを A から転借して，無免許にもかかわらず生徒 C を同乗して運転し，B らを呼び止めようとした警察官をはね，全治 4 か月の傷害を負わせ，逃亡した。このひき逃げ事故について，B らは，X や生徒 D・E と相談し，学校に報告しないことに決めた。

　その後，B が逮捕されると，同校の校長が事態を知ることとなり，校長は，バイクの免許取得・購入・運転を禁止する校則に違反したこと，事故に間接的に関与したこと，事故を秘匿したことなどを理由に，X に対して自主退学を勧告した（この事故に関係する A〜E に対しても，自主退学が勧告され，A らは全員，それに応じて退学した）。

　X は，一旦は，これに応じて退学願を提出し退学したが，その後，学校側の措置を不当であるとして，Y に対して損害賠償を請求した。

2　下級裁判所の判断

　第 1 審は，(1) 日本国憲法第 3 章の人権規定は，私人相互間の関係を直接規

律することを予定するものではなく，(2) 校長は，その設置目的を達成するために必要な事項を校則等によって一方的に制定し，在学する生徒をこれによって規律する包括的権能を有しており，(3) 三ない原則は社会通念上不合理なものとはいえず，また，同校が三ない原則を採用したことは教育的配慮に基づいたものであり，社会通念上著しく不合理であるとはいいがたく，(4) Xが校則に違反し，事故秘匿の協議に加わったことや，Xやその親のその後の対応から同校の教育方針に沿った改善が期待できず，教育目的を達成する見込みが失われたと考えて，Xに自主退学を勧告したことはやむをえず，社会通念上重きに失し不合理であるとはいえないとして，本件自主退学勧告を懲戒処分であると認定したほかは，Yの主張をほぼ全面的に認めた（千葉地判昭和62年10月30日判時1266号81頁）。

　控訴審は，学校側の措置が，自主退学の勧告であって，懲戒処分としての退学またはそれに準ずる処分にはあたらないとしたうえで，第1審判決と同様に，Yの主張を全面的に認めた（東京高判平成元年3月1日）。

　これに対して，Xは，(1) 三ない原則を定める本件校則は，日本国憲法13条，26条，29条に違反し，かつ，社会的に不合理なものであり，(2) 自主退学を求める学校の措置は実質的に退学を強制するものであり，退学処分と解するべきであるなどと主張し，上告した。

3　最高裁判所の判断
——上告棄却（Xの請求を認めなかった）

（1）　私立学校の校則と憲法

　憲法のいわゆる自由権を保障する規定は，国または地方公共団体の統治行動に対して，個人の基本的な自由と平等を保障することを目的とした規定であって，もっぱら国または地方公共団体と個人との関係を規律するものであり，私人相互間の関係について当然に適用ないし類推適用されるものでないことは，三菱樹脂事件最高裁判決（最大判昭和48年12月12日民集27巻11号1536頁）

の示すところである。したがって，校則違反を理由の1つとしてなされた本件自主退学勧告について，それが直接憲法の規定に違反するかどうかを論じる余地はない。

また，控訴審判決の確定した事実関係の下では，本件校則が社会通念上不合理であるとはいえないとした判断は，正当として是認しうる。

(2) 自主退学勧告の適法性

学校側の措置は，自主退学の勧告であって，懲戒処分としての退学処分等にはあたらないとした控訴審の判断は首肯できる。

そして，Xの行為の態様や反省の状況，Xの指導についての家庭の協力の有無・程度などにかんがみれば，Xに対する自主退学勧告は違法ではないとする控訴審の判断は，正当として是認しうる。

4 解 説

(1) 憲法の私人間効力

本判決は，バイクに乗る自由が憲法上保障されるか否か，そして，保障されるとすれば，本件校則の規定とそれに基づく自主退学勧告がその憲法上の人権の侵害にあたるか否かというメインの論点に入る以前に，三菱樹脂事件最高裁判決（最大判昭和48年12月12日民集27巻11号1536頁）を引用して，本件のような私立学校内での規則制定とそれに基づく処分について，憲法の規定に違反するかどうかを論ずる余地はないと判示した。

(2) 幸福追求権と新しい人権（憲法13条）

Xは，日本国憲法13条を根拠に，バイクに乗る自由が憲法上の人権であると主張した。これに対して，最高裁判所は，そもそも，Xの主張を吟味する以前に，私立学校内での規則制定・処分が憲法違反であるか否かを論ずる余地はないとして，その検討を行わなかった（その意味では，バイクに乗る自由そのものに

ついては，最高裁判所は，本判決では，何も判示しなかったに等しいともいえる）。

　13条の規定は，かつては，14条以下に列挙された個別の人権の総称ないし人権規定の一般原理と解されていたが，現在では，幸福追求権として，また，プライバシーの権利や自己決定権などといった，憲法の条文にはないが憲法上保障すべき人権（これを新しい人権という）の根拠規定として，裁判上の救済を受けることができる具体的権利であると考えられている。

　13条によって保障される幸福追求権の内容については，個人の人格的生存に不可欠な利益を内容とする権利に限定すべきとする人格的利益説と，広くあらゆる生活領域における行為の自由を指すべきとする一般的行為自由説とが対立しているが，前者が通説的見解である。また，14条以下の個別の人権規定との関係については，13条が個別的規定と競合して保障しているとする競合的保障説と，個別の人権が妥当しない場合に限り13条が適用されるとする補充的保障説とがあるが，後者が通説的見解である。

　新しい人権については，学説上は，平和的生存権や環境権など，さまざまな主張がなされているが，判例が新しい人権として明示的に認めたのは，プライバシーの権利の1つとしての肖像権のみである（なお，最高裁判所は，「肖像権と称するかどうかは別として」という留保をつけたうえで認めているにすぎない（京都府学連事件最高裁判決（最大判昭和44年12月24日刑集23巻12号1625頁）））[22]。最高裁判所が新しい人権の承認に謙抑的なのは，新しい人権をむやみに認めてしまうと，他の人権の価値を相対的に低めてしまうので（人権のインフレ化），ある法的利益を憲法上の権利と認めるためには，個人の人格的生存に不可欠であるかどうかをはじめ，種々の要素を考慮して慎重に決定しなければならないと考えているからであろう。

（3）　自己決定権とバイクに乗る自由

　本章で問題となっているのは，自己決定権である。自己決定権とは，個人の人格的生存にかかわる重要な私的事項を公権力の介入・干渉なしに各自が自律的に決定できる自由をいい，13条を根拠に認められる新しい人権であると解

されている。そこでいう私的事項の内容としては，（1）医療拒否や尊厳死などといった自己の生命や身体の処分に関する事柄，（2）家族の形成・維持に関する事柄，（3）断種，避妊，妊娠中絶などといったリプロダクションに関する事柄，（4）髪型や服装，飲酒や喫煙などといったライフスタイルに関する事柄などが考えられる。

　本件で問題となっているバイクに乗る自由は，このうち，（4）にあたると考えられる。道路交通法88条1項1号は，16歳未満の者には，普通二輪免許や原付免許を与えないと定めている。換言すれば，高校の生徒であっても16歳以上であれば，合法的に免許を取得できる。そこをあえて高校が校則で生徒の免許の取得を禁止するのは，本事件の第1審判決が述べているように，バイク事故から生徒の生命や身体を守り，暴走族に加入しにくくし，非行を防止し，勉強に当てる時間を確保するなどといった教育的配慮である。そして，第1審判決は，このような教育的配慮に基づく本件校則の制定は，社会通念上著しく不合理であるとは到底いえないと判示し，控訴審・上告審判決ともに，その判断を支持している。

　なお，本件と同様にバイクに乗る自由が争われた事件としては，無許可で免許を取得したことを理由に，無期停学処分（2週間後に解除された）を受けた生徒が損害賠償を請求した高知県立大方商業高校事件や，退学処分を受けた生徒が損害賠償を請求した修徳高校バイク自主退学事件がある。いずれも下級審裁判例ではあるが，前者については，一般に，免許取得は憲法13条に基づく国民の私生活上の自由として保障されており，一般にはみだりに禁止されるべきではないが，本件では，学校の設置目的との合理的関連性があるので，校則による生徒に対する免許取得制限は許されるとされ（高松高判平成2年2月19日判時1362号44頁，確定），また，後者については，校則の合理性を認めたうえで，当該生徒が過去に処分歴がなく十分に反省しているので，退学処分は裁量権の範囲を逸脱し違法であると判示された（東京高判平成4年3月19日判時1417号40頁，確定）。

（4）　生徒の髪形の自由と自己決定権

　本件では，バイクに乗る権利が自己決定権にあたるか否かが争われたが，学校教育の現場では，このほかに，髪型の自由が自己決定権として憲法上保障されるか否かが，しばしば争われている。

　私立高校が，高校生にふさわしい髪形を維持し，非行を防止するためにパーマをかけることを禁止する校則を設けたとしても，社会通念上，不合理なものとはいえず，また，三菱樹脂事件判決を引用し，私立学校の校則が憲法の人権規定に違反するか否かを論ずる余地はないとする判例がある（修徳高校パーマ自主退学事件最高裁判決（最判平成 8 年 7 月 18 日判時 1599 号 53 頁））。

　また，町立中学校が，男子生徒の髪形について長髪を禁止し，丸刈りとすると校則に定めたことについて，（1）その内容は著しく不合理ではなく，（2）校長の裁量権を逸脱するものでもなく，（3）丸刈りを求めない学校があるとしても，それは学校が独自で判断すべきことであり，また，女子生徒に丸刈りを求めないことは，公知の事実であるから，これらは憲法 14 条（法の下の平等）に違反せず，（4）校則違反者に対しても丸刈りを強要することはないので，31条（法定適正手続の保障）に違反せず，（5）特殊な場合以外は（特に，中学生の場合は）髪型が思想等の表現であると見ることはできないので，21 条（表現の自由）にも違反しないとした下級審裁判例がある（熊本丸刈り校則訴訟熊本地裁判決（熊本地判昭和 60 年 11 月 13 日判時 1174 号 48 頁））。

　熊本丸刈り校則訴訟は，私立学校の校則ではなかったので，私人間効力の問題が生じなかった点と，髪型の自由を，憲法 13 条を根拠とする自己決定権ではなく 21 条の保障する表現の自由の 1 つとして構成している点で，注目に値する。判決は上訴されなかったので，地裁判決で確定している。ただし，1980年代までは，一部の地域では，男子生徒の髪型として丸刈りは一般的であったとしても，都市部ではそれが妥当するかどうか，また，今日においてそれが妥当するかどうかについては，はなはだ疑わしいところである。また，パーマの禁止のように一定の髪型を禁止する場合とは異なり，丸刈りという特定の髪型を強制している点は，生徒の髪型選択の裁量を著しく制限し，髪型の画一化を

図るものであるので，本件などとは異なる考察を必要とするだろう。

(5)　校則違反に対する懲戒処分と自主退学勧告

　本件では，校則に違反したＸは，学校側からの自主退学の勧告を受けて，（形式的には）自発的に退学願を提出し，退学している。この自主退学の勧告が懲戒処分としての退学またはそれに準ずる処分に該当するか否かが，本件の争点の１つであった。これに対して，第１審は懲戒処分であるとする一方，控訴審・上告審では，懲戒処分にはあたらないと判示した。

　学校教育法11条は，校長・教員は，教育上必要があると認めるときは，学生・生徒・児童に懲戒を加えることができると定めており，同法施行規則26条１項は，校長・教員が児童等に懲戒を加えるにあたっては，児童等の心身の発達に応ずるなど教育上必要な配慮をしなければならないとしている。

　懲戒の種類については，同規則26条２項に定める退学・停学・訓告の処分のほかに，学校や教育委員会等が別に定めることもできる。なお，退学・停学・訓告のような処分としての懲戒のほかに，訓戒，叱責，起立，罰当番など事実上の行為としての懲戒があるが，前者は，学校の内部規律を維持するためになされるものであり，児童等の法的地位や権利関係に影響を与える法的効果を予定するものであるのに対して，後者は，日常的な教育活動のなかでの教育的性格を有するものであり，法的効果を伴うものではない点で，性質が異なるものである。

　同規則26条３項は，懲戒処分としての退学については，（1）性行不良で改善の見込みがないと認められる者，（2）学力劣等で成業の見込みがないと認められる者，（3）正当の理由がなくて出席常でない者，（4）学校の秩序を乱し，その他学生または生徒としての本分に反した者の４つのいずれかに該当したものに対して行うことができると規定している。私立学校が学則で退学処分の事由について定める場合も，この学校教育法施行規則の規定に準ずることが多い。

　本件では，学校側は，懲戒処分としてＸを退学させたのではなく，自主退学勧告を行ったうえで，Ｘの自発的な退学を待った。一般的に，懲戒処分とし

ての退学の場合，それがなされれば，その事実が各種手続にも影響するため，当該生徒等の将来を考え，退学処分が相当の場合であっても，学校によっては，教育的配慮から，自主退学勧告にとどめておく場合が多い。

　本判決は，自主退学勧告に基づく退学と懲戒処分としての退学とを区別して考えているが，いずれにせよ，退学は，それによって学校における当該生徒等の身分が失われるものである以上，自主退学勧告であるからといって，安易になされるべきものではない。

(6)　懲戒と体罰

　学校教育法 11 条は，本文で，校長・教員が懲戒を加えることができると定める一方で，ただし書きで「体罰を加えることはできない」と規定している。ここでいう体罰に関しては，最高裁判所の判例はないものの，行政実例と下級審裁判例が蓄積しており，その内容はほぼ定まっているといえる。

　行政実例によれば，ここでいう体罰とは，懲戒の内容が身体的性質のものであり，身体に対する侵害を内容とする懲戒（段る，蹴るなど）や被罰者に肉体的苦痛を与えるような懲戒（正座や直立，その他特定の姿勢を長時間にわたって保持させるなど）があたる(23)。

　裁判例は，ここでいう体罰について，「懲戒権の行使として相当と認められる範囲を越えて有形力を行使して生徒の身体を侵害し，あるいは生徒に対して肉体的苦痛を与えることをいうもの」としている（水戸五中事件東京高裁判決（東京高判昭和 56 年 4 月 1 日判時 1007 号 133 頁，確定））。この事件は，公立中学校の体育の教員が生徒の頭部を平手や手拳で数回段打したことについて，刑法208 条の暴行罪にあたるとして起訴されたもので，東京高等裁判所は，教員の行為は刑法 35 条の正当行為であり，違法性が阻却され，暴行罪にはあたらないと判示した（当該生徒は，段打された 8 日後に脳内出血で死亡したが，教員の行為と生徒の死亡との間に因果関係が存在することを，裁判所は認めなかった）。

　いずれにせよ，児童等の個人の尊厳を侵害するような懲戒は，個人の尊重を定める日本国憲法 13 条前段の趣旨に反し，許されないと解すべきであろう。

プライバシーの権利

日本国憲法 13 条の幸福追求権を根拠にプライバシーの権利が保障されるということについては争いがないが，ここで保障されるプライバシーの権利の意義については，議論が分かれている。

プライバシーの権利は，わが国では，「私生活をみだりに公開されない法的保障ないし権利」と位置づけられてきた（「宴のあと」事件東京地裁判決（東京地判昭和 39 年 9 月 28 日判時 385 号 12 頁））。この「宴のあと」事件判決では，公開された内容が，（1）私生活上の事実または事実らしく受け取られるおそれがあり，（2）一般人の感受性を基準にして当該私人の立場に立って公開を欲しないであろうと認められる事柄であって，（3）一般人にいまだ知られていない事柄である場合，それが公開されたことによって当該私人が実際に不快・不安の念を覚えたとき，プライバシーの権利の侵害にあたると判示された。

しかしながら，情報化社会の進展に伴って，プライバシーの権利は，単に私人の私生活について公権力による介入を排除するという自由権的な意義にとどまらず，「自己に関する情報をコントロールする権利」ととらえられるべきであるという見解が，学説上，有力になっている。この見解によれば，個人に関する情報を行政機関等が大量に保有している現代社会においては，自己の情報についての閲覧・訂正・抹消を求める権利も，プライバシーの権利の一部として保障されると解される。

　日本の憲法解釈論は，さまざまな論点に関して，アメリカやドイツ，フランスなどの憲法学の影響を強く受けている。本書はあくまで日本国憲法の解釈について扱うものであるが，この課題研究 1 では，日本国憲法の解釈論をより深く理解するために，人種差別やアファーマティブ・アクションをめぐる憲法論議が日本よりも盛んに行われているアメリカにおける議論を参照してみることとする。

1．アメリカにおける人種差別とその撤廃を求める動き

　1766 年 7 月 4 日，北米大陸の 13 植民地は，英国からの独立を宣言した。独立宣言には，すべての人々は平等につくられ，生命，自由及び幸福を追求する不可譲の権利が与えられている旨が明確に示されている。しかし，1788 年に成立し翌 1789 年に施行されたアメリカ合衆国憲法は，奴隷制を容認する規定を設けており[i]，平等の問題に関して矛盾をはらんでいた。当時，機械工業の盛んな北部の諸州では，宗教的な理由などから奴隷制を廃止すべきという意見が強かった一方で，南部は，主要産業である農業で黒人奴隷[ii]の労働力が重視されたため，奴隷制を存置すべきとの意見が多数であり，新憲法の制定に際しては両者の妥協を図る必要があったことが，その背景にある。

　その後，合衆国が西部へと拡大していくと，新たに加わった州で奴隷制を認めるべきか否かが争われることになった。1820 年のミズーリ協定では，奴隷制について，北緯 36 度 30 分より南側の州で認め，北側の州で認めないとすることで妥協が図られた。しかし，連邦最高裁判所[iii]は，1857 年のドレッド・スコット事件判決（Dred Scott v. Sandford, 60 U.S. 393）[iv]で，ミズーリ協定を違憲であると判断した。

　奴隷制に批判的なリンカーンが大統領に就任すると，南部諸州は，合衆国から離脱してアメリカ連合国を結成し，1861 年に，北部諸州との間で南北戦争（Civil War）が勃発した（戦争中の 1862 年，リンカーンは奴隷解放宣言を発した）。この内戦は，1865 年に北部の勝利で終結した。

　南部諸州の合衆国への再統合に際して，合衆国憲法に 3 つの重要な修正が行われた。すなわち，奴隷制と意に反する苦役を禁止する修正 13 条（1865 年批准），合衆国で出生または帰化した人はすべて合衆国の市民であり，かつ各州の市民であると規定したうえで，市民の特権を制限する法律等を州が制定することを禁止するとともに，人種による法の適正な手続（due process）によらずに生命・自由・財産の剥奪及び法の平等な保護の否定を禁止することなどを内容とする修正 14 条（1868 年批准），人種，肌の色，かつて奴隷状態であったことを理由に合衆国市民の投票権が制限されてはならないことを定める修正 15 条（1870 年批准）の 3 つである。

　もっとも，奴隷制自体が廃止された後も，南部諸州は，黒人から投票権を実質的に剥奪する差別的な法律を制定したり，学校や公共交通機関，娯楽施設などで白人と黒

人とで異なる取扱いをする法律（ジム・クロウ法と呼ばれる）を制定したりしたため，白人と黒人との間の平等は実現しないままであった。

特に深刻な問題だったのは，公立学校における人種別学制度であった。修正14条の制定以降も，白人の子どもと黒人の子どもとは依然として別々の学校で教育が行われていたが，その背景には，連邦最高裁判所が1896年のプレッシー判決（Plessy v. Ferguson, 163 U.S. 537）(v) で肯定した「分離すれども平等（separate but equal）」という考え方があった。人種別学制度が裁判所によって違憲と判断されるのは，その半世紀以上も後のことであった。

連邦最高裁判所は，1954年のブラウン判決（Brown v. Board of Education of Topeka, 347 U.S. 483）において，公立学校における人種別学制度を憲法違反と判断した(vi)。裁判所は，公立学校において生徒を人種によって分離することが，たとえ白人用学校と黒人用学校とで設備や教員の質などが同等であったとしても，黒人の生徒から平等な教育の機会を奪うものであると判断するとともに，彼らを人種のみに基づき分離することが，彼らに劣等感を植え付け，教育上，悪影響を与えることになるため，平等保護条項（修正14条）に違反すると判示した(vii)。1950年代から60年代にかけて，アメリカでは，黒人が合衆国市民としての平等な法律上の地位を獲得することを目的とする市民的権利運動（Civil Rights Movement）(viii) が盛んになっており，この裁判もその運動の一環として提起されたものである。その後，リンドン・ジョンソン大統領政権下で，市民的権利保護法（Civil Rights Act of 1964）が制定され，公共施設等の利用や雇用における人種・宗教・性別・出身国等に基づく差別などが禁止されるともに，公立学校における人種差別の撤廃のための実効的手段が設けられた。

人種差別の解消のためには，政府が人種という属性を一切考慮してはならない（color-blind）と考えるべきなのであろうか。それとも，政府がむしろ人種を考慮したうえで（color-conscious），積極的な政策を採る必要があるのだろうか。人種別学制度がすでに確立しており，白人と黒人とで居住地域が分離している状況下では，単に別学を禁止し生徒に学校選択の自由を与えるだけでは不十分であると考えられた(ix) ため，自宅から離れた学校に生徒を強制的にバスで通学させるなどして，教育現場における人種統合（racial integration）が図られた。バス通学の強制に対しては反発も少なくなく，これを禁止しようとする州もあったが，連邦最高裁判所は，過去の差別の是正のためには人種を考慮した政策が必要であるとして，バス通学強制の禁止を違憲と判示した（North Carolina State Board of Education v. Swann, 402 U.S. 43 (1971)）。もっとも，意図的に人種分離をしてこなかった学校に関しては人種統合を求められておらず（したがって，バス通学の強制は認められない（Milliken v. Bradley, 418 U.S. 717 (1974)），また，黒人が多く住む都市部から多くの白人が郊外へと引っ越したり，白人の子どもが私立学校への進学を選択したりするなどして，公立学校における人種統合は事実上なかなか実現しなかった。裁判所も，1980年代以降は，公立学校における人種統合教育に関して積極的な態度を示さない傾向にある(x)。

2. アメリカにおける人種差別の解消を求める動き

　奴隷制度は廃止され黒人に対する差別は禁止されたものの，それでもなお，人種間の平等はなかなか実現しなかった。単に過去の差別を除去するだけではなく，過去の人種差別から生じた現在の不利益な状況を改善しなければ，平等は実現しないからである。そこで，差別を受けてきた人々に対して優遇措置を講ずるべきではないかという議論が，1960年代に本格的に始まった。

　アファーマティブ・アクション（affirmative action）とは，社会的・構造的な差別によって不利益を被ってきた人々（以下，マジョリティとの対比で，マイノリティという(xi)）に対して，実質的な結果の平等を実現するために，雇用，教育，公共事業の契約などの面で優先的な処遇を与えることをいう(xii)。ここでいう解消されるべき差別とは，人種（民族，出自等を含む）や性別のほかに，障害の有無，階層，言語，宗教などの属性に基づくものも含まれる。

　もっとも，マイノリティに対する優遇措置であるアファーマティブ・アクションは，その対象とならないマジョリティにとっては，逆差別（reverse discrimination）として機能することになる。たしかに過去にマイノリティに対する構造的な差別が行われた歴史が存在するとしても，現在のマジョリティの個人がその差別に積極的に加担しているとは限らない。にもかかわらず，なぜマジョリティに属するという理由だけでマイノリティとの対比で冷遇されなければならないのか，それはマジョリティに対する新たな差別ではないかなどとの批判も考えられる。

　アファーマティブ・アクションは，教育の面に関しては，典型的には，大学等の高等教育機関における入学試験の際に，マイノリティに対する優遇措置という形で現れる。そして，1966年にハーバード大学法科大学院が入試において白人学生よりも試験の得点の低い黒人の受験生の入学を認める措置を講じたことをきっかけに，アファーマティブ・アクションが全米各地の大学で行われるようになった。その一方で，アファーマティブ・アクションは逆差別に当たり，合衆国憲法修正14条の平等保護条項に違反するとの主張(xiii)も展開されるようになり，裁判所で争われることとなった。

　以下では，大学入試における人種に基づく優遇措置の合憲性についての代表的な連邦最高裁判所の判決を概観することとしよう。

(1) カリフォルニア大学デービス校訴訟（バッキ判決）

Regents of University of California v. Bakke, 438 U.S. 265 (1978)

　バッキは，州立大学であるカリフォルニア大学デービス校の医科大学院(xiv)を1973年と74年に受験したものの，2年連続で不合格となった。この医科大学院では，入学定員100名のうち，経済的・教育的に恵まれない経歴の人々ないし人種的マイノリティのために優先的に16名の入学を認める別枠を設けていた。30歳代前半の白人男性であるバッキは，この特別入試制度の対象とはならなかったが，いずれの年も，彼

の総合的評価点は特別入試制度による合格者の平均点よりも高かった。そこで，バッキは，この特別入試制度が人種割当て（racial quota）であり合衆国憲法修正 14 条（平等保護）等に違反すると主張して，入学の許可を求めて大学を訴えた。

連邦最高裁判所は，入試において大学は人種を一切考慮すべきではない（したがって，人種を考慮に入れること自体が修正 14 条違反である）とする裁判官 4 名と，善良な目的のためであれば人種を考慮しても許される（本件アファーマティブ・アクションは合憲である）とする裁判官 4 名[xv]とで意見が対立したため，そのどちらの立場でもないパウエル裁判官が，次のように法廷意見を執筆し，原告を勝訴とした原判決の一部を認容し一部を破棄した（特別入試制度が違法であると宣言し，大学に対して原告の入学許可を命じる一方で，入試の際に受験生の人種を一切考慮してはならないことを求める原告の請求については退けた）。

すなわち，大学側は，人種に基づく区別は本来的に疑わしい区分であり厳格審査に服するとしても，厳格審査はマイノリティに不利益となる区分のみに適用されるべきであり，（マイノリティの利益となる）本件には妥当すべきではないと主張するが，そのような二分論は採りえない。平等保護条項は，その当初の目的は奴隷解放にあったが，その後，公権力による差別からの保護を求める人種非差別的で普遍的なものになったため，ある人種のみに優先権を与えることができるという原則をそこから見出すことはできない。疑わしい区分を正当化するためには，区分せざるを得ないやむにやまれぬ利益（compelling interest）を示さなければならない。特別入試制度の考えうる目的として，(1) 医科大学院や医療関係の職業では伝統的に好意的に扱われてこなかったマイノリティの負担を軽減する，(2) 社会的差別の効果を解消する，(3) 医師の少ないコミュニティで開業する医師を増加させる，(4) 民族的に多様な学生グループから生ずる教育上の便益を享受するという 4 つが考えられるが，(1) に関しては，人種のみを理由として特定のマイノリティグループに属する者を全学生グループの中に一定割合確保するという目的自体が正当ではなく，(2) につき，過去の差別について責任のない者の犠牲の下でマイノリティに利益を与えることは不当であるし，過去に当該大学でそのような差別があったとすればやむを得ないといえるが，そうでなければ差別の是正はそもそも目的として正当とはいえず，(3) については，その目的の達成に本件特別入試制度が必須であることが証明されていない。多様性のある学生グループを確保するという (4) の目的のみが学問の自由（合衆国憲法修正 1 条）の観点から認められる。ただし，人種は，受験生の出身地，才能，生活経験などのような教育の多様性を促進する他の属性とともに，大学が考慮しうる 1 つの要素として，総合的に評価される必要がある。ハーバード大学法科大学院におけるアファーマティブ・アクションのように，人種をプラスの考慮要素の 1 つとすることは許されるとしても，本件のような特別枠を設けることは，修正 14 条で保障されている個人の権利を無視したものであり，許されない。

(2) ミシガン大学訴訟（グラッツ判決，グルッター判決）

Gratz v. Bollinger, 539 U.S. 244 (2003)

Grutter v. Bollinger, 539 U.S. 306 (2003)

　州立大学であるミシガン大学では，入学試験においてマイノリティ（黒人，ヒスパニック，ネイティブ・アメリカン）に対するアファーマティブ・アクションを採用してきたが，その方法は学部と大学院とでは異なるものであった。

　文学・科学・芸術学部の入試では，学習の到達度（高校での学業成績，高校の質，大学入学共通テスト(xvi) の得点など）110 点分とそれ以外の要素 40 点分からなる 150 点満点で，100 点以上を合格としていた。それ以外の要素として，スポーツ選手，マイノリティが多数を占める高校の通学者，人種的・民族的マイノリティの受験生に対して 20 点を付与し，ほとんど自動的に彼らの入学を認めていた。一方，法科大学院(xvii)では，学部時代の成績と法科大学院入学適性試験の得点のほかに，それ以外の要素（推薦状の内容，卒業した大学の質，小論文，特別な才能）を勘案して総合評価点としていた。大学院では，多様な背景や経験を持った学生が相互に尊敬し学び合うことが望ましいと考えられていたので，学生自身の学問的能力に加え他の学生の学習に貢献する可能性をあわせて柔軟に評価する方針を採っていた。したがって，歴史的に差別されてきた学生を含む人種的・民族的多様性を達成するため，たとえ学業成績等の評価点が相対的に低くても，その受験生が多様性に役立つ場合などには，それ以外の要素をも考慮して合否を決めていた。そして，人種的・民族的マイノリティの学生が，教室で疎外感を覚えることなく議論に貢献できるだけの，十分なまとまりをもった数（critical mass）となって入学するようにしていた。

　白人女性のグラッツは，1995 年に学部の入試を受験したが，不合格となった。また，白人女性のグルッターは，1996 年に法科大学院の入試を受験したが，不合格となった。そこで，両者ともに，入試におけるアファーマティブ・アクションが合衆国憲法修正 14 条（平等保護）等に違反するとして，ミシガン大学のボリンジャー学長らを被告として，損害賠償，入学を認める命令，人種に基づく差別を継続することを大学に禁止する命令などを求めて訴訟を提起した。

　連邦最高裁判所は，学部入試におけるアファーマティブ・アクションについて，次のような理由から，修正 14 条等に違反すると判示した（3 名の裁判官の反対意見が付されている）。すなわち，人種に基づく区分は厳格審査の対象となり，その区分を正当化するためには，それを行うやむにやまれぬ利益があることと，その区分がその利益のために綿密に仕立てられた手段であることを大学側が立証しなければならない。現行の入試制度では，マイノリティに対して自動的に 20 点（合格点の 5 分の 1）を加点しており，綿密に仕立てられた手段であるとはいえない。バッキ判決において，パウエル裁判官は，個々の受験生について人種や民族をプラス要素の 1 つとして考慮することを認めたが，1 つの特性が自動的に多様性に対する貢献となるわけではない。合否に決定的な意味をもつ 20 点を，マイノリティであるという理由だけで当該受験

生に自動的に与える現行制度は，平等保護条項に違反する。

　一方，法科大学院のアファーマティブ・アクションに対しては，連邦最高裁判所は，人種に基づく区分は厳格審査の対象となることと，その区分を正当化するためにやむにやまれぬ利益の存在と綿密に仕立てられた手段であることを大学側が立証しなければならないことについては，グラッツ判決と同様に判断したが，次のような理由をあげて，合憲であると判示した（ただし，4名の裁判官の反対意見が付されている）。すなわち，過去の連邦最高裁判所の判例には，人種に基づく区別を正当化しうる理由は過去の差別に対する救済であるとするものもある（City of Richmond v. J. A. Croson Co., 488 U.S. 469 (1989)）が，アファーマティブ・アクションの目的はそれだけに限られない。バッキ判決においてパウエル裁判官が認めたように，多様性のある学生グループの獲得は，アファーマティブ・アクションを正当化しうるやむにやまれぬ利益である。ただし，人種は，その目的を達成するための（重要ではあるものの）1つの要素にすぎない。目的審査にあたっては，多様性の確保が必須であるという法科大学院の教育上の判断を，裁判所は尊重する。十分なまとまりをもった数のマイノリティを入学させるということが，特定の人種・民族の学生グループを特定の割合で確保するということを意味するならば，単に人種のバランスを図ることであり違憲であるが，本件では，人種間の相互理解と多様な背景をもった学生たちによる教室での議論に役立てるためとして位置づけられている。また，手段に関しては，同じくパウエル裁判官のいうように，人種に基づく割当制を採ることは許されないが，その一方で，人種や民族を（合否に決定的な要素としてではなく）プラス要素の1つとして考慮することは許される。本件では，人種や民族は，外国での居住経験，多言語に精通していること，逆境を克服した経験，社会への貢献の実績などといった多様性に関する要素の1つとして評価されている。したがって，これは，人種・民族に基づき機械的に加点する学部の入試とは異なり，綿密に仕立てられた手段であるといえる。なお，本判決の法廷意見は，修正14条の核心にある目的は人種に基づく差別を除去することにあるので，人種を意識した入試は時間的に制限されるものでなければならないとも述べている（具体的には，本判決から25年後には学生グループの多様性を促進するために人種に基づく優遇措置を用いる必要がなくなることが期待されるという）。

(3) テキサス大学オースティン校訴訟（フィッシャー判決）

Fisher v. University of Texas, 136 S. Ct. 2198 (2016)

　1996年まで，州立大学であるテキサス大学オースティン校の入学試験では，受験生の大学入学共通テストの得点と高校での学業成績を組み合わせた学業指標を基本として，受験生の人種をも考慮して合否を決めていた。しかし，第5巡回区連邦控訴裁判所が，応募者の人種を考慮することは合衆国憲法修正14条違反であると判示した（Hopwood v. Texas, 78 F.3d 932 (5th Cir. 1996) (xviii)）ため，1997年は，人種を考慮することを止め，学業指標と個人業績指標（受験生の小論文，リーダーシップ，課外活動な

どを評価するもの）に基づいて合否を決めることに変更した。また，テキサス州議会は，州内の高校の各クラス成績上位10％内で卒業した生徒にテキサス大学への入学を自動的に認める法律（成績上位10％法）を制定した。この法律制定の背景には，州内の高校が事実上人種ごとに分離していたという事実があり，もし全高校から成績上位者を入学させることができれば，相当数の人種的マイノリティが入学するようになることが期待できた。1998年以降のテキサス大学の入試では，成績上位10％法に基づき要件に該当する受験生全員を合格とし，入学定員の残りにつき，学業指標と個人業績指標を利用した選抜を行った。

　2003年のグルッター判決は，受験生の人種を入試の際に考慮することを認めるものであり，前掲の控訴裁判所判決を黙示的に覆すものであると考えられたため，テキサス大学は入試制度を再検討することとした。そして，それまでの入試制度が多様性の教育的利益を十分にもたらしていないと判断し，新たな入試制度を導入した。すなわち，成績上位10％法に基づき入学定員の75％の合格者を決め（したがって，クラス成績10％以内であっても不合格となる受験生が生じることとなった），残りの25％を受験生の学業指標と個人業績指標に基づき評価することとした。そして，個人業績指標の評価の際に，人種も1つの要素として考慮されることとなった（ただし，受験生の人種の考慮は個人業績指標において得点化され，入試の最終判定の際にはどの要素が考慮されたかはわからない仕組みとなっていた）。

　白人女性であるフィッシャーは，2008年に入試を受験したが，成績上位10％法の対象には含まれず，学業指標と個人業績指標に基づく評価の結果，不合格となった。そこで，フィッシャーは，大学が受験生の人種を考慮することが修正14条（平等保護）に違反すると主張して，大学に対して損害賠償を請求した。

　連邦最高裁判所は，まず，本件に適用すべき違憲審査基準についての下級裁判所の判断に誤りがあるとして，大学側勝訴の原判決を破棄し，第5巡回区連邦控訴裁判所に事件を差し戻した（Fisher v. University of Texas, 570 U.S. 297 (2013)）。すなわち，学生の多様性から生じる教育的利益を追求するという大学の判断については，アファーマティブ・アクションの目的がやむにやまれぬ利益であるかを審査する際には尊重しうるが，それが綿密に仕立てられた手段であるかの審査の際には，大学の判断を裁判所は尊重することはできず，人種の考慮以外の方法では多様性を確保できないことを大学側が明確に立証しなければならないという。

　この判決を受けて，連邦控訴裁判所は改めて大学側勝訴の判決を下したところ，連邦最高裁判所は，裁判官4名の法廷意見として，原判決を維持し，原告の請求を認めなかった（3名の裁判官の反対意見が付されている[xix]）。すなわち，テキサス大学は，一定数の人種的マイノリティの入学それ自体を目的としておらず，学生の多様性がもたらす教育的利益を獲得するための手段として，人種を意識した入試を採用している。大学側は，人種間の相互理解の促進や将来の指導者の養成などといった多様性の利益を具体的に示しており，それらはやむにやまれぬ利益であるといえる。また，テ

キサス大学の人種的マイノリティの入学者数は，1996年から2002年にかけて減少したが，2003年から増加し始め，本件入試制度を採用する必要性と効果は証明された。原告は，学生グループの多様性を実現する人種中立的な代替手段が他にありえると述べ，例えば，成績上位10%法による入学定員の上限（75%）をなくし，より多くの入学者をこの方法で選抜すべきだと提案するが，そもそも成績上位10%法による選抜制度自体が人種への配慮に基づくものであるし，成績だけで評価される合格者を増やすことは，多様性の他の側面を犠牲にする。多様性の利益を確保する他の手段がない以上，本件入試制度が綿密に仕立てられた手段であるといえる。

3．法の下の平等とアファーマティブ・アクションをめぐる論点

ここまでで，アメリカにおける教育現場における人種差別の解消とアファーマディブ・アクションをめぐる判例を概観してきた。

ここで，改めて，アファーマティブ・アクションを正当化する論拠と逆差別の問題点を整理しておくこととする。アファーマティブ・アクションを正当化する論拠しては，(1) 現に存在するマイノリティに対する差別を解消するため，(2) 過去の差別によってマイノリティが不利な状況に置かれてきたことに対する償いのため，(3) 差別を止めても依然として残る格差を解消し，マジョリティとマイノリティとの間の実質的平等を実現するため，(4) マイノリティの少ない分野にマイノリティを新たに加えロールモデルを果たさせることで，マイノリティの自信を鼓舞し，その分野へ参加しやすくするため，(5) マジョリティのみで構成されていたグループにマイノリティを加えることで，そのグループの多様性を高めるため，などが考えられる。

また，逆差別の問題点として，(1) マイノリティに対する優遇はマジョリティに対する冷遇を直ちに意味し，新たな差別の再生産になること，(2) 差別を有害だと認識しているにもかかわらず，(逆の方向で) 差別するのは論理的に矛盾していること，(3) 本来であればよい待遇を受けるに値する実力がないのに，アファーマティブ・アクションによってマイノリティが優遇されるということは，マイノリティにとって不名誉な烙印 (stigma) となること (能力がないからこそ，優遇してあげなければならない劣等グループであると見られることになる)，(4) アファーマティブ・アクションによってマイノリティが自分の実力に不釣り合いによい待遇を受けたとしても，その待遇に適応することができなければ，かえって自信を喪失するようになること (例えば，自分の学力をはるかに超える大学に入学を認められても，そこでの勉強に対応できず落第し退学することになれば，かえって本人にとって不幸である)，(5) アファーマティブ・アクションとは無関係に自らの実力で高い地位を獲得したマイノリティが，その努力を正当に評価されない可能性があること (アファーマティブ・アクションが存在することによって，高い地位に就いたマイノリティは，その実力ではなく，優遇された結果としてその地位に就くことができたと誤解されうる)，(6) マイノリティは優遇されることを期待して，必要な努力を怠るおそれがあること (アファーマティブ・アクションの存在が，マ

イノリティを甘やかせることになる），（7）アファーマティブ・アクションによって冷遇されたマジョリティが，優遇されたマイノリティに対して不満をもつことで，両者の分断が生じること，などがあげられる。また，アファーマティブ・アクションの目的を過去の差別に対する救済であると位置づける場合，（8）過去の差別とは無関係なマイノリティに対してもアファーマティブ・アクションが適用されるとすれば，目的との関係で合理的ではないことや，（9）現に存在するマジョリティは過去の差別に加担しておらず，責任がないにもかかわらず，その負担を負わなければならないとするのは，合理的ではないことなども問題点としてあげられる。

　ここからは，より身近な日本の問題に議論を移して，平等の問題について考えてみることとする。例えば，以下のような論点について，自ら資料を収集し熟慮したうえで，可能であれば友人らとともに討議してみよう。

・「分離すれども平等」の原則は，今日の日本の公立学校で妥当するだろうか。それとも，分離すること自体が不合理な差別に当たるというべきだろうか。
・公立高校の入学試験を受験する際に提出する入学願書から性別欄を削除したら，どのような問題があるか。受験の際の書類ではなく，合格後の入学手続の書類の場合では，どうか。
・アファーマティブ・アクションが正当化されるとすれば，その最も本質的な根拠は何だろうか。過去の差別に対する救済なのか。集団における多様性の確保なのか。あるいは，それら以外なのか（どのような根拠が考えられるか）。
・アファーマティブ・アクションの具体的な方法として，マイノリティに対する優先枠を設けることと，マイノリティに対して加点をすることとでは，どちらがより（逆）差別的か。
・アファーマティブ・アクションは永続的に行われるべきか。それとも，時限的なものであるべきか。もし時限的であるべきならば，いつまで（どのような条件が達成するまで）アファーマティブ・アクションを行うべきか。
・公権力による行為が違憲な差別にあたるか否かを裁判所が審査する際の基準は，厳格であるべきか，緩やかでよいのか，あるいはその中間か。また，公権力によるアファーマティブ・アクションが合憲か否かを裁判所が審査する際には，どのような基準によるべきか。差別の合憲性とアファーマティブ・アクションの合憲性とでは，審査基準は異なるべきか。また，これらの基準は，差別が何に基づき行われるのかによって変わりうるのか。
・日本には女子のみの入学を認める国立大学が存在する[xx]が，このことは，男子の入学が認められないという点で，性別に基づく不合理な差別であるといえるか。
・日本にはかつて男子のみの入学を認める国立大学が存在した[xxi]が，このことは，女子の入学が認められないという点で，性別に基づく不合理な差別であるといえるか[xxii]。
・大学が，入学試験において，特定の地域の出身者を優遇することは許されるか否か

（その理由はなぜか）。日本国民以外の子ども，経済的に困窮している世帯の子ども，特定の宗教を信仰する子ども，障害を有する子ども，卒業生の子ども，多額の寄付をした人の子ども，政治家や著名人の子ども，スポーツ選手，芸能人などに対する優遇についてはどうか。大学が彼らに対する優先処遇をするとき，どのような理由をあげるだろうか。そして，その理由は正当なものといえるか。

・かつて，日本のいくつかの大学の医学部の入学試験において，募集要項には記載のない不適切な得点調整を行っていたことが発覚し，大きな社会問題となった。具体的には，女子や浪人の受験生の得点を減点したり，特定の地域の出身者や卒業生の子どもの得点を加点したりしたほか，受験生の保護者が大学へ多額の寄付をすることを条件にその子を優遇する例などがあったという。このような得点調整をどう評価するか。なぜ大学は女子や浪人生を不利に扱ったのか，その理由に合理性はあるか(xxiii)。また，得点調整が行われなければ合格できたはずの受験生を救済する必要はあるか（もし必要だとすれば，どのような救済手段が適切であると考えられるか）。

・現在の日本の人口比は男性と女性とでほぼ1対1である（厳密にいえば，女性のほうが5％多い）から，大学入試においても，男女で1対1（あるいは，95対100）となるように選抜すべきか。東京都の人口は約1400万人であるのに対して10県が人口100万人未満であるから，例えば人口100万人の県の出身者の合格者数は，東京都民の合格者数の14分の1でよいか。心身に障害のある人は人口の7％であるが，ならば，大学は，定員の7％を障害者のための優先合格枠とすべきか。

・人に対する評価とは，特定の集団のメンバーであるということによってではなく，個人の業績や能力に基づきなされるべきだという見解について，どう考えるか。

・個人の自由な競争と実質的平等の実現とのどちらか一方を社会の基本理念として選択せざるを得ないならば，どちらを選択すべきか。

注

(i) 合衆国憲法には，各州への下院議員の議席配分の計算で奴隷を自由人（奴隷ではない人）の5分の3として扱う規定（1条2節3項），奴隷の輸入を容認する規定（1条9節1項），逃亡奴隷の扱いに関する規定（4条2項3節）が設けられていた（ただし，「奴隷」という文言は，憲法の条文には登場しない）。

(ii) 北アメリカに住む黒人の多くは，南北戦争以前にアフリカから奴隷貿易によってアメリカに連れてこられた奴隷の子孫である（ただし，現在では，奴隷制とは無関係に自分の意思で移民として渡米した黒人やその子孫も少なくない）。なお，本書では，わかりやすさという観点から「黒人（black）」という言葉を用いているが，これは肌の色が黒いという特徴に基づく表現であり，差別的であると感じる人が多いため，近時では，「アフリカ系アメリカ人（African American）」という表現がしばしば用いられる。もっとも，過去の差別の歴史を風化させないため，あるいは肌が黒いということは誇るべき身体的特徴であるとして，あえて黒人という言葉を用いるべきだとの意見もある。なお，かつて，「有色（colored）人種」という言葉が黒人のことを指す表現として用い

られたこともあったが，概念として不明確であり，かつ差別的であると感じる人もいるため，近時では用いられることは少ない。また，「ニグロ（negro）」や「ニガー（nigger）」は，明らかな差別用語であり，黒人以外の人が黒人を指す言葉として用いるべきではないとされる。

(iii) 連邦制を採用するアメリカ合衆国では，州（state）は合衆国を構成する 1 つの国家であると考えられているので，連邦と各州がそれぞれ憲法と統治機構を有している。司法権に関しては，連邦の裁判所とは別に，各州には裁判所が設けられている（立法府（議会）や執行府（大統領・知事）についても，連邦と州とで別々に設けられている）。

(iv) 黒人奴隷であるスコットは，奴隷としての自分の身分に関する訴訟を裁判所に提起したが，その際に，主人とともに自由州（奴隷制を認めない州）に一旦赴いたことがあるので，自分は奴隷州（奴隷制を認める州）に戻っても奴隷の身分から解放されていると主張した。これに対して，連邦最高裁判所は，黒人奴隷はそもそも合衆国市民ではないため，裁判所に訴訟を提起する資格はないとして，スコットの主張を退けるとともに，ミズーリ協定が奴隷制を禁止する自由州を設けたことが，法の適正な手続によらずに個人の財産を剥奪するものであるとして，合衆国憲法修正 5 条に違反し無効であると判断した。

(v) この事件の概要は次のとおりである。ファーガソンは，血統上，8 分の 1 がアフリカ系アメリカ人で，8 分の 7 がヨーロッパ系白人であり，一見すると白人であるが，ルイジアナ州法上，アフリカ系アメリカ人と分類されたため，鉄道では，有色人種専用車両に乗車しなければならなかった。しかし，白人専用車両に乗車し，車両の移動を拒んだため，鉄道における人種分離を定める州法に違反したとして起訴された。

　　ファーガソンは州法が修正 13 条・修正 14 条に違反すると主張したのに対して，連邦最高裁判所は，白人と有色人種との間の法律上の区別が人種間の平等を破壊させるものではなく（修正 13条に違反しない），また，修正 14 条が肌の色に基づく区別を廃止することを意図したものではないとして，ファーガソンの主張を退けた。また，裁判所は，白人と有色人種とで分離することは人種の優劣を意味するものではなく，人種別学制度や異人種間の婚姻禁止は，州の警察権限の行使として認められると判示した。

(vi) カンザス州では，州法により，白人用と黒人用とで分けて公立学校を設置することが認められていた。黒人であるブラウンは，自宅近くに白人用の公立小学校があるにもかかわらず，バスを利用して遠隔地にある黒人用の公立小学校に通学せざるを得なかった。そこで，ブラウンは人種別学制度が平等保護条項に違反すると主張したが，連邦地方裁判所は，ファーガソン判決に従い，白人用学校と黒人用学校とで，施設，カリキュラム，教員の質等がほぼ同等であることを重視し，ブラウンの主張を退けた。これに対して，原告が連邦最高裁判所に上訴したのが，この事件である。なお，ブラウンは，全米黒人地位向上協会（NAACP）による人種別学制度の撤廃のための組織的訴訟運動に協力するために，同協会による募集に応じて，他の原告らとともに，市の教育委員会を訴えたものである。

(vii) この判決で，連邦最高裁判所は，「分離すれども平等」の原則が公教育の場では妥当しないと明確に判示した（なお，その後の一連の連邦最高裁判決によって，他の分野においても分離すること自体が不平等であるという判断が定着していった）。もっとも，南部諸州では，ブラウン判決が示されてもなお教育における人種統合に対する反発は強かった。例えば，アーカンソー州では，1957 年，白人用の高校であったリトルロック・セントラル高校で人種統合が決定すると，それに反対する州知事が州兵を学校に配備し，反対派の住民とともに黒人の編入生の登校を妨害する事件が発生した。これに対して，アイゼンハワー大統領は，リトルロック市長からの要請を受けて，合衆国軍を出動させ黒人生徒の登校の護衛をさせた（さらに，これに反発した州知事は，市内のすべての公立高校を閉鎖する案を州民投票にかけて，過半数の支持を得て高校閉鎖を実現した）。

(viii)「公民権運動」と呼ばれることもあるが，憲法・英米法学の世界では，「市民的権利運動」と訳出するのが一般的である。1963 年 8 月のワシントン大行進は，この社会運動の最高潮ともいうべき出来事であり，この行進の際に，運動の指導者の 1 人であるマーティン・ルーサー・キング・ジュニアは，「私には夢がある」という一節で有名な演説を行った。

(ix) 生徒に学校選択の自由を与えても，結局，ほとんどの白人の生徒は白人用として設けられた学校を，ほとんどの黒人の生徒は黒人用として設けられた学校を，それぞれ選択したため，人種の統合は事実上できなかった。そこで，最高裁判所は，教育委員会に対して，人種共学を実現するための積極的な措置を講ずるよう要請した（Green v. County School Board of New Kent County, 391 U.S. 430 (1968)）。

(x) 例えば，原則として生徒が入学する高校を選択できるものの，特定の高校で生徒の人種バランスが取れない場合には人種を考慮して生徒の入学を認めるシアトル第一学区の取組みについて，連邦最高裁判所は，修正 14 条に違反すると判示した（Parents Involved in Community Schools v. Seattle School District No. 1 , 551 U.S. 701 (2007)）。すなわち，この取組みは人種に基づく区分であり，その合憲性は厳格審査に服するところ，それが認められるやむにやまれぬ利益は，(1) 過去の人種差別に対する救済，または (2) 教育における多様性の確保のいずれかであるが，シアトルではこれまでに人種別学が制度的に採用されたことはない（人種統合のための取組みは，あくまで学校の自主的な判断によるものであった）ので，そもそも特定の人種の生徒を救済する必要はない（人種的バランスはそれ自体として達成されるべきものではないで，単に人種的なバランスが取れていないというだけでは，人種に基づく区別を正当化するには不十分である）し，また，多様性とは人種に基づくもののみをいうのではないが，本件では生徒を人種で機械的に区別しており，人種が特定の生徒にとって決定的な要因となっているため，グルッター判決とは異なる判断がなされるべきであるという。

(xi) 本書では，構造的な差別を受けてきた人々を「マイノリティ」（少数派）と，そうでない人々を「マジョリティ」（多数派）ということとするが，実際には，母集団の中で前者が後者よりも人数が少ないとは限らない。マイノリティの概念については，数的な少数派を意味するのではなく，権力構造上マイナーな人々のことを指すとの見解が有力である。

(xii) アファーマティブ・アクションは，積極的差別（positive discrimination）ともいい，「積極的差別解消措置」または「積極的差別是正措置」などと訳出される。また，日本語では，ポジティブ・アクションとも呼ばれることがある。例えば，日本の法令では，女性に関するアファーマティブ・アクションの代表的な規定として，次のようなものがあげられる。すなわち，男女共同参画社会基本法は，「積極的改善措置」を「社会の対等な構成員として，自らの意思によって社会のあらゆる分野における活動に参画する機会……に係る男女間の格差を改善するため必要な範囲内において，男女のいずれか一方に対し，当該機会を積極的に提供すること」と定義した（2 条 1 号，2 号）うえで，この措置を含む男女共同参画社会の形成の促進に関する施策を総合的に策定し，実施する責務を国に課している（8 条）。また，雇用の分野における男女の均等な機会及び待遇の確保等に関する法律は，事業主に対して，労働者の募集・採用について，その性別にかかわりなく均等な機会を与えなければならないこと（5 条）と，労働者の配置・昇進・退職勧奨・定年・解雇・契約更新等について，その性別を理由として差別的取扱いをしてはならないこと（6 条）を義務づける一方で，これらの規定が「事業主が，雇用の分野における男女の均等な機会及び待遇の確保の支障となつている事情を改善することを目的として女性労働者に関して行う措置を講ずることを妨げるものではない」と定めている（8 条）。

(xiii) アメリカの憲法解釈論では，公権力による差別に対する違憲審査に関して，原則として，(1) 人種に基づくものは憲法上疑わしい区分（suspect classification）として厳格審査（strict scrutiny）

が適用され，（2）性別や嫡出性に基づくものはそれに準ずる疑わしい区分として中間審査（intermediate scrutiny）が妥当し，（3）それ以外の属性に基づくものは合理性審査（rational basis review）が行われる。

(xiv) アメリカ合衆国の医学教育は，通常，4年制の専門職大学院である医科大学院（medical school）で行われる。医科大学院に入学するためには，大学4年間の学士課程を卒業し，医科大学院入学適性試験（Medical College Admission Test: MCAT）で高得点を獲得する必要がある。医科大学院を修了後，合衆国医師免許試験に合格すると，各州より医師免許が交付される。

(xv) ブレナン裁判官らは，修正14条が人種を一切考慮してはならないことを要求していないと述べるとともに，白人はマイノリティではないため，白人の負担の下でマイノリティを優遇する措置については，厳格審査基準ではなく，中間審査基準で違憲審査を行うべきだと主張した。

(xvi) アメリカの大学に入学を希望する者のための共通の試験のことで，SAT（Scholastic Assessment Test）やACT（American College Testing Program）などがある。出題内容は，読解，数学，小論文（ACTの場合，自然科学も）である。

(xvii) アメリカ合衆国の法曹教育は，通常，3年制の専門職大学院である法科大学院（law school）で行われる。法科大学院に入学するためには，大学4年間の学士課程を卒業し，法科大学院入学適性試験（Law School Admission Test: LSAT）で高得点を獲得する必要がある。法科大学院を修了後，各州の司法試験に合格すると，各州の弁護士としての資格が認められる。

(xviii) この事件は，テキサス大学法科大学院の入学試験におけるアファーマティブ・アクションの合憲性が争われたものである。同大学の法科大学院は，学部における学業成績と法科大学院入学適性試験の得点を組み合わせた値を基準として，受験生を，(a) 合格が推定されるもの，(b) 裁量範囲内のもの，(c) 不合格が推定されるものの3つに分けて合否を検討していた。黒人とヒスパニックの受験生については，この基準値が他の受験生と比べて低く設定されており（したがって，(b) や (c) に分類されにくくなっていた），また，他の受験生とは別に，マイノリティのための選考委員会でより慎重な検討をして合否判定を行っていた。第5巡回区連邦地方裁判所は，人種的多様性の確保と過去の差別の影響の解消という2つのアファーマティブ・アクションの目的を検討し，判例（City of Richmond v. J. A. Croson Co., 488 U.S. 469 (1989)）等に従って，後者のみが厳格審査を満たすやむにやまれぬ利益として認められるとしたうえで，同大学法科大学院では，過去に救済を必要とする人種差別は存在しなかったため，この利益を欠く本件アファーマティブ・アクションは違憲であるとした。なお，連邦最高裁判所は，本件についての裁量上訴を拒否した（Texas v. Hopwood, 518 U.S. 1033 (1996)（cert. denied））。

(xix) アメリカ史上2人目の黒人の裁判官であるトーマスは，アファーマティブ・アクションが争点となる事件では，これに対して否定的な意見をほぼ必ず述べている。グルッター判決では，政府が人種という属性を憲法上一切考慮してはならないという立場を採ることを宣明し，フィッシャー判決では，大学入試で州が人種を利用することが平等保護条項によって絶対的に禁止されると強く述べている。

(xx) お茶の水女子大学と奈良女子大学は，それぞれ，明治時代に女性教員養成機関として開設された東京女子師範学校と奈良女子高等師範学校を前身とし，戦後の教育改革における民主化の中で，女子に対する高等教育の解放の一環として，1949（昭和24）年，国立学校設置法により新制大学として設けられた。なお，両大学ともに，戸籍上は男性であるが性自認が女性であるトランスジェンダーの学生を2020年度から受け入れることを決めた（入学後に男性としての性自認に変わった場合でも，学則や学生懲戒規定等に違反する行動をとらない限り退学とはならない）。

(xxi) 国立大学である東京商船大学（現 東京海洋大学）と神戸商船大学（現 神戸大学海事科学部）が，それぞれ1980（昭和55）年・1982（昭和57）年に女子の受験を認めることとしたため，現在

は，男子のみの入学を認める国立大学は存在しない。なお，防衛省施設等機関である防衛大学校と防衛医科大学校も，当初は男子のみが採用試験（入学試験に相当するもの）を受験することができたが，それぞれ 1985（昭和 60）年・1992（平成 4）年に，女子の受験も認められるようになった。

(xxii) なお，アメリカの連邦最高裁判所は，州立女子大学看護学部による男子の入学拒否（Mississippi University for Women v. Hogan, 458 U.S. 718 (1982)）と州立軍事大学校による女子の入学拒否（United States v. Virginia, 518 U.S. 515 (1996)）について，中間審査基準を用いたうえで合衆国憲法修正 14 条に違反すると判示した。

(xxiii) 例えば，2018（平成 30）年に不正入試が発覚したある大学は，二次試験（面接）において女子を一律に減点した理由として，女子は男子よりも精神的な成熟が早いため，受験時にコミュニケーション能力が高い傾向にあるが，入学後はその差が解消されるため補正を行う必要があるということをあげていた。また，女性の医師は，負担の大きい診療科を拒むことが多く，特定の診療科に集中するので，診療科のバランスをとるため，男性の医師を増やす必要があるとも説明していた。

第4章　思想・良心の自由

　本章から第7章までは，自由権が争われた事件を扱う。自由権とは，公権力が個人の領域に介入してきたときにこれを排除するという性格の権利であり，「国家からの自由」ともいわれる。

　自由権は，精神活動に関する自由である精神的自由権，財産や経済活動に関する自由である経済的自由権，人身に関する自由である身体的自由権の3つに大別できる。

　日本国憲法の定める精神的自由権としては，思想・良心の自由（19条），信教の自由（20条），表現の自由（21条），集会・結社の自由（21条），学問の自由（23条）がある。

　思想・良心の自由は，外部に向かって表現されれば，表現の自由の問題となり，また，内面的精神作用にとどまる場合，宗教的な面においては，信教の自由の問題となり，論理的・体系的な知識の面においては，学問の自由の問題となる。したがって，思想・良心の自由は，精神的自由権のなかでも最も基礎的で根本的な人権であるといえる。諸外国の憲法では，思想・良心の自由を保障する規定が設けられる例はあまりないが，日本では，戦前に内心の自由そのものが侵害されることがあったため，その反省を踏まえて，日本国憲法は，思想・良心の自由を保障している。

　本章では，生徒の思想・良心の自由などについて争われた麹町中学校内申書訴訟について検討するとともに，内申書などの教育情報の管理と情報公開の問題や，学校における国旗や国歌の取扱いと教員の思想・良心の自由の問題についても，考察を加えることとする。

麹町中学校内申書訴訟

損害賠償請求事件

最判昭和63年7月15日判時1287号65頁

1　事件の概要

　東京都千代田区立麹町中学校3年生であったXは，1971（昭和46）年3月，都立や私立の高校4校を受験したが，いずれも不合格となった[24]。高校受験のために中学校長から各高校に提出されたXの調査書（いわゆる内申書）[25]の「行動及び性格の記録」欄中の「基本的な生活習慣」「自省心」「公共心」に，A・B・Cの3段階評定で，C（特に指導を要する）の評価がなされていた。その理由として，「備考欄及び特記事項」欄に，「校内において麹町中全共闘[26]を名乗り，機関紙『砦』を発行した。学校文化祭の際，文化祭粉砕を叫んで他校生徒と共に校内に乱入し，ビラまきを行つた。大学生ML派[27]の集会に参加している。学校側の指導説得をきかないで，ビラを配つたり，落書をした」などの記載がなされ，また，「欠席の主な理由」欄には「風邪，発熱，集会又はデモに参加して疲労のため」という趣旨の記載がされていた（実際に，団体をつくり，機関誌を発行したり，ベトナム反戦運動に参加したり，文化祭の際に，ヘルメットをかぶり覆面をして，棒を持ってシュプレヒコールを上げながら校庭でデモ行進したり，学校の校舎などに落書きをしたり，学校の屋上からビラまきを行つたりするなどして，警視庁麹町警察署に補導されたことがあった）。

　Xは，高校不合格の原因はこの調査書の記載にあると考え，これに抗議するために「卒業式闘争」を行うと予告していたところ，同中学校は，混乱を避けるため，Xの卒業式を，他の生徒の卒業式と分離して，別会場で行った。

　そこで，Xは，（1）この調査書の作成・提出行為がXの思想・良心の自由（日本国憲法19条）の侵害であり，教育評価権の濫用であり，Xの進学を妨害し，学習権（26条）を侵害したこと，（2）Xの卒業式への出席を禁止し，分離

卒業式を行ったことは，中学校長による学校の管理運営権の濫用であり，Xの学習権を侵害したこと，(3) 卒業式当日に，Xを分離卒業式の会場である教室に連行したことが違法であるなどと主張し，Y₁（東京都）とY₂（東京都千代田区）に対して[28]，損害賠償を請求した。

　第1審は，調査書の評定は，生徒の学習権を不当に侵害しないように，客観的に公正かつ平等になされるべきであるが，本件調査書の記載は非合理的で違法な理由・基準に基づいてなされたものであり，教師の教育評価権の裁量の範囲を逸脱し，生徒の学習権を不当に侵害する違法なものであるとし（その一方で，Xの行為は，中学生としての真摯な政治的思想・信条に基づく表現の自由の行使であるという），また，卒業式の混乱を避けるため教師がXを教室に連れ込み，拘束したことが違法であるとし，(1) と (3) につき，Xの請求を認めた（東京地判昭和54年3月28日判時921号18頁）。

　控訴審は，中学校長には調査書への記載について広汎な裁量権を有しており，また，調査書が本人にとって不利に働くこともあるのは事柄の性質上当然のことであるとしたうえで，本件調査書について，判断の前提となった事実に誤りはなく，判断結果も明白に不合理なものではないとし，本件調査書に記載されたXの行為を，指導を要するものとして高校側に知らせ，入学選抜判定の資料とさせることは違法ではないと判示し，第1審判決を取り消し，(3) についてのみ，Xの請求を認め，(1) と (2) については，Xの請求を認めなかった（東京高判昭和57年5月19日判時1041号24頁）。

　そこで，Xは，改めて，(1) 調査書にXの思想・信条にわたる事項が記載され，入学者選抜の資料に供されたことが，思想・良心の自由を保障する日本国憲法19条等に違反し，(2) 中学校におけるXの行為が調査書にマイナス評価の対象として記載されたことが，表現の自由を保障する21条等に違反し，(3) Xの思想・信条に関する情報は調査書に記載して高校に開示することがで

きないにもかかわらず，それがなされたことは13条，19条，21条等に違反するなどと主張して，上告した。

（1）　内申書の記載とXの思想・信条の自由（憲法19条）

　「備考欄及び特記事項」欄と「欠席の主な理由」欄の記載のいずれも，Xの思想・信条そのものを記載したものでないことは明らかであり，ここに記載された外部的行為からはXの思想・信条を了知しうるものではないし，また，Xの思想・信条自体を高校入試の資料に供したものとは解することができない。

　調査書が，学校教育法施行規則59条1項（現90条1項）により，学力検査の成績等とともに入学者選抜の資料とされ，その選抜に基づいて高校の入学が許可されるものであることにかんがみれば，その目的に適合するよう，生徒の学力だけでなく，その性格や行動に関して把握しうる客観的事実も公正に記載されるべきである。本件調査書の備考欄等の記載も，このような客観的事実を記載したものである。

（2）　内申書の記載とXの表現の自由（憲法21条）

　Xは，自分の行為が日本国憲法21条によって保障される表現の範囲内の行為であると主張するが，表現の自由といえども，公共の福祉によって制約を受ける。Xの行為はいずれも，中学校での学習とはまったく無関係のものであり，ビラ等の文書の配布や落書きを自由に行わせれば，中学校における教育環境に悪影響を及ぼし，学習効果の減殺など学習効果を上げるうえでも放置できない弊害を発生させる相当の蓋然性[29]があるので，このような弊害を未然に防止するために，そのような行為をしないよう指導説得することや，生徒の校内での文書の配布を許可制とすることは，必要かつ合理的な範囲の制約であり，21条に違反しない。

したがって，かりに中学生に一般人と同様の表現の自由があるとしても，調査書には，入学者選抜の資料の1つとされる目的に適合するよう，生徒の性格や行動に関しても，これを把握しうる客観的事実を公正に記載すべきである以上，生徒会規則に違反する無許可でのビラ等の配布，落書き行為やML派の集会への参加行為を調査書に記載し，入学者選抜の資料に供したからといって，Xの表現の自由を侵害し，または違法に制約するものとはいえない。

(3) 内申書の記載とXのプライバシーの権利（憲法13条）

本件調査書の記載が教育上のプライバシーの権利（13条）を侵害するとXは主張するが，本件記載による情報の開示は，入学者選抜に関係する特定された小範囲の人に対するものであって，情報の公開には該当しないから，そのような主張は認められない。

4　解　説

(1) 思想・良心の自由（憲法19条）の意義

日本国憲法19条は，思想・良心の自由を保障している。ここでいう思想と良心の意味については，あわせて個人の精神活動の中核となる内面的な精神活動を意味し，思想と良心とは特に区別する必要がないというのが通説的見解である。

19条の保障には，次の3つの意味がある。すなわち，(1)個人がいかなる思想をもっていようとも，それが内心の領域にとどまる限りは，絶対的に自由であり，国家が，特定の思想をもつことを禁止したり，強制したり，あるいは，それに基づいて不利益を課すことは許されない（狭義の思想・良心の自由）。(2)個人がいかなる思想をもっているかを，国家が強制的に告白させることは許されない（沈黙の自由）。また，国家が，個人のなんらかの外的行為に基づいて，その者の思想を推知することは許されない（外的行為からする思想推知の禁止）。(3)国家が，個人に対して思想に反する行為を強制してはなら

ない（思想に反する行為の強制の禁止）。

　なお，民法 723 条は，名誉毀損について裁判所が「名誉を回復するのに適当な処分」を命ずることができると規定している。この規定に基づき，新聞や雑誌等に被害者に対する謝罪広告を掲載するように，名誉毀損の加害者に対して裁判所が命ずることが，思想・良心の自由を侵害するか否かが争われた事件で，最高裁判所は，単に事態の真相を告白し陳謝の意を表明するにとどまる限り，憲法 19 条に違反しないと判示した（謝罪広告事件最高裁判決（最大判昭和 31 年 7 月 4 日民集 10 巻 7 号 785 頁）[30]）。

　また，私企業が，特定の思想・信条をもつことを理由として，労働者の雇入れを拒否しても，当然に違法とはいえない。したがって，労働者の採否の決定にあたって，思想・信条を調査し，または，申告を求めても違法ではない（三菱樹脂事件最高裁判決（最大判昭和 48 年 12 月 12 日民集 27 巻 11 号 1536 頁））。

(2)　本件内申書の記載とＸの思想・良心の自由

　本件は，下級審の段階では，生徒の学習権と教師の教育評価権との対立という問題として構成されていたが，最高裁判所では，主として憲法 19 条の問題として，思想・信条に基づく不利益取扱いの有無が争われることとなった。

　本件では，最高裁判所によれば，調査書に記載されたのは，あくまでデモや集会への参加という外的な行為であり，事実であって，Ｘの思想そのものではない。したがって，形式的には，思想を調査書に記載したのではないから，調査書を作成した中学校長がＸの思想・良心の自由を侵害したものとはいえない。しかも，そもそも，19 条により，外的な行為から思想を推知することが禁止されているので，デモ等への参加などという記載された事実から，学生運動に共鳴するＸの思想を，高校の校長が読み取ることもできない。

　もっとも，高校側としては，Ｘの思想そのものではなく，学校側の注意を聞かずに，生徒会規則に違反し，ビラまきなどを行うといったＸの遵法意識のない協調性を欠く行動について，マイナス評価をすることはなんら問題ない。すなわち，学校側としては，Ｘの行動の依拠する思想の内容如何で不利益を課

すことはできないとしても，Xの行動そのものを理由に不利益を課すことは，思想・良心の自由とは切り離して考えることができるので，不可能ではないといえよう。

（3） 内申書などの教育情報の管理と知る権利

　調査書やそれを作成する際の原簿となる指導要録[31] は，一般的には，生徒本人に対して開示するものではない。しかしながら，1990年代から，知る権利を根拠として，生徒やその保護者が情報公開請求制度を利用して調査書の開示を求めたり，逆に，教師の側から生徒等に積極的に調査書の内容を開示する動きがみられるようになった[32]。今日では，調査書や指導要録は，全部開示とするもの，一部（不）開示とするもの，全部不開示とするものなどと，地域や学校によって取扱いが分かれている。

　憲法21条が保障する表現の自由は，文言上は，自己の保有する情報を他者へ表出する権利のみを意味するが，情報の表出には情報の入手が不可欠であるため，通説は，そもそも情報の獲得過程も21条の射程に含まれると解している。そこで，情報の受け手の側から表現の自由を再構成し，国民が自由に情報を受け取り，国家に対して情報の公開を請求する権利として，知る権利が，憲法21条を根拠に新しい人権として保障されるべきであると考えられるようになった。もっとも，知る権利そのものは，権利の内容が抽象的で不明確であるので，国家に対する具体的な情報公開請求権は，法律の制定をまって具体化するというのが，通説的見解である。なお，現在では，国家レベルでは，行政機関の保有する情報の公開に関する法律が，地方レベルでは，多くの地方公共団体において，情報公開条例が，それぞれ制定されている。ただし，情報公開の推進は，個人情報の保護の要請と衝突することがありうるということにも注意が必要である。

　東京都大田区指導要録開示請求訴訟では，最高裁判所は，指導要録のうち，「各教科の学習の記録」欄中の「Ⅰ　観点別学習状況」や「Ⅱ　評定」の欄の記録は，評価者の主観的要素が入る余地が比較的少ないものであり，記号や数

値が記載されているものであるから，非開示情報には該当しないが，同欄中の
「Ⅲ　所見」や，「特別活動の記録」と「行動及び生活の記録」の各欄の記録
は，児童の学習意欲や学習態度等に関する全体的評価あるいは人物評価ともい
うべきものであり，評価者の観察力・洞察力・理解力等の主観的要素に左右さ
れうるものであって，児童等に開示することを予定せずに評価等がありのまま
記載されているので，これを開示すると，当該児童等の誤解・不信感・無用の
反発などを招き，担任教師などにおいても，そのような事態が生ずることを懸
念して，否定的な評価についてありのままに記載することを差し控えたり，画
一的な記載に終始するなどし，その結果，指導要録の記載内容が形骸化・空洞
化し，適切な指導・教育を行うための基礎資料とならなくなり，継続的かつ適
切な指導・教育を困難にするおそれが生じるので，非開示情報とすることが妥
当であると判示した（最判平成 15 年 11 月 11 日判時 1846 号 3 頁）。

(4)　国旗・国歌と思想・良心の自由

　学校現場における国旗「日章旗（日の丸）」と国歌「君が代」の取扱いに関
して，特に，入学式や卒業式等で国旗を掲揚し国歌を斉唱することをめぐり，
激しく意見が対立している。

　国旗や国歌に対して批判的な勢力は，（1）日の丸と君が代が国旗・国歌であ
ることの法的根拠がない[33]，（2）先の大戦においてわが国が侵略的な戦争を
行った際に日の丸が用いられた歴史的背景から，国旗としてふさわしくない，
（3）君が代の「君」が天皇を指すことから，天皇を賛美する歌は国民主権国家
であるわが国の国歌としてはふさわしくないなどと主張する[34]。ただし，（1）
については，1999（平成 11）年に，国旗及び国歌に関する法律が制定され，国
旗が日章旗で国歌が君が代であることは，今日では立法的に解決した。

　校長等は，教育委員会からの通達に従い，学習指導要領[35]により求められ
ている国旗の掲揚と国歌の斉唱を実施しようとし，法令に基づく職務命令など
により教員に指導する一方で，憲法上の思想・良心の自由を侵害するものであ
るなどと主張して，国旗掲揚や国歌斉唱を妨害したり，積極的に妨害しないも

ののそれを拒絶する教員もいる。

　前述のとおり，思想・良心の自由は，それが内心にとどまる限りにおいては絶対的に保障されなければならないが，それが外部的行為となってあらわれる場合には，一定の合理的範囲内の制約を受けうるものと解される。したがって，校長が学習指導要領に基づき法令の定めるところに従い教員に対して本来行うべき職務を命じることは，当該教員の思想・良心の自由を侵害することにはならないというのが政府見解である。学校において，校長の判断で学習指導要領に基づき式典を厳粛に実施するとともに，児童・生徒に国旗・国歌を尊重する態度を指導する一環として，児童等に自ら範を示すことによる教育上の効果を期待して，教員に対しても国旗に敬意を払い国歌を斉唱するよう命ずることは，学校という機関や教員の職務の特性にかんがみれば，社会通念上，合理的な範囲内のものであると，政府は解している[36]。

　判例は，一貫して，公立学校での式典時の国歌斉唱等に関する事件において，それに反対する教員に対する校長による職務命令は思想・良心の自由を侵害するものではないと判示している[37]。

　音楽専科の教員に対する国歌のピアノ伴奏を命ずる校長の職務命令について，当該教員の思想・良心の自由を侵すことにはならないと判断されている（最判平成 19 年 2 月 27 日民集 61 巻 1 号 291 頁）。この事件は，東京都日野市立の小学校の音楽専科の教員が，入学式で国歌斉唱の際にピアノ伴奏を行うよう校長からなされた職務命令に従わなかったことが，地方公務員法 32 条，33 条に違反するとして，東京都教育委員会が戒告処分を行ったことについて，これが思想・良心の自由（憲法 19 条）を侵害するとして，処分の取消しを求めたものである。最高裁判所は，国旗に関する原告教員の歴史観・世界観そのものは思想・良心の自由の保護範囲に含まれるが，ピアノ伴奏の職務命令は原告の思想・良心の自由を侵害するものではないと判示した[38]。

　国旗に向かって起立し国歌を斉唱するよう命じた校長の職務命令については，当該教員の思想・良心の自由を侵すことにはならないと判断されている（最判平成 23 年 5 月 30 日民集 65 巻 4 号 1780 頁）。起立・斉唱行為について，（1）

学校の儀式的行事における慣例上の儀礼的な所作としての性質を有するものであり，教員の歴史観・世界観を否定することと不可分に結びつくものではなく（職務命令は，その歴史観等そのものを否定するものとはいえない），（2）儀礼的所作として外部からも認識されるものであって，特定の思想の表明として外部から認識されるものと評価することは困難であり（職務命令が，当該教員に特定の思想を持つことを強制・禁止したりするものではなく，特定の思想の有無について告白することを強要するものともいえない），そして，（3）国旗・国歌に対する敬意の表明の要素を含む行為であり，当該教員のような特定の歴史観等を有する者がこれを求められることはその歴史観等に由来する行動と異なる外部的行為を求められることとなる（その限りで当該教員の思想・良心の自由についての間接的な制約となる面がある）ものの，他方で，職務命令は，教育の目標や儀式的行事の意義等を定めた関係法令等の諸規定の趣旨に沿い，かつ，地方公務員の地位の性質及びその職務の公共性を踏まえたうえで，生徒等への配慮を含め，教育上の行事にふさわしい秩序の確保とともに式典の円滑な進行を図るものであるため，思想・良心の自由に反するものではないと判示されている[39]。

　ただし，判例は，職務命令義務違反を理由とした具体的な処分に関しては，学校の規律や秩序の保持等の見地から重きに失しない範囲で懲戒処分をすることは，基本的に懲戒権者の裁量権の範囲内に属する事柄であり，たとえ1度の不起立行為であっても戒告処分をすることは妥当であるが，戒告・減給を超えて停職処分を選択することについては，過去の処分歴や態度等に鑑み，慎重な考慮が必要であるとしている（最判平成24年1月16日判時2147号139頁）。

　なお，児童・生徒等の思想・良心の自由との関係においては，校長・教員は，学習指導要領に基づいて国旗・国歌の指導を行うが，その指導は，児童等の内心にまで立ちいたって強制しようとする趣旨のものでなく，あくまでも教育指導上の課題として指導を進めていくことを意味するというのが政府見解である[40]。

第5章　信教の自由と政教分離

本章では，精神的自由権の1つである信教の自由について検討する。

日本国憲法は，20条1項前段と2項で，信教の自由を保障しているが，その内容は何か。また，信教の自由を守るため，20条1項後段・3項と89条前段で，政教分離原則が定められているが，その内容についても考えてみよう。

エホバの証人剣道実技拒否事件

進級拒否処分取消，退学命令処分等取消請求事件
最判平成8年3月8日民集50巻3号469頁

1　事件の概要

聖書に固く従うキリスト教の一派である「エホバの証人」(41) の信者であるXは，1990（平成2）年に神戸市立工業高等専門学校(42)に入学した学生であったが，必修科目である保健体育の履修において，信仰上の理由から，格技である剣道の実技に参加することを拒否した。Y（神戸市立工業高等専門学校長）と同校の体育担当教員は，剣道実技への不参加について代替措置を採らないとの態度を堅持しており（Xは自発的に作成したレポートを提出しようとしたが，受領されなかった），剣道実技への不参加者に対しては，剣道実技の補講への参加を勧めた。Xはこの補講にも参加しなかったため，体育担当教員は，Xの剣道実技の履修については欠席扱いとし，準備体操への参加のみを評価した。このた

め，Xは，必修である体育科目の修得認定を受けることができず，2年連続して原級留置の処分を受け，退学事由である「学力劣等で成業の見込みがないと認められる者」に該当するとして，退学処分を受けた。

そこで，Xは，Yが信仰上の理由から剣道実技に参加しない者にその履修を強制し，それを履修しなかった者に代替措置をとることなく原級留置処分と退学処分をしたことは，信教の自由（日本国憲法 20 条）や教育を受ける権利（26条）を侵害するものであるなどと主張して，Yに対して[43]，原級留置処分と退学処分の取消しなどを求めた。

2　下級裁判所の判断

第1審では，(1) 学校がXに対して剣道実技への参加を求めることは，格技を禁止する教義に反する行動を求めるのと事実上同様の結果になり，Xの信教の自由を一定程度制約することになるが，剣道実技の受講を拒否した他の学生の3分の2が体育の単位を取得していることから，学校がXの信教の自由に与えた制約の程度は高いとはいえず，(2) 信教の自由のうち，宗教的信条に基づく行為の自由は，社会生活上，その権利に内在する制約を免れず，(3) かりに剣道実技をしていないのに，信教の自由を理由として参加したのと同様の評価をすれば，他の生徒の消極的な信教の自由を害し，また，公教育に要求されている宗教的中立性を損ない，政教分離原則に抵触することになるなどとして，Xの請求は棄却された（神戸地判平成5年2月22日判時1524号20頁）。

これに対して，控訴審では，(1) 高等専門学校の学生にとって剣道実技の修得が必要不可欠であるとまでいうことはできず，(2) 教育的配慮として剣道実技に代わる代替措置を採ることや，そのために拒否理由を判断するための調査をすることが，政教分離原則や公教育の宗教的中立性に反するとはいえず，(3) 代替措置を採ることについて，法的にも実際上も障害があったとはいえないので，各処分はいずれも裁量権の逸脱があり違法であるとして，第1審判決を取り消し，Xの請求をすべて認容した（大阪高判平成6年12月22日判時1524

号 8 頁)。

　そこで，Ｙは上告した。

3 　　**最高裁判所の判断**
　　──上告棄却（Ｘの請求を認め，原級留置処分と退学処分が取り消された）

（1）　学生の処分に関する校長の裁量権

　学生に対して原級留置処分または退学処分を行うかどうかについての高等専門学校の校長の判断は，校長の合理的な教育的裁量に委ねられるべきものであり，裁判所がその処分の適否を審査するにあたっては，校長の裁量権の行使としての処分が，まったく事実の基礎を欠いたり，社会観念上著しく妥当を欠き，裁量権の範囲を越え，または裁量権を濫用してされたと認められる場合に限り，違法であると判断すべきである（裁判所が，校長と同一の立場に立って当該処分をすべきであったかどうかなどについて判断し，その結果と当該処分とを比較してその適否や軽重などを論ずべきではない）。

　退学処分は学生の身分を剥奪する重大な措置であり，学校教育法施行規則13条3項（現26条3項）も4つの退学事由を限定的に定めていることからすると，当該学生を学外に排除することが教育上やむをえないと認められる場合に限って退学処分を選択すべきであり，その要件の認定については，他の処分の選択に比較して特に慎重な配慮を要する。また，原級留置処分も，学生にその意に反して1年間にわたりすでに履修した科目等を再履修することを余儀なくさせ，上級学年における授業を受ける時期を延期させ，卒業を遅らせるうえ，それが連続すれば退学処分にもつながるものであるから，その学生に与える不利益の大きさに照らして，同様に慎重な配慮が要求される。

（2）　剣道実技の意義と代替可能性

　公教育の教育課程において，学年に応じた一定の重要な知識・能力などを学生に共通に修得させることが必要であることは，教育水準の確保等の要請から

否定することができず，保健体育科目の履修もその例外ではない。しかし，高等専門学校においては，剣道実技の履修が必須のものとまではいいがたく，体育科目による教育目的の達成は，他の体育種目の履修などの代替的方法によってこれを行うことも性質上可能である。

(3) 信仰上の理由による剣道実技の履修拒否

　Xが剣道実技への参加を拒否する理由は，Xの信仰の核心部分と密接に関連する真摯なものであった。Xは，他の体育種目の履修は拒否しておらず，特に不熱心でもなかったが，剣道種目の点数として35点中のわずか2.5点しか与えられなかったため，他の種目の履修のみで体育科目の合格点を取ることは著しく困難であった。したがって，Xは，信仰上の理由による剣道実技の履修拒否の結果として，他の科目では成績優秀であったにもかかわらず，原級留置・退学という事態に追い込まれたものというべきであり，その不利益が明らかにきわめて大きい。また，本件各処分は，その内容それ自体においてXに信仰上の教義に反する行動を命じたものではなく，その意味では，Xの信教の自由を直接的に制約するものとはいえないが，Xがそれらによる重大な不利益を避けるためには剣道実技の履修という自己の信仰上の教義に反する行動を採らざるをえなくなるという性質を有するものであった。

(4) 代替措置の必要性・許容性

　Yの行った処分が，信仰の自由や宗教的行為に対する制約を目的とするものではなく，教育内容の設定やその履修に関する評価方法についての一般的な定めに従ったものであるとしても，本件各処分がそのような性質を有するものであった以上，Yは，裁量権の行使に当たり，当然に相応の考慮を払う必要があった。また，Xが，自らの自由意思により，必修である体育科目の種目として剣道の授業を採用している学校を選択したことを理由に，著しい不利益をXに与えることが当然に許容されることになるものでもない。

　Xは，レポート提出等の代替措置を認めてほしいと繰り返し申し入れていた

のであって，剣道実技を履修しないまま直ちに履修したのと同様の評価を受けることを求めていたものではない。これに対し，学校側は，剣道実技の履修拒否は認めず代替措置は採らないことを明言し，代替措置を採ってほしいとのXらからの要求も一切拒否し，剣道実技の補講への参加を説得するのみであった。本件各処分の性質にかんがみれば，処分に至るまでになんらかの代替措置を採ることの是非やその方法・態様などについて，十分に考慮するべきであった。

Yは，実際に代替措置を採ることは不可能であったと主張するが，信仰上の理由に基づく格技の履修拒否に対して代替措置を採っている学校も現に存在するし，他の学生に不公平感を生じさせないような適切な方法・態様による代替措置を採ることは可能である。また，履修拒否が信仰上の理由に基づくものであるかどうかは，外形的事情の調査によって容易に明らかになるであろうし，信仰上の理由に仮託して履修拒否をしようという者が多数に上るとも考えがたい。控訴審判決の判示するとおり，代替措置を採ることによって学校内の教育秩序を維持することができないとか，学校全体の運営に看過することができない重大な支障を生じるなどのおそれがあったとは認められない。

(5) 代替措置と政教分離原則違反（憲法20条3項）

Yは，代替措置を採ることが政教分離原則（憲法20条3項）に違反すると主張する。しかし，信仰上の真摯な理由から剣道実技に参加することができない学生に対し，代替措置として，他の体育実技の履修やレポートの提出などを求めたうえで，その成果に応じた評価をすることが，その目的において宗教的意義を有し，特定の宗教を援助・助長・促進する効果を有するものといえず，他の宗教者または無宗教者に圧迫・干渉を加える効果があるともいえないのであり，およそ代替措置を採ることが，その方法・態様の如何を問わず，20条3項に違反するとはいえない。また，公立学校において，学生の信仰を調査・詮索し，宗教を序列化して別段の取扱いをすることは許されないとしても，学生が信仰を理由に剣道実技の履修を拒否する場合に，学校が，その理由の当否を判断するため，単なる怠学のための口実であるかどうかや，当事者の説明する

宗教上の信条と履修拒否との間に合理的関連性が認められるかどうかを確認する程度の調査をすることは，公教育の宗教的中立性に反するとはいえない。

(6) 本件処分の違法性

　信仰上の理由による剣道実技の履修拒否を，正当な理由のない履修拒否と区別することなく，また，不可能ではないにもかかわらず代替措置についてなんら検討することもなく，体育科目を不認定とした担当教員らの評価を受けて，原級留置処分をし，さらに，不認定の主たる理由や全体成績について勘案することなく，2年続けて原級留置となったため，学則にいう「学力劣等で成業の見込みがないと認められる者」にあたるとし，退学処分をしたというYの措置は，考慮すべき事項を考慮しておらず，または考慮された事実に対する評価が明白に合理性を欠き，その結果，社会観念上著しく妥当を欠く処分をしたものである。したがって，本件各処分は，裁量権の範囲を越える違法なものである。

4 　解　説

(1) 　信教の自由（憲法20条）の意義

　日本国憲法20条の保障する信教(44)の自由は，信仰の自由，宗教的行為の自由，宗教的結社の自由の3つの内容からなる。すなわち，(1) いかなる宗教を信仰することも，信仰しないことも自由である（特定の宗教を信仰しない自由だけでなく，宗教なるものを一切信仰しない自由も含まれる）。この意味での信教の自由は，絶対的に保障されるものであり，いかなる公共の福祉によっても制限できるものではない。自分の信仰を告白するか否かは，本人の問題であり，国家が強制的に信仰を告白させることは許されない。また，江戸時代の絵踏みのように，信仰に反する行為を強制することもできない。信仰によって特別な利益（不利益）を受けない自由や，両親が子どもに自分の信仰する宗教を教育する自由なども，信仰の自由から派生する。(2) 礼拝や祈祷など，宗教的行為を行うことも（行わないことも）自由であり，国家によって強要されてはなら

ない。布教活動なども，宗教的行為の自由に含まれる。（3）同じ信仰をもつ者同士が集まり，宗教的結社を結成するかどうかも，国民の自由であり，国家権力がこれを強制できない。結成された宗教的団体に参加する（または，参加しない）自由や，脱退する自由も，宗教的結社の自由に含まれる。

　信教の自由のうち，信仰の自由の保障は，内心にとどまる限り絶対的であり，公共の福祉による制限も受けない。その一方で，宗教的行為の自由と宗教的結社の自由は，信教の自由の外部への表出であるので，無制約に保障されるわけではなく，自由国家的公共の福祉によって制約されることもある（加持祈祷事件最高裁判決（最大判昭和 38 年 5 月 15 日刑集 17 巻 4 号 302 頁），オウム真理教解散命令事件最高裁決定（最決平成 8 年 1 月 30 日民集 50 巻 1 号 199 頁））。

(2)　政教分離の原則（憲法 20 条 1 項後段，3 項，89 条）の意義と制度的保障

　国家と宗教との関係については，憲法 20 条 1 項後段が「いかなる宗教団体も，国から特権を受け，又は政治上の権力を行使してはならない」と定め，3 項が「国及びその機関は，宗教教育その他いかなる宗教的活動もしてはならない」と定めている。また，89 条も「宗教上の組織若しくは団体」に対する国の公金の支出の禁止を規定している。

　この政教分離の原則は，国家と宗教とのかかわり合いを一切認めない趣旨ではなく（もし国家と宗教との完全分離を意味するものであるとすれば，宗教系の私立学校や宗教施設内の文化財に補助金を出すこともできなくなるだろうが，これでは，かえって宗教者の信教の自由や教育を受ける権利などを侵害することになってしまう），国家は宗教的に中立であることが要請されるという意味である。

　政教分離原則は，信教の自由の制度的保障であると解されている。制度的保障とは，憲法が，ある人権それ自体を直接保障する規定を置くほかに，その人権の保障と密接に結びついている一定の制度について，それを創設・維持すべき義務を国会に課し，その制度の本質的内容を侵害することのできない特別の保護を与え，当該制度それ自体をも客観的に保障することによって，その人権を重合的に手厚く保障するものである。政教分離原則を 1 つの人権であるとす

る見解もなくはないが，通説は，政教分離原則を制度的保障であると解しており，本判決でもその旨が明確に判示されている。

なお，20条1項にいう「特権」とは，特定の宗教団体が，他の宗教団体または他の国民・団体一般と比べて，特別な利益を受けることをいう。宗教法人が，法人税法・地方税法上，非課税とされていることは，宗教法人すべてにつき，社会福祉法人などとともに免税されているので，ここでいう特権にはあたらない。また，「政治上の権力」は，立法権や課税権など統治的権力を指し，政治活動そのものではない。特定の宗教を信仰している国民や宗教団体そのものが政治活動を行うことは，政教分離原則には違反しない（もしこれを制限すれば，宗教者の政治活動の自由や信教の自由を侵害することになってしまう）。

(3) 政教分離原則の判断基準

国家と宗教とのかかわり合いは，20条3項が禁止する「宗教的活動」の意義が争われた津地鎮祭事件最高裁判決（最大判昭和52年7月13日民集31巻4号533頁）(45) で定立された目的・効果基準によって判断される。

目的・効果基準とは，政教分離原則違反が疑われる国家による行為について，(1) その目的が宗教的意義をもち，かつ，(2) その効果が特定宗教に対する援助・助長・促進または圧迫・干渉等になるかどうかについて，諸般の事情を考慮し，社会通念に従って客観的に判断して，2要件とも該当する場合に，政教分離原則に違反すると判断するものである。

ただし，89条及び20条1項後段に関して，目的・効果基準への明確な言及なしに政教分離原則違反であるとした判例もある（空知太神社訴訟最高裁判決（最大判平成22年1月20日民集64巻1号1頁））。

(4) 学校教育における宗教の取扱い

憲法20条3項が禁止しているように，国公立学校において，宗教教育はできない。このことは，「国及び地方公共団体が設置する学校は，特定の宗教のための宗教教育その他宗教的活動をしてはならない」と定める教育基本法15

条2項でも確認されている。

　宗教教育は国公立学校のみで禁止される。私立学校における宗教教育や家庭における宗教教育は，学問の自由や信教の自由などの一環として保障される。

　また，教育基本法15条1項は，「宗教に関する寛容の態度，宗教に関する一般的な教養及び宗教の社会生活における地位は，教育上尊重されなければならない」と規定している。特定の宗教を布教したり批判する目的での教育はできないが，宗教一般や宗教を信仰する意義・姿勢を尊重する教育は，むしろ行われるほうが望ましい。大学における宗教学の講義のように，学問の研究教育の一環として行われるものは，たとえ特定の宗教の教義に関する教育であっても，その宗教の布教目的ではないならば，憲法上，禁止されるものではない。

　国公立学校の旅行等で宗教的施設を訪問することに関しては，学校が主催して，礼拝や宗教的儀式，祭典に参加する目的をもってこれを行うことは許されないが，一定の条件（生徒に強要してはならず，その宗教的施設の儀式や祭典には参加してはならず，また，教師等が敬礼その他の儀式を命令して行わせてはならない）の下で，国宝や文化財を研究したり，その他の文化上の目的をもって行うことは許される(46)。

　生徒の信教の自由に関しては，授業時間以外に，一国民として，宗教的行為を行うことや宗教的結社を結成することは，自由である。また，一般の国民と同様に，学校の教員にも信教の自由が保障されており，授業時間以外であれば，一国民として，宗教的行為の自由や宗教的結社の自由を行使できる。

(5)　信教の自由と政教分離原則との衝突

　政教分離原則は，本来，信教の自由を保護するための制度である。もし政教分離原則がなく，国家による特定の宗教への弾圧が自由に行われれば，弾圧された宗教を信仰する者の信教の自由が侵害される。また，国家による特定の宗教への援助が自由に行われれば，援助された宗教を信仰する者以外の者の信教の自由が相対的に侵害されるといえる。したがって，信教の自由を守るためには，政教分離の原則は必要である。

しかしながら，ときには，信教の自由と政教分離原則とが衝突することがある。本件が，まさにそのような事例である。Xが，信教の自由を理由に，剣道実技への参加を拒否し，代替措置を講じることを求めたのに対して，学校側は，そのような措置を講じることが，原告の信仰を特別扱いすることになり，政教分離原則に違反すると主張している（さらに，学校側は，剣道実技への参加拒否が信仰に基づくものであるかどうかを調査しなければならなくなり，かえって，（X以外の）学生の信教の自由を侵害することになるとも主張する）。

　同様のことは，公立小学校の児童が，牧師である両親の主宰する日曜教会学校に出席し，その日に実施された参観授業を欠席したため，小学校長が指導要録に「欠席」と記載したことについて，その記載の取消しと損害賠償を求めた日曜参観事件についてもいえよう。この事件では，（1）指導要録への欠席記載は，担任教師に出欠状況を知らせる事実行為であって，法律上の不利益を課するものではないとしたうえで，（2）宗教行事に参加する児童に対して授業の出席を免除することは，公教育の宗教的中立性を保つうえで望ましくなく，（3）公教育上の特別の必要がある授業日の振替えの範囲内で，宗教上の集会と抵触することになったとしても，合理的根拠に基づくやむをえない制約として容認されるものと解すべきであるなどとして，原告の請求を棄却した（東京地判昭和61年3月20日判時1185号67頁，確定）。

　この事件は，本事件と同様に，信教の自由と政教分離原則との衝突ともいうべき問題であるが，（1）課された義務そのものが信仰内容と相容れないというものではなかったこと（剣道実技への参加を拒否する理由が信仰の核心部分と密接に関連する真摯なものであったのに対して，教会学校への欠席は，信仰の核心部分と密接に関連するものとはいえない）と，（2）具体的な不利益が甘受すべき程度のものであったこと（本事件では，原級留置処分・退学処分という重大なものであったのに対して，この事件では，指導要録に「欠席」と記載されるにとどまる軽微な不利益であった）から，原告の請求をめぐる裁判所の判断が分かれたといえよう。

第6章　表現の自由と検閲の禁止

　本章では，精神的自由権の1つである表現の自由について検討する。

　日本国憲法21条は，1項で，「集会，結社及び言論，出版その他一切の表現の自由は，これを保障する」と定め，2項で，「検閲は，これをしてはならない。通信の秘密は，これを侵してはならない」と規定している。

　ところで，学校教育法34条1項は，「小学校においては，文部科学大臣の検定を経た教科用図書又は文部科学省が著作の名義を有する教科用図書を使用しなければならない」と規定し，中学校については，49条が，高校については，62条が，それぞれ同条を準用している。したがって，図書を小・中学校や高校の教科書として使用するためには，それが文部科学大臣の検定を経て合格していなければならない[47]。

　本章では，この教科書検定制度そのものや具体的な検定の行われ方が，憲法21条2項の禁止する検閲に該当するかどうかが争われた家永訴訟について，考えることにする。

第一次家永訴訟

損害賠償請求事件

最判平成5年3月16日民集47巻5号3483頁

1　事件の概要

　東京教育大学（現在の筑波大学の前身）教授のX（家永三郎）は，1952（昭和

27）年以降，A（株式会社三省堂）発行の高等学校用検定教科書『新日本史』の執筆・改訂を行ってきたが，1960（昭和35）年の高等学校学習指導要領の全面的改訂に伴い，教科書改訂の必要が生じたので，『新日本史』の5訂版の原稿を作成した。そして，1962（昭和37）年8月，AがB（文部大臣）に対して『新日本史』5訂版の検定の申請を行ったところ，1963（昭和38）年4月，Bはこれに対して不合格処分を決定した。同年9月，Xによって若干の修正が加えられて，再び検定申請の手続がなされたところ，1964（昭和39）年3月，Bは，条件付き合格の決定を行った。文部省の教科書調査官は，条件付き合格になった旨をAとXに伝達する際に，合格条件と参考意見合わせて約300項目を示した。これに対して，XとAは，不本意ながらも修正に応じた。

　その後，Xは，Bによる1963年4月の不合格処分と1964年3月の条件付き合格の際の合格条件と参考意見の告知に関して，教科書検定制度や具体的な検定が，日本国憲法21条，23条，26条，旧教育基本法10条などに違反すると主張し，これに基づく印税収入等の逸失利益の損害賠償と慰謝料の支払いを求めて，Y（国）を相手として出訴した（この国家賠償請求訴訟が，第一次家永訴訟である）。

2　下級裁判所の判断

　第1審は，教科書検定制度そのものを合憲としたうえで，検定制度の運用に関して，検定意見の一部にBの裁量権濫用の違法があるとして，Xの請求を一部認容した（東京地判昭和49年7月16日判時751号47頁，いわゆる高津判決）。

　控訴審は，本件検定を制度上も運用上も合憲としたうえで，Bの付した検定意見に相応の根拠があれば，Bに裁量権の逸脱・濫用はないとして，問題とされた検定処分のすべてを適法とし，Xの請求すべてを棄却した（東京高判昭和61年3月19日判時1188号1頁）。

　そこで，Xは上告した。

──上告棄却（Xの請求を認めなかった）

(1)　教育権の所在（憲法26条，旧教育基本法10条）

　日本国憲法26条は，子どもに対する教育内容を誰がどのように決定するかについて，直接規定していない。憲法上，親は，家庭教育等において子女に対する教育の自由を有し，教師は，高校以下の普通教育の場において，授業等の具体的内容・方法につきある程度の裁量が認められるという意味では，一定の範囲で教育の自由が認められ，私学教育の自由も限られた範囲において認められるが，それ以外の領域においては，国が，子ども自身の利益の擁護のため，または子どもの成長に対する社会公共の利益と関心に応えるため，必要かつ相当と認められる範囲において，子どもに対する教育内容を決定する権能を有する。もっとも，教育内容への国家的介入はできるだけ抑制的であることが要請され，ことに，子どもが自由かつ独立の人格として成長することを妨げるような介入（例えば，誤った知識や一方的な観念を子どもに植えつけるような内容の教育を施すことを強制するようなこと）は許されない。また，教育行政機関が，法令に基づき，教育の内容・方法に関して，許容される目的のために必要かつ合理的と認められる規制を施すことは，（2006（平成18）年改正前の）教育基本法10条の禁止するところではない（旭川学力テスト事件最高裁判決（最大判昭和51年5月21日刑集30巻5号615頁；本書130頁）を引用）。

(2)　教科書検定制度の意義と教育権（憲法26条）

　学校教育法21条1項（現34条1項）は，小学校においてはBの検定を経た教科用図書等を使用しなければならない旨を規定し，同法40条（現49条）が中学校に，同法51条（現62条）が高等学校に，これを準用している。これを受けて，旧教科用図書検定規則1条1項は，このBによる検定は，著作者または発行者から申請された「図書が教育基本法及び学校教育法の趣旨に合し，教科用に適することを認めるものとする」旨を規定している。そして，その審査

の具体的な基準は旧検定基準に規定されているが，これによれば，本件の高等学校用日本史教科書についての審査は，(1) 教育基本法に定める教育の目的・方針などや学校教育法に定める当該学校の目的と一致していること，(2) 学習指導要領に定める当該教科の目標と一致していること，(3) 政治や宗教について立場が公正であることの3項目の「絶対条件」（これに反する申請図書は絶対的に不適格とされる）と，取扱内容（取扱内容は学習指導要領に定められた当該科目等の内容によっているか），正確性（誤りや不正確なところはないか，一面的な見解だけを取り上げている部分はないか），内容の選択（学習指導要領の示す教科・科目等の目標の達成に適切なものが選ばれているか），内容の程度等（その学年の児童・生徒の心身の発達段階に適応しているかなど），組織・配列・分量（組織・配列・分量は学習指導を有効に進め得るように適切に考慮されているか）などの10項目の「必要条件」（これに反する申請図書は欠陥があるとされるが，絶対的に不適格とはされない）を基準として行われ，他の教科・科目についてもほぼ同じである。したがって，本件検定による審査は，単なる誤記・誤植等の形式的なものにとどまらず，記述の実質的な内容，すなわち教育内容に及ぶものである。

　しかし，普通教育の場においては，児童・生徒の側にはいまだ授業の内容を批判する十分な能力は備わっていないこと，学校や教師を選択する余地も乏しく教育の機会均等を図る必要があることなどから，教育内容が正確かつ中立・公正で，地域や学校の如何にかかわらず全国的に一定の水準であることが要請される。また，このような児童・生徒に対する教育の内容が，その心身の発達段階に応じたものでなければならないことも明らかである。そして，本件検定が上述の各要請を実現するために行われるものであることは，その内容から明らかであり，その審査基準である旧検定基準も，この目的のための必要かつ合理的な範囲を越えているものとはいえず，子どもが自由かつ独立の人格として成長することを妨げるような内容を含むものでもない。また，検定を経た教科書を使用することが，教師の授業等における裁量の余地を奪うものでもない。

　Xは教育の自由の一環として教科書執筆の自由を主張するが，それは憲法26条によって保障されるものではない。

（3） 教科書検定と表現の自由（憲法21条）

　本件検定において合格とされた図書については，Bが都道府県教育委員会に送付する教科書の目録にその書名等が登載され，教育委員会が開催する教科書展示会にその見本を出品することができる。教師や児童・生徒は，この出品図書のなかから採択された教科書を学校で使用しなければならないとされている。他方，不合格とされた図書は，このような特別な取扱いを受けることができず，教科書としての発行の道が閉ざされることになるが，この制約は，普通教育の場において使用義務が課せられている教科書という特殊な形態に限定されるのであって，不合格図書をそのまま一般図書として発行し，教師や児童・生徒を含む国民一般に発表すること，すなわち思想の自由市場に登場させることは，なんら妨げられるところはない（現に，Xは，検定不合格処分を受けたものとほとんど同じ内容のものを，『検定不合格日本史』という題名の一般図書として発行している）。

　憲法21条2項にいう検閲とは，行政権が主体となって，思想内容等の表現物を対象とし，その全部または一部の発表の禁止を目的とし，対象とされる一定の表現物につき網羅的一般的に，発表前にその内容を審査したうえ，不適当と認めるものの発表を禁止することを特質として備えるものを指すと解すべきである（税関検査事件最高裁判決（最大判昭和59年12月12日民集38巻12号1308頁））。本件検定は，一般図書としての発行をなんら妨げるものではなく，発表禁止目的や発表前の審査などの特質がないから，検閲に当たらず，検閲を禁止する21条2項前段の規定に違反するものではない。

　21条1項にいう表現の自由といえども，無制限に保障されるものではなく，公共の福祉による合理的で必要やむをえない限度の制限を受けることがある。その制限が容認されるかどうかは，制限が必要とされる程度と，制限される自由の内容・性質，これに加えられる具体的制限の態様・程度などを較量して決せられるべきである。本件検定では，（1）普通教育の場においては，教育の中立・公正，一定水準の確保等の要請があり，これを実現するためには，これらの観点に照らして不適切と認められる図書の教科書としての発行や使用などを

禁止する必要があること（普通教育の場でこのような教科書を使用することは，批判能力の十分でない児童・生徒に無用の負担を与えるものである），(2) その制限も，上述の観点からして不適切と認められる内容を含む図書のみについて，教科書という特殊な形態において発行を禁ずるものにすぎないことなどを考慮すると，本件検定による表現の自由の制限は，合理的で必要やむをえない限度のものというべきであって，表現の自由を保障する 21 条 1 項の規定に違反するものではない。

X が主張する際に引用した北方ジャーナル事件最高裁判決（最大判昭和 61 年 6 月 11 日民集 40 巻 4 号 872 頁）は，発表前の雑誌の印刷，製本，販売，頒布などを禁止する仮処分，すなわち思想の自由市場への登場を禁止する事前抑制そのものに関する事案において，その抑制は厳格かつ明確な要件の下においてのみ許容されうる旨を判示したものであるが，本件とは関係ない（本件は，思想の自由市場への登場自体を禁ずるものではない）。

X は，本件検定が，審査の基準が不明確であるから憲法 21 条 1 項の規定に違反するとも主張する。たしかに旧検定基準の一部には，包括的で，明確とはいえないものもあるが，検定基準とそれが内容として取り込まれている高等学校学習指導要領の教科の目標・科目の目標・内容の各規定は，学術的・教育的な観点から系統的に作成されているものであるから，当該教科・科目の専門知識を有する教科書執筆者がこれらを全体として理解すれば，具体的記述への当てはめができないほどに不明確であるとはいえない。

(4)　教科書検定と学問の自由（憲法 23 条）

教科書は，普通教育の場において使用される児童・生徒用の図書であって，学術研究の結果の発表を目的とするものではない。本件検定は，申請図書に記述された研究結果が，たとえ執筆者が正当と信ずるものであったとしても，いまだ学界において支持を得ていなかったり，あるいは当該学校，当該教科，当該科目，当該学年の児童・生徒の教育として取り上げるにふさわしい内容と認められないときなど，旧検定基準の各条件に違反する場合に，教科書の形態で

の研究結果の発表を制限するにすぎないので，検定制度は，学問の自由を保障
した憲法23条の規定に違反しない。

(5)　裁量権の逸脱・濫用

　Bの検定権限は，教育基本法や学校教育法の趣旨に合致するように行使され
なければならない。検定の具体的内容等を定めた旧検定規則・旧検定基準はこ
の要請や各法条の趣旨を具現したものであるから，この検定権限は，これらの
検定関係法規の趣旨に沿って行使されるべきである。そして，本件検定の審
査・判断は，申請図書について，内容が学問的に正確であるか，中立・公正で
あるか，教科の目標等を達成するうえで適切であるかや，児童・生徒の心身の
発達段階に適応しているかなどのさまざまな観点から多角的に行われるもの
で，学術的・教育的な専門技術的判断であるから，事柄の性質上，Bの合理的
な裁量に委ねられるべきである。したがって，合否の判定や条件付き合格の条
件の付与などについての教科用図書検定調査審議会の判断の過程に，原稿の記
述内容または欠陥の指摘の根拠となるべき検定当時の学説状況・教育状況につ
いての認識や，旧検定基準に違反するとの評価等に看過し難い過誤があって，
Bの判断がこれに依拠してされたと認められる場合には，その判断は，裁量権
の範囲を逸脱したものとして，国家賠償法上，違法となると解すべきである。
　しかしながら，本件では，Bの本件各検定処分に裁量権の範囲を逸脱する違
法があったとはいえない。

4 　解　説

(1)　表現の自由（憲法21条1項）の意義

　日本国憲法21条1項は，「言論，出版その他一切の表現の自由」を保障して
いる。表現の自由とは，思想を外部へ発表する自由である。表現の方法とし
て，口頭でも（言論の自由），文書でも（出版の自由），その他どのような方法に
よるものでも，21条の保障の対象である。

表現の自由は，個人が言論などの表現活動を通じて自己の人格を発展させるという個人的な価値（自己実現の価値）と，言論活動により国民が政治的意思決定に関与することを通じて民主政の維持・形成に役立つという社会的な価値（自己統治の価値）という2つの側面を有する。

　表現の自由は，単なる思想や情報を表出する自由を意味するだけではなく，情報化が進んだ今日においては，広く一切の情報の流通過程（情報の収集・伝達・受領）を保障する包括的基本権であると解されている。

(2)　検閲の禁止（憲法21条2項前段）と教科書検定制度

　憲法21条2項は，「検閲は，これをしてはならない」と規定している。検閲は，表現の機会を奪い，表現の自由に対して実際上抑止的に作用し，また，事前抑制は事後規制に比べ恣意的運用の危険が大きく，手続上の保障の点でも問題が多いため，特に禁止されている。

　判例によれば，検閲とは，「行政権が主体となって，思想内容等の表現物を対象とし，その全部又は一部の発表の禁止を目的として，対象とされる一定の表現物につき網羅的一般的に，発表前にその内容を審査した上，不適当と認めるものの発表を禁止することを，その特質として備えるもの」をいう（税関検査事件最高裁判決（最大判昭和59年12月12日民集38巻12号1308頁））。そして，この場合，21条2項で禁止される検閲は，1項の表現の自由の保障から理論的に導出される表現の事前抑制の（原則的）禁止とは異なり，例外のない絶対的な禁止と理解されている。

　一方，従来の学説は，公権力が主体となって，（思想内容に限らず）表現行為全般に対して，事前に審査し（表現の自由に対して実質的に事前審査と同視しうる重大な影響を与える場合は，事後審査をも含む），不適当と認めるものの発表を禁止することとして，判例よりも広い検閲の概念を採る（合理的な理由があれば，検閲が認められる余地もありうるとする）。また，行政権が主体となって，表現内容を人々が受領する前に審査し，不適当と認める場合にその表現を禁止するという，より狭義の立場を採る見解（判例と同様に，検閲禁止の効果は絶対的

である）が，近時有力になっている。

　本件では，教科書検定制度が，21条2項で禁止される検閲に該当するか否かが争われた。同様に検閲の禁止が具体的に問題となる場面としては，裁判所による出版物の差止めや税関検査などがあるが，判例の立場によれば，裁判所による差止めは，行政権が主体ではないので検閲であるとはいえず（北方ジャーナル事件最高裁判決（最大判昭和61年6月11日民集40巻4号872頁）[48]），税関検査は，（1）表現物は国外で発表済みであり，輸入が禁止されても発表の機会が全面的に奪われてはいない，（2）検査は関税徴収手続の一環として行われ，思想内容等の網羅的審査を目的とはしていない，（3）輸入禁止処分には司法審査の機会が与えられているなどの理由から，検閲であるとはいえない（税関検査事件最高裁判決）。

　本件では，教科書検定制度は，（1）発表禁止目的での発表前の思想内容等の審査ではなく，（2）教科書として採用されなくても一般の書籍としての発表の機会はあるので，検閲には該当しないと判示されている。

（3）　家永訴訟の争点の推移

　Xは，本件第一次訴訟を提起した後，『新日本史』5訂版の部分改訂に対する1966（昭和41）年の検定不合格処分の取消請求訴訟（第二次家永訴訟）と，1978（昭和53）年の学習指導要領改訂に伴う『新日本史』の改訂に対する検定条件付合格処分にかかる検定意見などによる精神的苦痛を理由とする国家賠償請求訴訟（第三次家永訴訟）を提起した。

　教育権（教育内容を決定する権能）は，国民の信託を受けた国家にあるのか（国家教育権説），それとも，国民あるいは，その負託を受けた現場の教師にあるのか（国民教育権説）。家永訴訟は，もともと，教科書検定制度の合憲性だけではなく，この教育権の所在に関する事件としても，大変に注目されていた。

　この一連の家永訴訟では，当初は，教育権の所在が主として争われていたが，その後，旭川学力テスト事件の最高裁判決が示され，この争点に一定の結論が示されて以降は，教科書検定制度の合憲性に論点がシフトし，本判決によ

って，教科書検定制度そのものの合憲性が確認される（そもそも，教科書検定制度そのものを違憲とする判決は，下級審レベルのものを含めて，一切ない）や，今度は，具体的な検定における文部大臣の裁量権の逸脱の有無が争われるようになった。本判決では，教科書検定は，文部大臣の合理的な裁量に委ねられるべきであるとしたうえで，その判断の過程に看過し難い過誤がある場合には，文部大臣の裁量権の範囲を逸脱したものとして，国家賠償法上，違法となると解すべきであると判示され，その後，教科書検定問題を考える際には，この「看過し難い過誤」の有無が問題となるようになった。

ここでは，第二次・第三次家永訴訟の展開を概観しておくことにしよう。

最も早く示された第二次訴訟第1審判決（東京地判昭和45年7月17日判時604号29頁，いわゆる杉本判決）は，教育権の所在について，国民教育権説に立ったうえで，憲法21条により研究者に教科書執筆・出版の自由が保障されるので，教科書検定制度そのものは，審査が思想内容に及ぶものでない限り，21条2項の禁止する検閲には該当しないが，当該検定不合格処分は，憲法21条2項と旧教育基本法10条に違反するとして，Xの請求を全面的に認容し，注目を集めた。控訴審判決（東京高判昭和50年12月20日判時800号19頁）も，教科書検定制度の憲法違反の有無について審理・判断する必要はないとして，被告の控訴を棄却したが，これに対して，上告審（最判昭和57年4月8日民集36巻4号594頁）では，文部省の指導要領が改訂されたので訴えの利益があるかどうかについて再検討するよう，高等裁判所に審理を差し戻した（差戻審（東京高判平成元年6月27日判時1317号36頁）では，訴えの利益がないと判断され，原告が上告を断念して，第二次訴訟は原告敗訴で確定した）。

第三次訴訟では，第1審（東京地判平成元年10月3日判時臨時増刊平成2年2月15日号3頁）が，Xの請求の一部を認容し，控訴審（東京高判平成5年10月20日判時1473号3頁）も，Xの請求の一部を認容した。上告審も，第一次訴訟上告審判決の枠組みに従ったうえで，検定意見の一部に看過し難い過誤があり，Bの裁量権を逸脱した違法があるとして，Xの請求の一部を認容した（最判平成9年8月29日民集51巻7号2921頁）。

第 7 章

集会・結社の自由

集会・結社の自由は，伝統的な言論・出版の自由（狭義の表現の自由）とは区別される独立の権利であるが，表現の自由と同じ条文で規定されており，また，その保障は自己実現と自己統治という同じ機能を果たすため，広義の表現の自由としてとらえることができる。

本章では，教職員の労働組合による学校施設の目的外使用の許否をめぐって争われた呉市立二河中学校事件を通じて，集会・結社の自由について検討する。

呉市立二河中学校事件

損害賠償請求事件

最判平成 18 年 2 月 7 日民集 60 巻 2 号 401 頁

1 事件の概要

広島県の公立小・中学校に勤務する教職員によって組織された職員団体である X（広島県教職員組合）(49) が，その主催する教育研究集会（教研集会）の会場として，1999（平成 11）年 11 月 13 日（土）から 14（日）まで，呉市立二河中学校の体育館等の学校施設の使用を申請したところ，Y（呉市）の教育委員会は，同中学校及びその周辺の学校や地域に混乱を招き，児童・生徒に教育上悪影響を与え，学校教育に支障をきたすことが予想されることを理由として，許可しなかった(50)。これに対して，X は，Y の教育委員会による不許可処分が

教育公務員特例法 19 条，20 条（現 21 条，22 条），日本国憲法 21 条に違反し，裁量権の濫用等にあたるとして，Y に対して損害賠償を請求した。

2　下級裁判所の判断

　第 1 審は，本件不許可処分は裁量権を逸脱した違法な処分であるとして，X の請求を一部認容した（広島地判平成 14 年 3 月 28 日民集 60 巻 2 号 443 頁）。

　控訴審も，(1) 学校施設は学校教育の利用に供することを目的として設置された施設であり，一般の施設よりも管理権者の裁量権の幅は広いが，裁量権の逸脱・濫用にあたる事情があれば違法であって，その判断は，学校施設の使用目的，代替施設の確保の困難性，施設管理上・学校教育上の支障などの諸事情を基礎として総合的に行われるべきである，(2) 教研集会は，X の教育研究活動の一環として重要で独自の意義を有するものであり，X の労働運動という側面も強く有するが，過去 48 回のうち 1 回を除きすべて学校施設を利用して開催されてきたことを考慮すると，県や市町村の教育委員会も，教研集会の自主研修としての側面を尊重し，その便宜を図ってきたものであると認めることができ，以上の経過と教育公務員特例法 19 条，20 条（現 21 条，22 条）の趣旨に照らすと，X が教研集会を行える場を確保できるよう配慮する義務が教育委員会にあったものといえるところ，本件集会を使用目的とする申請を拒否するには正当な理由が存在しなければならず，その存在については使用を拒否する側である Y が立証しなければならない，(3) Y が本件不許可処分の理由として主張するもののうち，①右翼団体の学校周辺における街宣活動によって周辺地域に騒擾状態を生じさせるおそれについては，過去の事実からしてそのおそれは認められるが，特段の事情がない限り，それを理由に学校施設の利用を拒むことは憲法 21 条の趣旨に反して許されない（本件では，特段の事情を認めるに足りる証拠はない），②X の教研集会において，学習指導要領を批判したり文部省の指導に反する議論が行われることが予想され，児童・生徒や保護者に心理的混乱を招き，教育上の悪影響をきたすおそれがあるとの主張については，

たしかに X の教研集会の要綱などに批判的な文言が並んでいるものの，その
いずれもが抽象的な表現にとどまり，児童・生徒にいかなる教育上の支障が生
ずるかは明らかではないなどとして，本件不許可処分は Y の教育委員会にお
いてその裁量権を逸脱した違法な処分であるとして，Y の控訴を棄却した（広
島高判平成 15 年 9 月 18 日民集 60 巻 2 号 471 頁）。

　これに対して，Y が上告した。

3 　最高裁判所の判断
——上告棄却（X の請求を一部認容した）

(1) 　学校施設の目的外使用

　地方公共団体の設置する公立学校は，地方自治法 244 条にいう公の施設とし
て設けられるものであり，これを構成する学校施設は同法 238 条 4 項にいう行
政財産である。公立学校施設をその設置目的（学校教育目的）に使用する場合
には，同法 244 条の規律に服することになるが，設置目的外に使用するために
は，同法 238 条の 4 第 4 項に基づく許可が必要である。

　学校施設は，一般公衆の共同使用に供することを主たる目的とする道路や公
民館等施設とは異なり，本来は学校教育の目的に使用すべきものとして設置さ
れ，それ以外の目的に使用することが基本的に制限されていること（学校施設
の確保に関する政令 1 条，3 条[51]）からすれば，学校施設の目的外使用を許可す
るか否かは，原則として，管理者の裁量に委ねられていると解すべきである。
学校教育上支障があれば使用を許可できないのは明らかであるが，そのような
支障がないからといって当然に許可しなくてはならないものではなく，行政財
産である学校施設の目的・用途と目的外使用の目的・態様等との関係に配慮し
た合理的な裁量判断によって，使用を不許可とすることもできる。

　学校教育上の支障とは，物理的支障だけでなく，教育的配慮の観点から，児
童・生徒に対して精神的な悪影響を与え，学校の教育方針にもとることとなる
場合も含まれ，現在の具体的な支障だけではなく，将来における教育上の支障

が生ずるおそれが明白に認められる場合も含まれる。

(2) 裁量権逸脱・濫用の判断基準

　管理者の裁量判断は，許可申請にかかる使用の日時・場所・目的・態様，使用者の範囲，使用の必要性の程度，許可をするにあたっての支障，許可をしないことによる申請者側の不都合・影響の内容・程度等の諸般の事情を総合考慮してされるものである。その裁量権の行使が逸脱濫用にあたるか否かの司法審査では，その判断が裁量権の行使としてされたことを前提としたうえで，その判断要素の選択や判断過程に合理性を欠くところがないかを検討し，その判断が，重要な事実の基礎を欠くか，または社会通念に照らし著しく妥当性を欠くものと認められる場合に限って，裁量権の逸脱・濫用として違法となる。

(3) 教職員の職員団体による目的外利用と裁量権の判断

　教職員の職員団体は，教職員の勤務条件の維持改善を図ることを目的とするものであって，学校における教育活動を直接目的とするものではないから，職員団体の活動のために学校施設の使用を受忍し，許容しなければならない義務を管理者は負わない。管理者が使用を許さないことについては，裁量権の逸脱・濫用が認められる場合を除き，違法とはならない。また，従前，同一目的で使用を許可してきたからといって，従前と異なる取扱いをすることが裁量権の濫用となるものではない。もっとも，従前の許可の運用は，使用目的の相当性やこれと異なる取扱いの動機の不当性を推認させることがあったり，比例原則・平等原則の観点から，裁量権濫用に当たるか否かの判断において考慮すべき要素となったりすることは否定できない。

(4) 教研集会の目的，集会への妨害の意義

　教研集会は，Xの労働運動としての側面も強く有するものの，教員らによる自主的研修としての側面をも有しており，その側面に関する限りは，自主的で自律的な研修を奨励する教育公務員特例法19条，20条（現21条，22条）の趣

旨にかなう。Xはこれまで１回を除きすべて学校施設を会場として使用してきており，広島県では本件集会を除いて学校施設の使用が許可されなかったことがなかったのも，教研集会の自主的研修としての側面に着目した結果とみることができる。しかし，このことを理由として，本件使用許可申請を拒否するための正当な理由の存在をY側が立証しなければならないとする控訴審の説示部分は，法令の解釈を誤ったものであり是認することができない。

　過去に教研集会の会場に右翼団体の街宣車が来て街宣活動を行ったことがあった以上，抽象的には妨害活動のおそれはあったといえるし，それを考慮して不許可とすることも学校施設管理者の裁量判断としてありうる。しかしながら，本件不許可処分の時点で，本件集会について具体的な妨害の動きがあったことは認められず，集会の予定日は生徒が登校しない休校日（土曜日・日曜日）であったため，かりに妨害行動があっても，生徒に対する影響は間接的なものにとどまる可能性が高かった。

　たしかに教研集会の要綱などのXの刊行物には，学習指導要領や文部省の是正指導に対して批判的な内容が記載されている。しかし，これらは抽象的な表現にとどまり，本件集会で具体的にどのような議論がされるかは不明であるし，また，本件集会の自主的研修の側面を大きくしのぐほどに中心的な議論対象となるとまでは認められない。したがって，本件集会を学校施設で開催することによって教育上の悪影響が生ずるとはいえない。

(5)　本件不許可処分の違法性

　本件中学校及びその周辺の学校や地域に混乱を招き，児童・生徒に教育上悪影響を与え，学校教育に支障をきたすことが予想されるとの理由で行われた本件不許可処分は，重視すべきでない考慮要素を重視するなど，考慮した事項に対する評価が明らかに合理性を欠いており，他方，当然考慮すべき事項を十分に考慮しておらず，その結果，社会通念に照らし著しく妥当性を欠いたものということができる。控訴審の採る立証責任論等は是認できないが，本件不許可処分が裁量権を逸脱したものであるという判断は，結論において是認できる。

（1）集会・結社の自由の意義と限界

　日本国憲法 21 条 1 項は，表現の自由の一形態として，集会の自由と結社の自由を保障している。

　集会とは，多数人が特定の共通の目的をもって一定の場所に集まること（または，その集合体）をいう。判例は，「集会は，国民が様々な意見や情報等に接することにより自己の思想や人格を形成，発展させ，また，相互に意見や情報等を伝達，交流する場として必要であり，さらに，対外的に意見を表明するための有効な手段」として，「民主主義社会における重要な基本的人権の一つとして特に尊重されなければならない」と判示している（成田新法事件最高裁判決（最大判平成 4 年 7 月 1 日民集 46 巻 5 号 437 頁））。

　一方，結社とは，多数人が特定の共通の目的をもって継続的に結合すること（または，その結合体）をいう。結社の自由は 21 条によって保障されているが，宗教的結社については 20 条が，労働組合については 28 条が重畳的に保障している。

　集会は，多数人が集合する場所を前提とする表現活動であり，人々の行動を伴うものであるから，他者の権利・利益と衝突する可能性が高く，それを調整するために必要不可欠な最小限度の規制を受けうる[52]。

（2）公共的な施設を利用した集会に対する規制（目的外使用の場合）

　国や地方公共団体が設置した公共的な施設を利用して集会が行われる場合には，通常，管理権者は，その施設の本来の効用の維持・増進の観点から，公物管理権に基づいて，その使用について許可制を採る[53]。ただし，それが公共的な施設であることから，使用の許否は管理権者の自由裁量と解するのではなく，当該施設の設備・構造等の外的条件が集会に適さない場合や，その使用が他者の権利・自由を侵害する危険がある場合に限り，管理権者は使用を拒否しうると解すべきであろう。また，利用が競合する際には，先願順などの中立的基準を適用することを事前に公示したうえで，恣意的な運用がなされないよう

すべきであろう。この点，地方公共団体の施設のうち，公の施設（地方公共団体が住民の福祉を増進する目的をもって設置し，その利用に供するための物的施設）については，地方公共団体は，「正当な理由がない限り，住民が公の施設を利用することを拒んではならない」と規定している（地方自治法244条2項）。

　もっとも，公園や公会堂等のような集会の用に供することを主たる目的とする公の施設のほかに，学校や病院などのような本来的に集会を行うための施設ではないものもある(54)。本件では学校における集会のための使用許可申請が問題となっているが，地方公共団体の設置する公立学校は，公の施設として設けられるものであるものの，それを構成する学校施設は，地方自治法238条4項に定める行政財産であり，本来の設置目的（学校施設については，学校教育目的）のために使用させるべきである。そして，設置目的外に使用させるためには，同法238条の4第7項に基づく許可が必要となる。

　教研集会は学校教育目的そのものではないので，そのための使用許可は，地方自治法244条の問題ではなく，238条の4第7項の問題となる。本判決では，本来は学校教育目的以外の目的に使用することが基本的に制限されている学校施設について，目的外使用を許可するか否かが管理者の裁量に委ねられていることと，学校教育上支障がないからといって当然に許可しなくてはならないものではなく，学校施設の目的・用途や目的外使用の目的・態様等との関係に配慮した合理的な裁量判断によって使用を不許可とすることができることが確認されている。

(3)　公共的な施設を利用した集会に対する規制（本来的使用の場合）

　国や地方公共団体が設置する公園や公会堂等のような集会の用に供することを主たる目的とする施設であっても，通常は，使用について許可制が採られている。

　本来的使用の場合に関する判例としては，空港建設に反対する集会を市立会館で実施するための中核派(55)による使用許可申請に対する市長による不許可処分の合憲性をめぐる泉佐野市民会館事件最高裁判決（最判平成7年3月7日民

集 49 巻 3 号 687 頁）がある。この判決では，(1) 施設を集会のために利用させることによって，他の基本的人権が侵害され，公共の福祉が損なわれる危険がある場合には，必要かつ合理的な範囲で集会の開催を制約できるが，この必要性・合理性の判断は，集会の自由の重要性と侵害される他の人権の内容や侵害の発生の危険性の程度等を較量して決められる，(2) 使用を不許可とすべき公の秩序をみだすおそれがある場合とは，単に危険な事態を生ずる蓋然性があるだけでは足りず，明らかに差し迫った危険の発生が具体的に予見されることが必要であり，本件では，会館内やその付近の路上等においてグループ間で暴力の行使を伴う衝突が起こるなどの事態が生じ，付近住民等を含む生命・身体・財産が侵害される事態を生ずることが，客観的事実によって具体的に予見された，(3) 主催者が集会を平穏に行おうとしているのに，対立するグループ等が実力で阻止・妨害しようとして紛争を起こすおそれがあることを理由に施設利用を拒むことは，憲法 21 条の趣旨に反するが，集会の主催者のこれまでの過激な活動実態を考慮すれば，これはそのような状況に該当しないなどとして，市長による不許可処分が集会の自由を侵害するものではないとしている。

(4) 敵意ある聴衆の法理

　本件では，過去に教研集会の会場となった学校で右翼団体による妨害活動があったことが施設の利用の拒否の理由の 1 つとされたが，具体的な妨害の動きがあったとは認められなかったことと，かりに妨害行動があっても生徒に対する影響は間接的なものにとどまる可能性が高かったことから，その判断の妥当性が最高裁判所によって否定されている。一方，泉佐野市民会館事件判決では，集会の主催者と抗争中の対立グループが集会を阻止・妨害するために会館に押しかけ，集会の主催者も自らこれに積極的に対抗し，グループ間で暴力行使を伴う衝突が起こることが客観的事実によって具体的に明らかに予見されたということをもって，最高裁判所は不許可処分を肯認している。

　では，そもそも，集会の主催者ではなく，それと対立するグループによる妨害を理由として，集会のための施設の使用申請を不許可とすることは，集会の

自由との関係で認められるのだろうか。

　集会等の主催者に危険の発生に責任がある場合には，施設の使用の不許可がより肯認されやすいが，主催者が平穏に集会等を行おうとしているのに，主催者等と対立する第三者が妨害しようとして紛争を起こすおそれがあることを理由に公の施設の利用を拒むことは，憲法21条の趣旨に反する。主催者等に対立する第三者が集会等の成立を妨害するなどして危険の発生が見込まれる場合には，施設の管理権者には，施設の使用を不許可とするよりも，警察の警備などによって集会の平穏な開催を保護することが求められよう[56]。

　もっとも，公の施設の本来的使用の事例である泉佐野市民会館事件と，地方自治法244条の適用がない目的外利用の事例である本件とでは事情が異なる。前者では，施設使用が原則的に許可されるべきものであるのに対して，後者は，使用許可そのものが例外的なものである。本件のような目的外利用の事例では，たとえ集会の主催者側に責任がなくても，集会を行うことによって騒擾状態が生じたり，学校教育施設としてふさわしくない混乱が生ずる具体的なおそれが認められる場合には，それを考慮して不許可とすることも，学校施設管理者の裁量判断としてありうるところであろう。

（5）　学校教員の研修の意義

　地方公務員たる公立学校の教員は，研修を受けることができる。

　地方公務員法39条1項は，地方公務員一般について，「職員には，その勤務能率の発揮及び増進のために，研修を受ける機会が与えられなければならない」と規定しており，その研修は任命権者が行うものとされている（同条2項）。

　教育公務員特例法は，「教育公務員は，その職責を遂行するために，絶えず研究と修養に努めなければならない」（21条1項），「教育公務員には，研修を受ける機会が与えられなければならない」（22条1項）と規定している。これらの規定を受けて，都道府県教育委員会等は，初任者研修（23条）や十年経験者研修（24条）などを行う。そのほかにも，各種の研修が，地方公共団体の教育委員会や国によって行われている。

教員の研修は，（1）職務として教育委員会等による研修に参加するもののほかに，（2）勤務時間外に自主的に行うものと，（3）職務専念義務の免除による研修（教育公務員特例法22条2項による）の3つの形態が考えられる。

　本件で問題となったいわゆる教研集会は，都道府県の教職員組合が実施し，組合傘下の教員が参加し，その成果を日本教職員組合（日教組）が開催する全国大会に集約していくという形で，毎年継続的に開催されている。本判決で示されたとおり，教研集会は，教員による自主的研修としての側面だけでなく，職員団体のための活動としての側面を有するという評価が一般的である[57]。教研集会への参加が，上記の（1）に該当しないことは当然であるが，（3）に該当するか否かについては争いがある[58]。

　なお，教研集会の施設利用に関しては，本件のほかにも，日教組教研集会事件や大阪市教研集会事件などが注目される。

　前者は，日教組が2008（平成20）年2月に2,000人規模の全国集会を開催するため，東京都港区の民間ホテルの宴会場の使用契約を締結したところ，その後，ホテル側は，この契約を解除し[59]，使用を認めるべきとの裁判所による仮処分命令[60]にもかかわらず，使用を拒否した事件である。東京高等裁判所は，ホテル側の施設使用拒否等につき，日教組に対する債務不履行責任と不法行為責任を認めた（東京高判平成22年11月25日判時2107号116頁，確定）[61]。

　後者は，大阪市教職員組合が2012（平成24）年9月と2013（平成25）年9月に教研集会を行うため市立小学校の施設の使用を申請したところ，学校の校長が労使関係条例[62]に基づき不許可処分としたことにつき，大阪市に対して処分の無効確認等を求めた事件である。大阪高等裁判所は，教研集会には労働組合の労働運動としての側面のほかに教員の自主的研修の側面もあり，本件で施設の使用を許可しても適正かつ健全な労使関係を阻害する便宜供与とはならないとしたうえで，学校施設の使用の必要性等を考慮せず条例の規定のみを根拠になされた不許可処分は，裁量権の逸脱・濫用にあたり，違法であると判示した（大阪高判平成27年10月13日判時2317号156頁，確定）[63]。

第 **8** 章　学問の自由と大学の自治

　本章では，精神的自由権の1つである学問の自由について検討する。

　日本国憲法は，23条で，「学問の自由は，これを保障する」と規定している。わずか17文字からなるきわめて簡素な規定であるが，この学問の自由は，学問研究の自由，研究発表の自由，教授の自由（教育の自由）の3つの内容から構成される。ここでは，この学問の自由の意義や射程について考えることにする。

　学問の自由の制度的保障として，大学の自治があるが，その内容（大学の運営が研究者の自主的判断に委ねられるべきであるということ）と主体（判例によれば，研究者のみ）などについても確認しておきたい。

東大ポポロ事件

暴力行為等処罰ニ関スル法律違反被告事件
最大判昭和38年5月22日刑集17巻4号370頁

1　事件の概要

　1952（昭和27）年2月20日，東京大学経済学部4年生のYは，同大学の教室内で上演されていた「劇団ポポロ」による演劇の観客のなかに，私服姿で入場券を購入して演劇を観覧していた警察官1名を発見し，その身柄を拘束して，他の学生らとともにつるし上げ，その際，拳で腹部を突き，服を引きちぎるなどして，暴行を加えたうえで，警察手帳を奪い取った。さらに，こ

の騒動の最中に会場から退出した警察官2名は，他の学生によって捕えられ，教室に連れ戻され，警察手帳を奪い取られた。警察官は3名とも，謝罪文を書かされ，4時間監禁された後に解放された。

同大学では，学生団体に対して，政治的目的がないことを条件として教室の使用許可を行っていたが，劇団ポポロは，いわゆる松川事件(64)をモデルにした演劇の上演等を行う学内集会の開催のために，教室使用許可を申請し，入場者を同大学の学生・教職員に限ることや政治目的を有しないことなどを保証する書面を大学当局に提出していた。しかしながら，実際には，この集会は，反植民地闘争デーの一環として行われ，一般人が自由に入場しうる事実上公開の政治集会であった。しかも，そこでは，松川事件の裁判等を支援するための募金や，本件の直前に発生したいわゆる渋谷事件(65)の報告などもなされていた。

その後，Yは，暴力行為等処罰ニ関スル法律1条違反として起訴されたが，証拠として提出された警察手帳などによると，当日の警察官の潜入は，以前から行われていた警備情報収集活動の一環であることが認められた。

2 下級裁判所の判断

第1審は，警察官が暴力的な強制によって，逮捕・監禁され，警察手帳を取り上げられるという被害を受けているということを認めつつも，大学構内における警備活動は，当該警察官の職務権限を逸脱する違法な行為であり，大学の自治という法益が警察官の個人的法益に勝るとして，Yの行為は大学の自治への侵害を実効的に防止する手段の1つとしてなされた正当行為（刑法35条）である（違法性が阻却される）などと判示して，無罪とした（東京地判昭和29年5月11日判時26号3頁）。

控訴審（東京高判昭和31年5月8日判時77号5頁）も，ほぼ同様の理由でこれを支持した。

これに対して，検察側から上告がなされた。

最高裁判所の判断

——原判決破棄・差戻し（差戻審で，Yの有罪が確定した）

（1） 学問の自由（憲法23条）の意義（教育・教授の自由の保障）

　日本国憲法23条の学問の自由は，学問的研究の自由とその研究結果の発表の自由を含む。23条は，広くすべての国民に対して，それらの自由を保障するとともに，大学が学術の中心として深く真理を探究することを本質とすることにかんがみて，特に大学におけるそれらの自由を保障するものである。教育ないし教授の自由は，学問の自由と密接な関係を有するけれども，必ずしもこれに含まれるものではないが，大学については，憲法の趣旨と学校教育法52条に基づき，大学において教授その他の研究者がその専門の研究の結果を教授する自由は保障される。これらの自由は，公共の福祉による制限を免れるものではないが，大学においては，前述の大学の本質に基づき，一般の場合よりもある程度広く認められる。

（2） 大学の自治の意義と主体

　大学における学問の自由を保障するために，伝統的に，大学の自治が認められている。この自治は，特に大学の教授等の人事に関して認められ，大学の学長や教授等が大学の自主的判断に基づいて選任される。また，大学の施設と学生の管理についても，ある程度認められ，大学に自主的な秩序維持の権能もある程度認められている。

　このように，大学の学問の自由と自治は，大学が学術の中心として深く真理を探求し，専門の学芸を教授・研究することを本質とすることに基づくから，直接には教授等の研究，その結果の発表，研究結果の教授の自由とこれらを保障するための自治を意味する。

（3） 大学における施設と学生の地位

　大学の教授等の自由と自治の効果として，施設が大学当局によって自治的に

管理され，学生も学問の自由と施設の利用を認められる。もとより，憲法23条の学問の自由は，学生も一般の国民と同じように享有するが，学生が大学の学生としてそれ以上に学問の自由を享有し，大学当局の自治的管理による施設を利用できるのは，あくまで，大学の本質に基づき，大学の教授等の有する特別な学問の自由と自治の効果としてである。

(4) 学生の集会の意義と本件集会の性格

　大学における学生の集会も，その範囲において自由と自治を認められるものであり，大学の公認した学内団体であることや，大学の許可した学内集会であるということのみによって，特別な自由と自治を享有するものではない。学生の集会が真に学問的な研究またはその結果の発表のためのものでなく，実社会の政治的・社会的活動にあたる行為をする場合には，大学の有する特別の学問の自由と自治は享有しない。また，その集会が学生のみのものでなく，一般の公衆の入場を許す場合には，むしろ公開の集会と見なされるべきであり，少なくともこれに準じるものというべきである。

　本件集会は，いわゆる反植民地闘争デーの一環として行われ，演劇の内容もいわゆる松川事件に取材し，この事件の救済資金のカンパが行われ，さらにいわゆる渋谷事件の報告もなされた。本件集会は，真に学問的な研究と発表のためのものではなく，実社会の政治的・社会的活動にあたる行為にほかならない。本件集会は，東京大学の学生・教職員以外の外来者が入場券を買って入場できるものであり（実際に，本件で被害にあった警察官も，入場券を買って自由に入場した），特定の学生のみの集会とはいえず，むしろ一般の公衆が自由に入場することを許された公開の集会とみなされるべきである。つまり，真に学問的な研究と発表のためのものでなく，実社会の政治的・社会的活動である。したがって，本件集会に関しては，大学の学問の自由と自治は享有されないので，本件集会に警察官が立ち入ったことは，大学の学問の自由と自治を侵すものではない。

4　解　説

（1）　学問の自由（憲法23条）の意義

　大日本帝国憲法には，学問の自由についての規定は存在しなかった。もちろん，だからといって，明治憲法下でのわが国において，学問が軽視されていたというわけではなく，むしろ，国力の増強にも資することになる学問は，国をあげて推進されていた。しかしながら，滝川事件（京大事件）[66]や天皇機関説事件[67]など，学問の自由を著しく侵害するような事例も数多く起きていた。その反省などから，日本国憲法は，23条で，学問の自由についての規定を設けるに至った。

　23条の保障する学問の自由は，学問研究の自由，研究発表の自由，教授の自由（教育の自由）の3つの内容からなる。すなわち，第一に，学問を研究することは内心の精神活動にとどまる限り，すべての国民に対して，絶対的に保障されている。研究者がどのような内容をどのような方法で研究するかについては，基本的には，国家が介入することはできない。第二に，研究の成果を発表することも保障されている。研究者は，一般に，研究成果をなんらかの形で発表し，学問の進展に寄与したいと考えるものである。研究発表の自由は，表現の自由の一部をなすが，学問という営為の特殊性から特に侵害される危険性が高いため，23条によって重ねて特別な保障が与えられている。第三に，教授の自由も保障されている。学問は常に進展し，終わりのない人為的営為であるので，研究者が，後進に対して現在の学問の到達点を示すことが，学問の発展のためには不可欠である。大学において，教授その他の研究者が，学生に対して，どのような内容をどのような方法によって教授するかについては自由であり，国家はもちろんのこと，当該研究者以外の者が介入することはできない。

　本判決では，国民一般に対しては，23条によって，学問研究の自由と研究発表の自由が保障されるが，教授の自由は保障されないと判示する一方，学術の中心として深く真理を探究することを本質とする大学は特別な存在であることにかんがみ，大学の教授その他の研究者には，特別な学問研究の自由と研究

発表の自由が保障され，かつ，教授の自由が保障されると判示されている。その後，旭川学力テスト事件最高裁判決（最大判昭和51年5月21日刑集30巻5号615頁；本書130頁）において，「憲法の保障する学問の自由は，単に学問研究の自由ばかりでなく，その結果を教授する自由をも含むと解される」と判示したうえで，初等・中等教育機関の教員にも，一定の範囲において教授の自由が保障されることを認めた。ただし，この判例では，大学における教育は，もっぱら自由な学問的探究と勉学を旨とするものである一方，普通教育は，知識の伝達と能力の開発を主とするものであるとし，両者の質的な差異を前提としており，また，そこでいう普通教育において一定の範囲で認められる教授の自由とは，教授の具体的内容・方法につき，ある程度自由な裁量が教員に認められるという意味にすぎず，結論としては，「完全な教授の自由を認めることは，とうてい許されない」と述べている点には，注意が必要である。

　内心の精神活動としての学問研究は，本来的に，自由になされるべきものである。その一方で，外部的な研究活動は，他の人権等にも影響を与えうるので，内在的な制約に服しうる。特に，原子力技術，遺伝子の組換え実験などの遺伝子技術，生殖・遺伝子治療・臓器移植などの医療技術に関する研究は，もし事故や濫用が生じた場合に，広く人々の生命や環境に対して不可逆的で甚大な損害を与えたり，危険性の予測すら困難になったりすることから，これら先端分野に関しては，自由な学問研究といえども，一定の規制が必要となる。法令による規制や学会等による自主的規制によって，研究内容や方法が制限されることがあるし，ヒトに関するクローン技術等の規制に関する法律[68]のように，法令によって研究そのものが厳格に規制されている分野もある。

(2) 大学の自治の意義

　学問の自由の制度的保障として，大学の自治がある。大学の自治とは，学術教育研究の中心的存在である大学を尊重し，教員等の人事権と，施設や学生の管理権については，教授会を中心とする大学の自治に委ね，国家が介入してはならないという意味である。研究・教育の内容・方法・対象の自主的決定権

も，これに含まれると解されるので，どのような研究や教育を行うかについては，第一次的には，学問の自由の問題として，教授その他の研究者本人の権限と責任の下で決められるべきであるとしても，大学における活動としては，その研究者の所属する教授会が最終的な決定権を有する。したがって，教授会の構成員以外の研究者（大学においては，学部ごとに教授会を置くのが通例であるので，他の学部の教授会構成員である研究者は，介入できない）や事務職員（教授会の運営のために陪席することがあっても，教授会の構成員となることはできない）が，個々の研究者の研究・教育活動や大学の講座・科目の編成等に介入することはできない。当然のことながら，学生が研究者の研究・教育活動に介入することは考えられない。

（3）　大学の自治と警察権

　大学の構内に警察が立ち入ることにより，大学の自治が侵害されるか否かについては，議論がある。大学といえども治外法権ではないから，具体的な刑事事件についての正式な令状に基づく捜査に対しては拒むことはできないが，警備公安活動のための警察の大学内への立入りについては，慎重な立場が学説では有力である。具体的には，警備公安活動は，将来起こりうる犯罪の危険を見越して行われる警察活動であり，公共の安寧秩序の維持の名目で学問の自由と大学の自治を侵害するおそれが少なくないので，原則として，大学の了解なしには許されないと解されている。

　本件は，警察官が長期間にわたって情報収集活動を行っていたなかで発生した事件であるが，最高裁判所は，そもそも本件集会が真に学問的な研究と発表のためのものではなかったので，大学の自治を侵すものではないと判示した。

　なお，通常の犯罪捜査のための警察権の行使は，大学といえども拒むことはできないが，学内立入りの必要性の有無を警察側の一方的認定に委ねると，実質的に大学の自主性が損なわれるおそれがあるので，学内への警察官の立入りは大学側の許諾または了解の下に行うことを原則とすべきとする下級審裁判例がある（愛知大学事件名古屋高裁判決（名古屋高判昭和45年8月25日判時609号

7頁))。ただし，この裁判例は，緊急その他やむをえない事由のある場合や令状による場合，大学当局の許諾を予想しうる場合には，許諾なしの立入りを認めうると判示している。

(4) 大学の自治の主体

本判決は，大学の自治の主体はあくまで教授その他の研究者であり，学生はもっぱら営造物の利用者にすぎないと判示する。したがって，判例によれば，学生は，教授その他の研究者の自由と自治に基づき施設が大学当局にとって自治的に管理されることの反射的効果として，学問の自由と施設の利用を認められるにすぎない。

しかしながら，学生も，教授の指導の下に研究に従事する存在であることにかんがみ，大学の不可欠の存在として，一定限度で大学の自治の主体として認めるべきであるという見解が，学説では有力である。学生は「大学自治の運営について要望し，批判し，あるいは反対する当然の権利を有」すると判示する下級審裁判例もある（東北大学事件仙台高裁判決（仙台高判昭和46年5月28日判時645号55頁））。

もっとも，あくまで，学生は，4年間なり6年間なりで大学を卒業するのが通常であって，学生にとって大学は通過点にすぎないことにかんがみれば，本質的に大学運営に対する責任を負う地位にない学生は，大学の自治的運営に対して一定程度の要望や批判を行うことができるとしても，自治の主体的構成員として大学の管理・運営に対する参加権を有するとまではいえない（いずれにせよ，法令の範囲内で，学生をどのように位置づけるか自体も，大学が自主的には決定すべき事柄である）。

第9章　職業選択の自由

　第4章から第8章までは，精神的自由権が争われた事件を扱ってきた。自由権には，精神的自由権のほかに，経済的自由権と身体的自由権がある。

　経済的自由権とは，財産や経済活動に関する個人の自由であり，具体的には，居住・移転の自由（22条1項前段，2項），職業選択の自由（22条1項後段），財産権（29条）がある。これら経済的自由権は，近代において，市民階級が封建的な拘束から解放され，自由な経済活動を行うために強く主張された人権であり，絶対的に保障されるものであった。しかしながら，現代においては，福祉国家の実現のために，経済的自由権は広汎な制限を受けうると解されるようになった。

　日本国憲法22条1項後段によって職業選択の自由が保障されている以上，いかなる場所でどのような仕事を行おうと，本来は自由であるはずである。しかしながら，この自由権も，他の人権と同様に，無制限に保障されているわけではなく，一定の制約が課されている。例えば，青少年の健全育成に悪影響を与えうる一定の風俗営業等に関しては，未成年者の立入りが禁止されたり，営業時間や営業区域が制限されたりしている。

　本章では，この営業区域に関する規制を濫用して，一部住民と結託した行政機関が，風俗営業施設の近隣に児童福祉施設の設置を認可することによって，営業を妨害しようとした事件を通じて，経済的自由権の意義と限界について検討する。また，自由権を規制する立法の違憲審査基準などについても，あわせて考える。

余目町個室付浴場事件

風俗営業等取締法違反被告事件

最判昭和 53 年 6 月 16 日刑集 32 巻 4 号 605 頁

1　事件の概要

　Y（有限会社平商事）は，浴場業（公衆浴場法 1 条 2 項）の施設として個室を設け，その個室で異性の客に接触する役務を提供する営業[69]を行うものである。このような営業は，風俗営業等取締（風営法）4 条の 4 第 1 項（現 風俗営業等の規制及び業務の適正化等に関する法律（風適法）28 条 1 項）によれば，官公庁施設，学校，図書館，児童福祉施設などの周囲 200 m 以内では禁止されている。

　Y の個室付浴場施設は，余目町立若竹児童遊園（児童福祉法 7 条に規定する児童福祉施設）から 134.5 m の至近の場所にあった。したがって，風営法の規定によれば，個室において異性の客に接触する役務を提供する営業をできない。にもかかわらず，1968（昭和 43）年 8 月から翌年 2 月まで，浴場施設の個室で，女性従業員が男性客に接触して身体の洗流しやマッサージ等の役務を提供する営業を行っていた。そこで，Y は起訴された。

2　下級裁判所の判断

　第 1 審（酒田簡判昭和 47 年 10 月 23 日刑集 32 巻 4 号 623 頁）は，Y を有罪とし，罰金 7,000 円に処すると判示し，控訴審（仙台高秋田支判昭和 49 年 12 月 10 日刑集 32 巻 4 号 639 頁）も，Y による控訴を棄却した。

　そこで，Y は，(1) 本件児童遊園の実態は児童福祉施設としての基準に達しておらず，児童の情操教育の環境として不適当であるから，本件児童遊園の認可は無効であり，(2) すでに浴場施設の建築が開始され，Y による公衆浴場業

の許可申請も行われていたにもかかわらず，児童遊園の設置認可が行われたが，これはYの個室付浴場業を妨害することを決定的動機・目的とするものであり，職業選択の自由（日本国憲法22条）のうち営業の自由と財産権（29条）を侵害するものであるから無効であり，また，(3) 本件児童遊園の存在を理由にYを処罰することは法定適正手続（31条）に違反し許されないなどと主張した。

3　最高裁判所の判断
——原判決・第1審判決破棄，自判（Yは無罪）

(1)　Yの上告理由について

　日本国憲法22条，29条，31条に違反するというYの弁護人の主張は，単なる法令違反や事実誤認の主張であるから，上告理由として認められるもの（刑事訴訟法405条）ではない。

(2)　県知事による児童遊園設置処分の有効性

　本件の争点は，山形県知事による児童遊園設置認可処分の適法性・有効性である。風営法は，学校や児童福祉施設などの特定施設と個室付浴場業の一定区域内における併存を例外なく全面的に禁止しているわけではない（例えば，すでに個室付浴場業を行っている者に対しては，同法4条の4第1項は適用されない（同条3項（現 風適法28条3項）））。Yの営業に先立つ本件認可処分が行政権の濫用に相当する違法性を帯びているときには，児童遊園の存在をYの営業を規制する根拠にすることは許されないことになる。

　控訴審判決では，余目町（現 庄内町）が山形県の関係部局・警察本部と協議し，その示唆を受けてYの営業の規制をさしあたっての主たる動機・目的として本件認可の申請をしたことと，県知事もその経緯を知りつつ本件認可処分をしたことを認定しながら，児童遊園を認可施設にする必要性・緊急性の有無については具体的な判断を示すことなく，公共の福祉による営業の自由の制限

に依拠して本件認可処分の適法性・有効性を肯定している。また，当時，余目町では，Yの営業の規制以外に，本件児童遊園を無認可施設から認可施設に整備する必要性・緊急性があったことをうかがわせる事情は認められない。

本来，児童遊園とは，児童に健全な遊びを与えてその健康を増進し，情操をゆたかにすることを目的とする施設であり（児童福祉法40条），児童遊園の設置の認可申請や認可処分も，その趣旨に沿ってなされるべきものである。余目町による児童遊園設置の認可申請を容れた本件認可処分は，Yの営業を規制することを主たる動機・目的とするものであって，行政権の濫用にあたる違法な処分であり，Yの営業を規制できる効力を有しない（なお，本件認可処分の有効性が争点となっている損害賠償請求事件の判決（最判昭和53年5月26日民集32巻3号689頁）でも，この処分が行政権の著しい濫用によるものであり，違法であると最高裁判所は判示している）。

(3) 第1審判決・控訴審判決の有効性

児童福祉施設の設置が認められない以上，Yの営業は規制されるものではないため，Yは無罪である。Yを有罪とする第1審判決・控訴審判決は，破棄されなければ著しく正義に反する。

4　解　説

(1) 本件認可処分の経緯

本件は，公衆浴場業者であるYが旧風営法の規定に違反するとして起訴された刑事事件であるが，Yの個室付浴場をめぐっては，同法に違反して営業したことを理由に営業停止処分を受けたYによって，山形県に対して損害賠償を請求する訴訟[70]も提起されていた。本件の最高裁判決でも，先行して出されたこの損害賠償請求訴訟に対する最高裁判決（最判昭和53年5月26日民集32巻3号689頁）が引用されている。

損害賠償請求訴訟において明らかになった本件認可処分の経緯は，次のとお

りである。

　Ｙの代表者Ａは，1966（昭和41）年ごろから立地条件や風営法に基づく規制の有無を調査し，同法による営業禁止区域に該当しないことを確認したうえで，1968（昭和43）年4月，本件で問題となった余目町の土地を購入し，翌5月，余目町を経由して山形県土木部建築課に対して浴場施設の建築確認申請を，山形県知事に対して個室付浴場の許可申請を，それぞれ行った。その後，地域住民による浴場施設の反対運動が起こり，住民からの陳情を受けた余目町長は，山形の関係部局・警察本部と協議した(71)。浴場の建築予定地の近隣には未認可の若竹児童遊園(72) があったが，町は，これが児童福祉施設として認可されれば，風営法上，Ｙの開業を阻止できると考え，6月4日に県知事に設置認可の申請を行い，10日に認可された。

(2)　二重の基準論

　表現の自由をはじめとする精神的自由権は，経済的自由権に比べて優越的地位を占めるので，精神的自由権を規制する立法の合憲性審査には，経済的自由の規制立法に一般に妥当する合理性の基準よりも厳格な基準が用いられるべきと解される。具体的には，精神的自由権への規制に対しては，裁判所は，規制目的の高度の正当性と，規制手段の必要最小限度性を審査し，国家による立証が成功しない限り，違憲と判断する。一方，経済的自由権への規制に対しては，規制目的と規制手段の双方の合理性を審査し，目的または手段が合理的でなければ，違憲と判断する。

　このように，精神的自由権に対する規制立法が，経済的自由権に対する規制立法よりも，厳格な基準で違憲審査が行われるのは，通常，次の2つの理由から説明される。

　第一に，精神的自由権は民主政の過程に不可欠であり，これがひとたび侵害されれば，民主政の過程そのものが傷つけられており，自己回復が困難であるので，精神的自由権に対する規制立法には違憲性が推定され，裁判所が積極的に介入することが求められる。その一方，経済的自由権は，民主政の過程が正

常に機能している限り，それによって不当な規制を排除することが可能である。

　第二に，経済的自由権に対する規制は，社会・経済政策の問題が関係することが多く，そのような政策の当否については，裁判所の審査能力が乏しく，むしろ立法府が判断することが適任である。したがって，経済的自由権に対する規制については，民主的な立法府の行った判断に合理性があると考えられ，合憲性が推定される。

　この規制する人権の種類に応じて違憲審査基準を変えるという二重の基準論は，小売商業調整特措法事件最高裁判決（最大判昭和47年11月22日刑集26巻9号586頁）や薬事法事件最高裁判決（最大判昭和50年4月30日民集29巻4号572頁）において，判例が採用しており，また，通説的見解でもある。

(3)　職業選択の自由

　職業の意義について，最高裁判所が，「人が自己の生計を維持するためにする継続的活動であるとともに，……これを通じて社会の存続と発展に寄与する社会的機能分担の活動たる性格を有し，各人が自己のもつ個性を全うすべき場として，個人の人格的価値とも不可分の関連を有するものである」と判示する（薬事法事件最高裁判決）ように，職業とは，経済的・社会的性質のみならず，個人の人格的発展とも密接に関連する性質をもつものである。

　憲法22条1項後段は，文言上，どのような職業に従事するかを選択する自由（狭義の職業選択の自由）の保障のみを規定しているが，これには，自分が選択した職業を遂行する自由（営業の自由）も含まれると解される（小売商業調整特措法事件最高裁判決）。なお，営業の自由そのものは，財産権を行使する自由を含むので，29条とも関係する。

　営業の自由を含む広義の職業選択の自由についても，他の人権と同様に，規制を受けうる。例えば，そもそも一定の職業については絶対的に禁止される（売春業など）ほか，職業を行うについて，届出が義務づけられる届出制，行政庁の許可を要する許可制，資格試験の合格者だけがその職業に就くことができるとする資格制，事業免許を取得した事業者のみが営業できるとする特許制な

どが，職業の自由に対する規制として考えられる(73)。このような類型的な規制のほかに，本件で問題となっているような特定の区域での営業の禁止，営業時間の制限，広告・宣伝の禁止，一定の年齢に満たない者の営業所への立入りの禁止など，営業の規制にはさまざまな態様がある。

(4) 規制目的二分論

　職業選択の自由などの経済的自由権には，自由権一般の限界（公共の安全や秩序を維持するための内在的な制約）のほかに，福祉国家理念の実現という見地からの政策的な制約が予定されている。すなわち，公共の安全や秩序を維持し，国民の生命や健康に対する危険を防止するために課せられる規制（消極目的規制・警察目的規制）のほかに，社会・経済全体の均衡のとれた調和的発展を確保し，社会的・経済的弱者を保護するためになされる規制（積極目的規制・政策目的規制）がある。前者の例として，理容業などの届出制，薬局開設，飲食店営業，風俗営業，古物営業などの許可制，医師や薬剤師などの資格制が，後者の例として，電気，ガス，鉄道，バスなどの公益事業の特許制や大規模店舗の出店制限などがあげられる。

　経済的自由権に対する規制の合憲性審査に関して，消極目的規制に対しては，積極目的規制に対するよりも厳格な基準が用いられるべきと解される。具体的には，消極目的規制に対しては，裁判所は，規制の必要性及び合理性を立法事実に基づいて判断し，同じ目的を達成できるより緩やかな規制手段(74) が存在しないかどうかを判断する（厳格な合理性の基準）。一方，積極目的規制に対しては，裁判所は，規制が著しく不合理であることが明白な場合のみ違憲とする（明白性の原則）。最高裁判所は，小売商業調整特措法事件判決や薬事法事件判決で，規制目的に応じて違憲審査基準を変えるという規制目的二分論を採用しており，学説の多くはこれを支持している。

　このように，消極目的規制が積極目的規制よりも厳格な基準で違憲審査が行われるのは，通常，次の2つの理由から説明される。

　第一に，積極目的規制は優れて政策的な判断に基づいて行われるため，その

当否についての裁判所の審査能力が乏しいのに対して，社会の安全・秩序や個人の生命・健康を守るための消極目的規制に対しては，裁判所の判断が比較的に容易である。

　第二に，国家は社会的・経済的弱者を保護する責務を負っており，そのような目的の積極目的規制については，立法府に広汎な裁量が認められるべきである一方，消極目的規制については，警察比例の原則[75] が妥当し，規制手段が必要最小限でなければならない。

　もっとも，経済的自由権に対する規制すべてを積極目的と消極目的とに明確に区別することは，実際には困難である。また，ある１つの規制が積極・消極の両方の目的に基づく場合があるが，二分論は，その場合の違憲審査基準を提示しえない[76]。そこで，経済的自由権に対する規制の合憲性を判断する際に，規制目的二分論を厳格に採用していない判例も出されている[77]。

(5)　職業選択の自由と適正配置基準

　行政庁が営業の許可を行う際に，事業者の配置の適正を図る目的で，法令の規定により，条例で一定の適正配置基準を定め，既存業者の所在地からの一定の離隔を新たな営業許可の要件とすることがある。本件でも，児童福祉施設などの周囲 200 m 以内で個室付浴場業を禁止する風営法の規定の合憲性が争点となっている。

　先にあげた薬事法事件は，薬局開設の際の許可条件として設けられていた距離制限規制の合憲性が争われた事例である。1975（昭和 50）年改正前の薬事法 6 条 2 項は，薬局開設の不許可事由として配置の適正を欠く場合をあげ，同 4 項は配置適正基準を都道府県の条例によって定めると規定していた。この規制を妥当だと考える被告（薬局開設の許可申請に対して不許可処分をした知事）は，(1) 距離制限がなければ，薬局等が偏在し，薬局相互間で競争が激化し，一部の薬局等の経営が不安定となり，不良医薬品が供給される危険や医薬品の乱用が助長されるという弊害が生ずると述べるとともに，(2) 距離制限規制が間接的に無薬局地域等の解消を促進すると主張した。しかし，最高裁判所は，(1)

については，その必要性と合理性を肯定するには十分ではなく，（2）については実効性に乏しく，目的と手段との均衡を失するとして，被告の主張を斥け，距離制限規制を憲法22条1項に違反し，無効と判示した。

公衆浴場の距離制限規制については，最高裁判所は，自家風呂が普及していなかった1950年代において，公衆浴場が多数の国民の日常生活に必要不可欠な公共性を伴う厚生施設であるとしたうえで，その偏在を防ぐとともに，乱立により無用の競争が生じる結果，一部の浴場の経営が不安定となって衛生設備の低下など好ましくない影響をきたすおそれがあることから，国民保健・環境衛生への支障を防止する消極目的の規制であるとして，合憲と判示した（公衆浴場法事件判決（最大判昭和30年1月26日刑集9巻1号89頁））。

一方，積極目的規制については，最高裁判所は，前述の小売市場距離制限事件のほか，製造たばこ小売販売業の距離制限（零細経営者が多いことと，身体障害者の開業に特別の配慮が加えられてきたため（製造たばこ小売販売業距離制限事件（最判平成5年6月25日判時1475号59頁）））や，生糸の一元的輸入措置（国内の生糸生産業者を保護するため（西陣ネクタイ訴訟判決（最判平成2年2月6日）））について，明白性の原則を用いて，合憲としている。

（6）　財産権

本件では，Yは，職業選択の自由のほかに，財産権（29条）に対する侵害についても主張している。

ここでいう財産権とは，個人が現に有する具体的な財産上の権利をいう。憲法29条1項は，「財産権は，これを侵してはならない」と定めるが，この規定は，財産権を保障するとともに，個人が財産権を享有できるという法制度（私有財産制）を保障するものであると解されている。

続く2項は，「財産権の内容は，公共の福祉に適合するやうに，法律でこれを定める」と規定しているが，これは，1項で保障された財産権の内容が，法律によって一般的に制約されうるものであることを明らかにしたものである[78]。

3項は，公共のために個人の私有財産を国家が制限・収用できること，そし

て，その際には「正当な補償」が必要であることを規定する[79]。

（7）　身体的自由権

　身体的自由権とは，人身に関する自由である。違法な逮捕・拷問や恣意的な刑罰権の行使によって身体の自由が侵害されるのであれば，そもそも精神活動や経済活動の自由が保障されていても，実益がない。そこで，日本国憲法は，奴隷的拘束と意に反する苦役からの自由（18条）と法定適正手続の保障（31条）を定めるほか（これらは，身体的自由権の総則的規定として位置づけられる），33条以下で，刑事手続等における自由に関する詳細な規定を設けている。

　刑事裁判における被疑者の権利として，33条で不法な逮捕からの自由が，34条で不法な抑留・拘禁からの自由が，35条で住居等の不可侵が保障され，また，被告人の権利として，36条で拷問・残虐刑からの自由が，37条1項で公平な裁判所による迅速な公開裁判を受ける権利が，同条2項で証人審問・喚問権が，同条3項で弁護人依頼権が，38条で自白の強要からの自由が，39条で事後法・二重の危険の禁止が保障されている。

　本件は刑事事件であるが，第1審・控訴審では，犯罪構成要件に関連する行政処分の評価を誤って有罪と判示されたところ，これを破棄しなければ著しく正義に反するとして，上告審判決では第1審・控訴審判決は破棄され，無罪と判示された。

　なお，本件では，個人ではなく，法人が起訴されている。刑事事件の被告人となるのは，原則として自然人であるが，自然人である行為者だけでなく法人を処罰する規定がある場合には，法人も被告人となる。ただし，法人が有罪とされても，肉体を有しない法人に，生命刑や自由刑は科すことはできないので，財産刑のみが科される。

第10章　生存権の法的性格

　本章では，社会権の1つである生存権（25条）について扱う。

　社会権とは，社会的・経済的弱者が人間に値する生活を営むことができるように，国家に対して積極的な介入を求めうる権利である。国家と国民との関係について，これまで見てきた自由権は，国家からの妨害・介入を排除する国民の権利という側面が強いが，本章で扱う社会権は，むしろ，国民の側から国家に対して積極的な作為がなされることを請求する権利という性質がある。すなわち，社会権については，必ず，国家が法律を制定し，何らかの制度を創設し，国民がその制度を利用することによって，権利が実現することになる。

　社会権は，資本主義の高度化に伴って生じたさまざまな弊害（貧富の差など）を是正するために，20世紀になってから登場した人権である。請願権（16条），国家賠償請求権（17条），裁判を受ける権利（32条），刑事補償請求権（40条）などの国務請求権と同様に，国に対して一定の作為を請求する積極的権利であるが，社会権が社会国家の理念に基づくものであるという点でこれらとは異なる。日本国憲法は，社会権として，生存権のほかに，教育を受ける権利（26条），勤労の権利（27条），労働基本権（28条）を保障している。

　本章では，学生無金障害者訴訟を通じて，法の下の平等（14条）と生存権について検討することにする。

学生無年金障害者訴訟

障害基礎年金不支給決定取消等請求事件

最判平成 19 年 9 月 28 日民集 61 巻 6 号 2345 頁

1 　　事件の概要

　20 歳以上で大学在学中に負った傷病のため障害状態になった X らは，障害基礎年金の支給裁定を申請したところ，国民年金に任意加入をしていなかったため，被保険者資格が認められず，障害基礎年金が支給されないとの処分を受けた。

　そこで，X らは，(1) 学生には任意加入しない限り国民年金の被保険者資格を認めないとした 1989（平成元）年改正前の国民年金法の規定が日本国憲法 25 条と 14 条に違反するなどと主張して，Y_1（社会保険庁[80] 長官）に対して，本件処分の取消しを求めるとともに，(2) 国民年金に任意加入しなかったため障害基礎年金の支給を受けられない者が生ずることがないように，適切な立法措置を国会が講ずべきであったにもかかわらず，適切な立法措置や救済措置を講ずることを怠ったため，X らは被害を受けたとして，Y_2（国）に対して，損害賠償を請求した。

2 　　下級裁判所の判断

　第 1 審は，処分の取消しについての X らの請求を認めなかったものの，20 歳に達する前に障害状態になった者と以後に障害状態になった学生との間で，合理的な理由のない差別的な取扱いがあったというべきであり，日本国憲法 14 条にいう平等原則に違反し，また，このような差別状態を是正すべき立法上の措置が必要であったにもかかわらず，1985（昭和 60）年の国民年金法の改正[81] 時にもそのまま放置されたことから，立法不作為の違法が存在したとし

て，損害賠償請求を認めた（東京地判平成16年3月24日判時1852号3頁）。

　一方，控訴審は，国民年金法が学生を強制適用の対象から除外したことは，憲法25条・14条に違反せず，立法裁量の範囲内で合理的であり，また，85年法改正時も単に放置したのではなく，国会でも検討作業を積み重ねていたのであり，結果的に措置が講じられなくても憲法14条に違反しないとして，Xらの勝訴部分について取り消し，請求を棄却した（東京高判平成17年3月25日判時1899号46頁）。

　そこで，Xらが上告した。

3　最高裁判所の判断
　　　──上告棄却（Xらの請求を認めなかった）

(1)　89年法改正前の国民年金制度

　国民年金法は，障害基礎年金について，傷病の初診日において国民年金の被保険者であることを受給要件として定めている。

　日本国内に住所を有する20歳以上60歳未満の者は，当然に国民年金の被保険者となる（強制加入）が，89年法改正前は，学生などはその例外とし，本人の申出によって被保険者となれることになっていた（任意加入）。

　また，強制加入の被保険者に対しては，保険料納付義務の免除に関する規定があった（免除を受けた者も，一定の要件の下で障害基礎年金を受給できる）が，任意加入の被保険者には，この規定の適用が認められず，保険料を納付しなければ，被保険者の資格を喪失することになっていた。

　このため，89年法改正前は，20歳以上の学生は，国民年金に任意加入して保険料を納付しなければ，障害状態になっても，障害の原因である傷病の初診日において国民年金の被保険者でないため，障害基礎年金を受給できなかった。また，保険料負担能力のない20歳以上60歳未満の者のうち，20歳以上の学生とそれ以外の者との間には，国民年金への加入や保険料免除規定の適用に関して差異が生じていた。

(2)　国民年金法と生存権（憲法 25 条）・法の下の平等（14 条 1 項）

　国民年金制度は，日本国憲法 25 条の趣旨を実現するために設けられた社会保障制度であるが，同条の趣旨にこたえて具体的にどのような立法措置を講じるかは，立法府の広い裁量に委ねられており，それが著しく合理性を欠き明らかに裁量権の逸脱・濫用である場合を除き，裁判所による審査判断の対象ではない。もっとも，同条の趣旨にこたえて制定された法令において，受給権者の範囲や支給要件などについて，合理的理由のない不当な差別的取扱いをするときは，14 条違反の問題が生じうる（堀木訴訟最高裁判決（最大判昭和 57 年 7 月 7 日民集 36 巻 7 号 1235 頁））。

　国民年金制度は，老齢・障害・死亡によって国民生活の安定が損なわれることを国民の共同連帯によって防止することを目的とし，被保険者の拠出した保険料をもとに年金給付を行う保険方式を制度の基本とするものである。この制度は，厚生年金などの被用者年金の適用対象外の者（農林漁業従事者や自営業者など）を対象として創設されたものであるから，強制加入被保険者の範囲を，他の公的年金制度との均衡等をも考慮して，就労し保険料負担能力がある 20 歳以上 60 歳未満の者と定めることにした。

　学生は，夜間の学部等に在学し就労しながら教育を受ける者を除き，一般的には，20 歳に達した後も稼得活動に従事せず，収入がなく，保険料負担能力を有していない。また，20 歳以上の者が学生である期間は短く，その間の傷病によって障害状態になる確率は低い。しかも，多くの学生は，卒業後に就労し，被用者年金などによる公的年金の保障を受けることになる。一方，国民年金の保険料は，老齢基礎年金に重点を置き，その適正な給付と保険料負担を考慮して設定されている。20 歳以上の学生にとって，学生のうちから老齢や死亡に備える必要性はそれほど高くはなく，もっぱら障害による稼得能力の減損の危険に備えるために国民年金の被保険者となることについては，保険料納付の負担に見合う程度の実益が常にあるとはいいがたい。したがって，89 年法改正前は，学生に対して強制加入被保険者として一律に保険料納付義務を負わせ，他の強制加入被保険者と同様に免除の可否を判断することとした場合[82]，

親などの世帯主に相応の所得がある限り，学生は免除を受けることができず，また，世帯主が学生の学費や生活費などの負担に加えて保険料納付の負担を負うこととなる。

　他方，障害者には，障害者基本法などによる施策が講じられており，また，生活保護法に基づく生活保護制度も存在している。

　これらの事情からすれば，89 年改正前の国民年金法が，20 歳以上の学生について，保険料負担能力，国民年金に加入する必要性・実益の程度，加入に伴い学生や世帯主が負う経済的な負担などを考慮し，保険方式を基本とする国民年金制度の趣旨をふまえて，国民年金の強制加入被保険者として一律に保険料納付義務を課すのではなく，任意加入を認めて国民年金に加入するかどうかを学生本人の意思に委ねることとした措置は，著しく合理性を欠くといえず，加入等に関する区別が合理的理由のない不当な差別的取扱いであるとはいえない。

　たしかに，加入等に関する区別によって，保険料負担能力のない 20 歳以上 60 歳未満の者のうち，20 歳以上の学生とそれ以外の者との間に，障害基礎年金の受給に関し差異が生じていた。しかし，拠出制の年金である障害基礎年金の受給に関し，保険料の拠出に関する要件を緩和するかどうかや，どの程度緩和するかは，国民年金事業や国の財政事情にも密接に関連する事項であって，立法府は，これらの事項の決定について広汎な裁量を有するべきである（上述の差異の存在は，この判断を左右するものとはいえない）。したがって，20 歳以上の学生に関する措置・加入等に関する 89 年法改正前の区別と，立法府が 20 歳以上の学生について国民年金の強制加入被保険者としなかったことは，憲法 25 条，14 条 1 項に違反しない。

(3)　立法不作為と生存権・法の下の平等

　20 歳（国民年金の被保険者資格を取得する年齢）に達する前に障害状態になった者は，その後の稼得能力の回復がほとんど期待できないので，所得を保障する必要があるが，保険原則の下ではこのような者は年金を受給できない。そこで，国民年金制度では，傷病の初診日において 20 歳未満であった者が，障害

認定日以後の 20 歳に達した日において障害状態にあるときは，無拠出制の障害基礎年金を受給できることとしている。これは，国民年金制度が基本とする拠出制の年金を補完する趣旨で設けられた無拠出制の年金給付である。

　無拠出制の年金給付の実現は国民年金事業の財政や国の財政事情に左右されるところが大きいことなどから，立法府は，保険方式を基本とする国民年金制度において，補完的に無拠出制の年金を設けるかどうかや，その受給権者の範囲や支給要件などをどうするかの決定について，拠出制の年金の場合に比べて，さらに広汎な裁量を有しているというべきである。

　20 歳前障害者（傷病の初診日に 20 歳未満であった者で，20 歳に達した日において障害状態にあるもの）は，20 歳未満であったため，国民年金の被保険者になれなかったのに対し，初診日において 20 歳以上であった学生は，傷病により障害状態になる前に，任意加入によって国民年金の被保険者となる機会を付与されていた。さらに，障害者基本法や生活保護法などによる施策が講じられていることなども勘案すれば，89 年法改正前に，国民年金に任意加入していなかったために障害基礎年金を受給できなかった者に対して，無拠出制の年金を支給する規定を設けるなどの措置を講じるかどうかは，立法府の裁量の範囲に属する事柄というべきであって，そのような立法措置を講じなかったことが，著しく合理性を欠くとはいえない。また，無拠出制の年金の受給に関して，20 歳以上の学生と 20 歳前障害者との間に生じた差異は，合理的理由のない不当な差別的取扱いであるとはいえない。したがって，この立法不作為が憲法 25 条，14 条 1 項に違反するとはいえない。

4　解　説

(1)　生存権の意義と具体的発現形態（社会保障制度）

　日本国憲法 25 条 1 項は「すべて国民は，健康で文化的な最低限度の生活を営む権利を有する」と規定し，続く 2 項では，「国は，すべての生活部面について，社会福祉，社会保障及び公衆衛生の向上及び増進に努めなければならな

い」として，生存権の具体化について努力義務を国に課している。

　これらの規定を受けて，国は，法律を制定し，さまざまな社会保障制度を設けている。具体的には，(1) 国民が生活の困難をもたらす事故（疾病，老齢，障害，死亡，失業など）にあった場合に一定の給付を行い，生活の安定を図ることを目的とした強制加入の保険制度（社会保険），(2) 生活上の支援や介助を必要とする国民（子ども，高齢者，障害者，母子家庭など）に対して，生活の質の向上を図るための支援制度（社会福祉），(3) 生活に困窮する国民に対して，最低限度の生活を保障し，自立を支援する制度（公的扶助），(4) 国民が健康に生活できるよう，疾病を予防し，衛生を管理する制度（公衆衛生）などがあげられる。社会保険として，国民健康保険などの医療保険制度，国民年金や厚生年金などの公的年金制度，介護保険制度，雇用保険制度，労働者災害補償保険制度などが，社会福祉として，児童手当などの社会給付制度や，児童福祉法（保育所や児童相談所の設置），老人福祉法，身体障害者福祉法，母子及び父子並びに寡婦福祉法に基づく社会福祉制度などが，公的扶助として，生活保護制度（生活扶助・教育扶助・住宅扶助・医療扶助・介護扶助・出産扶助・生業扶助・葬祭扶助）が，公衆衛生として，地域保健法（保健所等の設置），予防接種法，食品衛生法，環境基本法に基づく制度などが設けられている。

(2)　生存権の法的性格

　生存権については，その法的性格が最も重要な論点である。

　憲法25条は，個々の国民に対して具体的な権利を保障するものではなく，国民の生存を確保すべき政治的義務を国家に課した規定にすぎないのか（プログラム規定説）。それとも，国民が健康で文化的な最低限度の生活を営むのに必要な立法を国会に対して要求できる法的権利を保障した規定なのか。後者であるとしても，生存権の内容は抽象的で不明確であるから，25条を直接の根拠として立法や行政の不作為の違憲性を裁判で争うことはできないものの，生存権を具体化する法律があれば，その法律に基づく裁判のなかで25条違反を主張できるのか（抽象的権利説）。それとも，生存権の内容は行政府を拘束するほ

どには明確ではないが，立法府を拘束するほどには明確であるので，生存権を具体化する法律がない場合（法律があっても，生存権の具体化が十分になされているとはいえない場合も同様である）には，立法不作為の違憲性を裁判で争うことができるのか（具体的権利説）。

　この点，判例がどの見解に立つと読むべきかは議論が分かれているが，一般にプログラム規定説に近い立場であると解されている（朝日訴訟最高裁判決（最大判昭和42年5月24日民集21巻5号1043頁））[83]。一方，学説の多くは，25条が明文で「権利」と規定しているので，単なるプログラム規定ではなく，法的権利を定めた規定であると解している。通説は抽象的権利説だが，具体的権利説も有力に主張されている。

　なお，具体的権利説といえども，25条を直接の根拠に裁判所に対して，具体的な給付を請求する訴訟を提起することまでを認める趣旨ではない。また，この具体的権利説に対しては，（1）裁判所の資料収集能力には限界があり，専門的・技術的判断が要請される生存権の実現に，裁判所が第一次的な役割を果たすことは妥当ではなく，また，（2）立法不作為の違憲訴訟を認めることは，権力分立主義に反するなどとの批判がある。

　どの見解に立つにせよ，生存権をはじめとする社会権の実現には，法律を制定し制度を創設する必要があり，その制度を運用するためには，費用がかかる（そして，その費用の原資となるのは，国民が納めた税金である）。したがって，社会権の実現を無制限に認めることはできず，むしろ，どのような制度をどのように運用するかについては，立法府や行政府の広汎な裁量に服する。最高裁判所は，堀木訴訟[84]では，国会の広汎な立法裁量を認め（最大判昭和57年7月7日民集36巻7号1235頁），朝日訴訟[85]では，厚生大臣（当時）の広汎な行政裁量を認めて，それぞれ緩やかな違憲審査基準を適用した[86]。本件についての最高裁判決でも，国民年金制度の設計に関して，広汎な立法裁量を認めている。

(3)　法の下の平等の意義

　憲法 14 条 1 項は，「すべて国民は，法の下に平等であつて，人種，信条，性別，社会的身分又は門地[87]により，政治的，経済的又は社会的関係において，差別されない」と規定している。

　この法の下の平等の規定は，国家から不当に差別を受けない権利（平等権）を個々の国民に保障するだけでなく，国家が国民を不当に差別してはならないという平等原則をも規定したものと考えられる。

　ここでいう「平等」とは，原則として，個人の機会均等（形式的平等）を意味するが，それだけでなく，個人の結果の平等（実質的平等）をも志向するものである。また，単に個人を機械的に均一に扱う絶対的平等ではなく，等しいものを等しく扱うという相対的平等を意味する。すなわち，14 条は，いかなる場合も法律上の取扱いに差異を設けてはならないという意味ではない。個人の尊重の観点から，合理的理由のない不当な差別的取扱いは許されないが，性質に応じて，合理的な理由に基づく区別は当然に許される。

　本件では，(1) 学生には保険料納付義務の免除の規定が設けられていなかったため，拠出制の障害基礎年金の受給に関して，保険料負担能力のない 20 歳以上の学生とそれ以外の者との間で差異が，また，(2) 20 歳以上の学生に対して無拠出制年金を支給する規定が設けられていなかったので，無拠出制の障害基礎年金の受給に関して，20 歳前障害者と初診日において 20 歳以上であった学生との間で差異が，それぞれ生じていた。しかし，本判決では，これらの差異は，いずれも合理的な理由に基づく区別であって，14 条に違反する差別ではないと判示された。

(4)　司法的救済の限界と立法的救済

　20 歳以上の学生が国民年金の強制加入被保険者でなかった時代に，20 歳以降に負った傷病により障害状態になった学生[88]が，任意加入していなかったために，年金の受給が認められず，それを不服として年金の支給などを求める裁判は，本件以外にも複数提起されたが，傷病の初診日が 20 歳未満であった

ことが証明されたものを除き，最終的には，すべてが原告の敗訴となった。

　年金保険制度とは，基本的には，保険料を拠出した者が保険事故にあった場合に年金が支給されるという仕組みである（20歳前障害者に対する無拠出制の障害基礎年金は，その例外である）[89]。保険料を納付していない（20歳前障害者以外の）者が年金を受給できたり，（事故に遭うまで保険料を納めず）事故に遭った後から保険料を納付して年金の支給が認められるのであれば，年金のフリーライダーが生じることになり，そのようなことが続けば年金制度それ自体が破綻する。したがって，任意加入する機会があったにもかかわらず，加入せず，保険料も納付していないXらは，そもそも本来的に年金を受給する資格がない。

　たしかに，89年法改正前の国民年金法の規定には問題があった。とはいえ，任意加入を怠ったXらにも落ち度があったといえる（Xらは任意加入していなかったが，その一方で，任意加入をし，保険料をきちんと納めた学生も存在する[90]）。したがって，本件では，Xらに対して，裁判所による救済は期待できない。

　そこで，国民年金制度の発展過程において生じた特別な事情にかんがみ，2004（平成16）年に，特定障害者に対する特別障害給付金の支給に関する法律が制定され，Xらのような，任意加入しなかったため障害基礎年金の受給権を有していない障害者に対して，福祉的措置として，特別障害給付金が支給されることとなった[91]。

　この無年金障害者問題は，司法的救済の限界に直面し，障害基礎年金に代わる特別障害給付金を支給することによって，立法的に解決されることとなったのである。

第11章 教育を受ける権利と教育権の所在

本章では，社会権の1つである教育を受ける権利に関して，その意義と教育権の所在についてのリーディングケースである旭川学力テスト事件を扱う。本件についての最高裁判決は，2006（平成18）年改正前の教育基本法の意義などについて判示したものとして有名である。

教育権の所在をめぐる論争に終止符を打った本判決を通じて，教育の権利と権能について考えてみよう。

旭川学力テスト事件

建造物侵入，暴力行為等処罰ニ関スル法律違反被告事件
最大判昭和 51 年 5 月 21 日刑集 30 巻 5 号 615 頁

1 事件の概要

1960（昭和35）年，文部省が全国中学校一斉学力調査の実施を企画し，地方教育行政の組織及び運営に関する法律（地教行法）54条2項[(92)] に基づき，各都道府県教育委員会に対して，調査実施要綱による調査とその結果に関する資料・報告の提出を求めた。北海道教育委員会は，同法54条2項に基づき，旭川市教育委員会に報告を求めた。市教育委員会は，同法23条17号[(93)] に基づき，1961（昭和36）年10月，市立の各中学校長に対して学力調査の実施を命じた。

学力調査の当日，北海道教職員組合（北教組）[(94)] の幹部 Y ら 4 人[(95)] は，校長の制止等にもかかわらず，約70名の者と共同で，旭川市立永山中学校の校

舎に侵入し，校長や市教育委員会の職員等に対して，取り囲んで動けなくした
うえで手拳で胸を突くなどして，共同して暴行や脅迫を加えて，調査の実施を
阻止しようとした。

　これらの行為が，建造物侵入罪，公務執行妨害罪ないし暴行罪に該当すると
して，Yらは起訴された。

2　下級裁判所の判断

　第1審は，本件学力調査の実施は，地教行法54条2項の趣旨を逸脱した違
法なものであり，かつ，その違法がはなはだ重大であるとしたうえで，校長の
行為は適法な公務とはいえないので，Yらによる学力調査の妨害行為について
公務執行妨害罪は成立せず，また，Yらそれぞれの各行為は単独では暴行罪ま
でを構成するものではないとして，建造物侵入罪と共同暴行罪（暴力行為等処
罰ニ関スル法律違反）のみの成立を認めた（旭川地判昭和41年5月25日判時453
号16頁）。

　検察官は控訴し，Yらも敗訴部分につき控訴したが，控訴審もこの判断を維
持した（札幌高判昭和43年6月26日判時524号24頁）。

　そこで，検察官は上告し，また，Yらもまた敗訴部分につき上告した。

3　最高裁判所の判断
──原判決・第1審判決一部破棄，自判（Yらにそれぞれ懲役3月，2月または1月とし，執行猶予1年とする），Yら側からの上告棄却

（1）　本件学力調査の性質と実施主体（手続上の適法性）

　本件学力調査は，全国の中学生の学力を一般的に調査するために行う行政調
査であり，各生徒の成績評価のために行う教育活動としての試験とは，趣旨や
性格において明らかに異なる。

　地教行法54条2項は，文部大臣に対して，本件学力調査の実施を要求する

権限を与えるものではない（教育委員会は，文部大臣の調査要求に従う法的義務はない）。しかしながら，文部大臣の要求に応じて，教育委員会が行った調査行為が，手続上，当然に違法となるものではない（文部大臣の要求は，法手続上は，市町村教育委員会による調査実施の動機となるものにすぎず，本件において，旭川市教育委員会が旭川市立の各中学校につき実施した調査行為は，たとえそれが地教行法54条2項の規定上，大臣または北海道教育委員会の要求に従う義務がないにもかかわらずその義務があるものと信じてされたものであっても，少なくとも手続法上は権限なくしてされた行為として違法であるということはできない）。教育委員会は，地教行法23条17号により，その地方公共団体の教育に関する調査権限を有しており，本件学力調査の実施に手続上の違法性はない。

（2）本件学力調査と教育法制（実質上の適法性）

　本件学力調査は，文部大臣が企画・立案し，その要求に応じて実施されたものであるから，調査実施行為の実質上の適法性は，本件学力調査が（2006（平成18）年改正前の）教育基本法10条（現16条）を含む現行の教育法制及びそれから導かれる法理に違反するかどうかを検討し，判断しなければならない。

（3）　子どもの教育の意義と現状

　子どもの教育は，子どもが将来一人前の大人となり，共同社会の一員として生活し，自己の人格を完成・実現していく基礎となる能力を身につけるために必要不可欠な営みであり，それはまた，共同社会の存続と発展のためにも欠くことのできないものである。この子どもの教育は，その最も始源的・基本的な形態としては，親が子に対して行う教育・監護作用の一環としてあらわれるが，このような私事としての親の教育やその延長としての私的施設による教育をもってしては，近代社会における経済的・技術的・文化的発展と社会の複雑化に伴う教育要求の質的拡大と量的増大に対応しきれなくなる。そこで，子どもの教育が社会における重要な共通の関心事になり，子どもの教育をいわば社会の公的課題として公共の施設を通じて組織的・計画的に行う公教育制度が発

展した。現代国家においては，子どもの教育は，主として，このような公共施設としての国公立の学校を中心として営まれている。

(4) 教育権の所在と教育を受ける権利（憲法26条）の意義（学習権）

　子どもの教育内容を決定する権能が誰に帰属するかについては，2つの対立する見解（後述する国家教育権説と国民教育権説）があり，それぞれ検察官・弁護人の主張の基底をなしているが，いずれも極端かつ一方的であり，全面的に採用することはできない。

　日本国憲法26条の規定の背後には，国民各自が，一個の人間として，また，一市民として，成長・発達し，自己の人格を完成・実現するために必要な学習をする固有の権利を有すること，特に，自ら学習することのできない子どもは，その学習要求を充足するための教育を自己に施すことを，大人一般に対して要求する権利を有すると考えられる。つまり，子どもの教育は，教育を施す者の支配的権能ではなく，何よりもまず，子どもの学習をする権利に対応し，その充足を図りうる立場にある者の責務に属するものとしてとらえられる（しかしながら，このことからは，教育の内容や方法を決定する権能の所在についての結論は，当然には導き出されない）。

(5) 学問の自由（憲法23条）と初等・中等教育機関の教師の教育の自由

　教師は，教授の自由を有し，公権力による支配・介入を受けずに，自由に子どもの教育内容を決定することができるとするYらの見解は採用できない。たしかに，学問の自由を保障する憲法23条には教授の自由が含まれ，もっぱら自由な学問的探究と勉学を旨とする大学教育だけでなく，知識の伝達と能力の開発を主とする普通教育においても，教師の教授の自由が，一定の範囲で認められる（教授の具体的内容・方法につき，ある程度自由な裁量が認められる）。しかし，普通教育を受ける児童・生徒には，教育内容を批判する能力がなく（大学の学生には，一応，教授内容を批判する能力を備えていると考えられる），教師が児童・生徒に対して強い影響力・支配力を有しており，また，児童・生徒

の側に学校や教師を選択する余地が乏しく，教育の機会均等を図るため全国的に一定の水準を確保すべき強い要請があることなどから，普通教育における教師に完全な教授の自由を認めることは，到底，許されない。

(6) 親の教育の自由と国の教育権

子どもの教育は，もっぱら子どもの利益のために行われるべきである。

親は，子どもに対する自然的関係により，子どもの将来に対して最も深い関心をもち，配慮すべき立場にある者として，子どもの教育に対する一定の支配権を有するが，このような親の教育の自由は，主として家庭教育など学校外における教育や学校選択の自由にあらわれる。私学教育における自由や教師の教授の自由も，限られた一定の範囲において認められるが，それ以外の領域においては，一般に社会・公共的な問題について国民全体の意思を組織的に決定・実現すべき立場にある国が，国政の一部として広く適切な教育政策を樹立・実施すべく，憲法上，子ども自身の利益の擁護と，子どもの成長に対する社会・公共の利益と関心に応えるため，必要かつ相当と認められる範囲で，教育内容を決定する権能を有する。

もっとも，政党政治の下で多数決原理によって行われる国政上の意思決定は，さまざまな政治的要因によって左右されるものであるから，本来人間の内面的価値に関する文化的な営みとして党派的な政治的観念や利害によって支配されるべきでない教育に，そのような政治的影響が深く入り込む危険があることを考えれば，教育内容に対する国家的介入についてはできるだけ抑制的であることが要請されるし，ことに，個人の基本的自由を認め，その人格の独立を国政上尊重すべきものとしている憲法の下においては，子どもが自由かつ独立の人格として成長することを妨げるような国家的介入（例えば，誤った知識や一方的な観念を子どもに植えつける内容の教育を施すことを強制するようなこと）は，憲法26条や13条の規定からも許されない（もっとも，これは，前述のような子どもの教育内容に対する国の正当な理由に基づく合理的な決定権能を否定する理由となるものではない）。

(7) 旧教育基本法の意義・効力と同法 10 条の解釈

　教育基本法は，わが国の教育の基本理念・原理を宣明することを目的として制定された法律である。形式的には通常の法律であり，矛盾する他の法律の規定を無効とする効力をもつものではないが，一般に，教育関係法令の解釈・運用は，同法の趣旨・目的・規定に沿うように考慮されなければならない。

　同法 10 条 1 項（現 16 条）[96] により禁止される教育に対する「不当な支配」とは，教育が国民の信託に応えて自主的に行われることを歪めるようなものを指す。国に教育権がある以上は，教育行政機関が法令に基づき教育の内容・方法に関して許容される目的のために必要かつ合理的と認められる規制を施すことは，同条にいう不当な支配にはあたらない。中学校学習指導要領は，全体としてみた場合，中学校における教育課程に関し，教育の機会均等の確保と全国的な一定水準の維持の目的のために必要かつ合理的と認められる大綱的な遵守基準を設定したものとして，有効である。また，本件学力調査に関しても，同条にいう不当な支配にはあたらない。

(8) 本件学力調査と教育の地方自治の原則

　現行法上，学校等の教育に関する施設の設置・管理その他の教育に関する事務は，地方公共団体の事務とされ（1999（平成 11）年改正前の地方自治法 2 条 3 項 5 号[97]），公立学校における教育に関する権限は，その地方公共団体の教育委員会に属するとされ（地教行法 23 条，32 条，43 条など），教育に関する地方自治の原則が採用されている[98]。文部大臣が地教行法 54 条 2 項を根拠として教育委員会に対して本件学力調査の実施を要求することは，この教育の地方自治の原則に違反する。

　しかしながら，教育委員会は，文部大臣の要求に拘束されるのではなく，その要求を一種の協力要請と解して，これに応じるか否かを自ら判断し，決定する自由を有する。そして，調査の実施そのものは，教育委員会が独自の判断に基づいて自らの権限の行使として行ったものであり，教育の地方自治の原則に違反するものではない。

（本件学力調査は違法ではないため，校長による調査の実施を妨害した Y らの行為は，公務執行妨害罪を構成する。）

4　解　説

（1）　教育を受ける権利（憲法 26 条）の法的性格

　日本国憲法 26 条 1 項は，「すべて国民は，法律の定めるところにより，その能力に応じて，ひとしく教育を受ける権利を有する」として，子どもの教育を受ける権利を保障し，続く 2 項では，子どもの教育を受ける権利に対応するよう，子女に普通教育を受けさせる義務を親権者に課している。

　教育を受ける権利は，教育の機会均等を実質的に図るため，国に対して教育の場を提供することを要求する権利であるが，今日では，子どもが教育を受けて学習し，人間として発達・成長する権利（学習権）として観念されている。本判決も，26 条の背景には，「国民各自が，一個の人間として，また，一市民として，成長し，発達し，自己の人格を完成，実現するために必要な学習をする固有の権利を有すること，特に，みずから学習することのできない子どもは，その学習要求を充足するための教育を自己に施すことを大人一般に対して要求する権利を有するとの観念が存在している」と述べ，教育を受ける権利を子どもの学習権として理解すべきことを確認している。

　そして，教育を受ける権利を実質的に保障するために，憲法上，教育の機会均等（26 条 1 項）と義務教育の無償（同条 2 項）が要請されている。無償とされる範囲については，授業料のみであるという見解と，授業料に限らず学用品費その他就学に必要な費用一切であるという見解とが対立している。判例によれば，26 条 2 項の無償とは授業料の不徴収を意味するにすぎないと解されている（教科書無償訴訟最高裁判決（最大判昭和 39 年 2 月 26 日民集 18 巻 2 号 343 頁））が，実際には，1963（昭和 38）年以降，法律[99] によって，義務教育に係る教科書が無償で配布されている。

（2） 教育権の所在

　教育を受ける権利に関連して，教育権の所在が議論されている。教育権とは，教育内容を決定する権能のことを指す。つまり，教育権の所在とは，教育内容を決定する権能は，だれにあるべきかという議論である。

　1つの考え方は，国は，国民の信託を受けて適切な教育政策を樹立・実施する権能を有しているから，教育の内容・方法について法律で包括的に定めることができるとする国家教育権説である。もう1つの考え方は，教師は，公権力による介入を受けることなく子どもの教育内容を決定することができる（国は，外的条件の整備のみでしか教育に関与できない）とする国民教育権説である。

　この学説対立は，国が教育制度等を整備する過程で，国の考え方と親権者や現場の教師の考え方とが衝突した場合に，どちらを優先させるべきかという問題でもある。国家教育権説によれば，国が公教育を実施する際に実現されるべきものは国民全体の教育意思であり，それは議会制民主主義の下では，国民によって直接に選出された議員によって構成される国会が法律を制定することにより具体化させ，また，国会によって選出される内閣とその下にある文部科学省等の行政機関や教育委員会が実施していくべきであると考えられる（国と親権者・教師とでは，国が優先する）。一方，私教育の延長として公教育をとらえる国民教育権説によれば，教育権はもともと親権者にあるが，親権者はそれを学校の教師に付託するので，教師には排他的な教育権が認められるべきであると考えられる（親権者・教師が優先する）。後者は，国が教育内容に関与することに対する強い警戒感の下に，親権者や教師に絶対的な教育権を認めようとするものであるが，私教育と公教育との間に連続性があるのか，教師に対する親権者の負託は虚構ではないか（例えば，教育権をめぐって，親権者と教師との間で対立が生じることも考えられるが，その場合，どちらが優先すべきか）など，その議論の前提に対して多くの疑義が呈されている。

　教育権の所在をめぐっては，本判決に先立ち，教科書検定制度の合憲性をめぐって争われた家永訴訟において争点となり，下級審レベルでは，国家教育権説に立ついわゆる高津判決（第一次家永訴訟第1審判決（東京地判昭和49年7月

16 日判時 751 号 47 頁））と，国民教育権説に立ついわゆる杉本判決（第二次家永訴訟第 1 審判決（東京地判昭和 45 年 7 月 17 日判時 604 号 29 頁））とが出されていた。本事件でも，この論点が主な争点となったため，最高裁判所の判断が示されるのが期待されていたところ，最高裁判所は，国家教育権説も国民教育権説も「極端かつ一方的」であるとして否定し，親権者や教師に対して一定の範囲での教育の自由を肯定しながら，その自由を完全に認めることは許されないとし，結論としては，国が教育内容につき必要かつ相当と認められる範囲において決定すべきものと判示したうえで，学力調査を適法とした。

　一方で，本判決は，政党政治の下では，国政上の意思決定（教育内容の決定も含まれる）は多数決原理によってなされるので，本来，党派的な政治的観念や利害によって支配されるべきではない教育に，政治的影響が深く入り込むことがあることに注意を促し，そのような国家的介入は抑制的であることが要請されるとも述べている。

(3)　学問の自由（憲法 23 条）の意義と初等・中等教育機関の教員の教授の自由

　憲法 23 条で保障される学問の自由に，大学のような高等教育機関の教員の教授の自由が含まれることには争いはないが，小・中学校や高等学校のような初等・中等教育機関の教員の教授の自由（教育の自由）が，これに含まれるか否かについては，議論が分かれている。

　本判決では，普通教育における教員に，一定の範囲に限定したうえで教授の自由を認めたものの，完全な教授の自由を認めることは到底許されないと判示した。その理由として，もっぱら自由な学問的探究と勉学を旨とする大学教育と，知識の伝達と能力の開発を主とする普通教育との差異を指摘したうえで，普通教育を受ける児童・生徒には（大学生とは異なり）教育内容を批判する能力がなく，教師が児童・生徒に対して強い影響力・支配力を有することと，児童・生徒の側に学校や教師を選択する余地が乏しく，教育の機会均等を図るため全国的に一定の水準を確保しなければならないことをあげている。

参政権

日本国憲法に定める基本的人権としては，自由権や社会権などのほかに，国民が主権者として国の政治に参加する権利である参政権がある。これは，消極的権利（自由権）や積極的権利（国務請求権と社会権）とは異なり，国家と国民とが対峙するのではなく，国民がまさに国家権力を行使する場面であるという意味で，能動的権利である。公職の被選挙権（選挙されうる地位）も参政権であり，また，公務就任権（公務員となる資格）も広義の参政権に含まれるが，参政権で特に問題となるのは，公職の選挙権である。

選挙権の法的性格については，選挙人としての地位に基づいて公務員の選挙に関与する公務とみるか（公務説），国政への参加を国民に保障する権利とみるか（権利説），議論が分かれている。通説は，公務としての側面と権利としての側面とをあわせもつと解している（二元説）。

近代選挙法は，選挙の自由・公正と効果的な代表を実現するために，選挙に関する基本原則として，普通選挙（基本的には，個人の財力（納税の有無や多寡）を選挙権の要件としない制度をいう），平等選挙（選挙権の数と価値を均等に扱う制度をいう），自由選挙（棄権をしても罰金等の制裁を受けない制度をいう），秘密選挙（誰に投票したかを秘密にする制度をいう），直接選挙（選挙人が公務員を直接に選ぶ制度をいう）の5つを採用してきた。日本国憲法も，15条3項で普通選挙の原則を，14条1項と44条但書で平等選挙の原則を，15条4項で秘密選挙の原則を，93条2項で（地方選挙に関して）直接選挙の原則を，それぞれ採用することを明示している。

　今日，先進国の多くは，国家の統治の基本的原理として民主主義を採用している。もっとも，民主主義と一言でいっても，さまざまな考え方がある。例えば，政治参加の資格を有する者が代表者を媒介せず，自ら政治的意思決定を行うべきという直接民主主義と，有権者が代表者を選出し，有権者からの負託を受けた代表者が，国民のために政治的意思決定を行うべきだという間接民主主義とでは，公共政策の決定の方法に対する理解と評価が大きく異なってくる。

　日本国憲法は，立法機関として国会を設け（41条），その構成員たる議員を選挙で選ぶものとし（43条），また，行政権を担う内閣の長たる内閣総理大臣を国会議員の中から国会の議決で指名されるものとし（66条1項），その他の国務大臣の過半数を国会議員の中から任命されるものとした（68条）。地方公共団体の長，その議事機関である議会の議員なども，選挙で選出される（93条1項，2項）。このような規定構造から，日本国憲法は，基本的には間接民主主義的な政治制度を採用していると解されている。

　一方で，国民が国政レベルで国家意思の形成に直接関与する直接民主主義的な制度として，憲法上，最高裁判所裁判官の国民審査（79条2-4項），地方自治特別法の住民投票（95条），憲法改正の国民投票（96条）の3つが設けられている(i)。地方政治に関しては，地方自治法上，条例の制定・改廃，事務監査，議会の解散，議員・首長の解職などについて，住民の直接請求の制度が設けられている(ii)。また，地方自治法や市町村の合併の特例に関する法律などで認められた住民投票(iii)以外に，地方公共団体が独自に条例等を制定し，それに基づき重要な政策課題に関して住民投票を行った例がある(iv)。代議制を基本とする日本の統治の仕組みにおいて，こういった直接的な政治参加をどう評価するかについては，意見が分かれている。

　ところで，日本の憲法解釈論に大きな影響を与えるアメリカでは，教育政策に関して，住民の直接的な参加に基づき重要な決定を行い，大きな論争が起こった州がいくつかある。この課題研究2では，日本国憲法の解釈論をより深く理解するために，カリフォルニア州における教育政策をめぐる州民発案・投票に関する議論を参照してみることとする。

1.　カリフォルニア州における州民発案の仕組み

　カリフォルニア州では，州憲法に基づき，州民の選挙で議員が選ばれる二院制議会である立法府，同じく州民の選挙で選ばれる知事を長とする執行府，最高裁判所と下級裁判所からなる司法府の三権分立制が採られている。州の立法権は州議会に授権されているが，州民には州民発案と州民投票の権限は留保されている（カリフォルニア州憲法4条1節）。また，州憲法の修正は，州議会の上下両議院で議員の3分の2以上の賛成で発議され州民投票の過半数の賛成で可決されるが，そのほかに，有権者は，

州民発案で憲法を修正することもできる（同法18条3節）。

州民発案（initiative）及びその投票の手続については，次のとおりである。

(1) 提案者は，提案の内容を法律案の形で起草し（その際に，州の立法顧問室の支援を受けたり，州の州務長官の事前審査を求めたりすることもできる），25名以上の有権者の署名を集める。

(2) 提案者は，提案の題名と趣旨を州の司法長官に提出し，手数料を供託する。提案を受け取った司法長官はそれを公表し，30日間，パブリックコメントを受け付ける。その後，提案について，司法長官が公式の題名・趣旨を作成し，州財務局と立法分析官が財政影響見込みと意見書を50日以内に共同で作成する。そして，司法長官は，15日以内にそれらを州務長官に提出するとともに，州議会の上下両議院にもその写しを送付する。この時点で，州民発案・投票等の公式の期日が決定する（この期日よりも前に請願書の回覧を行うことはできない）。

(3) 州民発案に関する活動への資金提供者は，上位3名まで公表される。また，州民発案の請願書の書式は，法律で定められている。請願書は有償の署名収集者またはボランティアによって回覧され，有権者はその内容について質問したり資金提供者を確認したりすることができる。請願書への署名に際しては，それを募る者も行う者も，いずれも住所・氏名等を明記しなければならない。法律で定められた手続に違反した者に対しては，刑罰が設けられている。

(4) 提案者は，公式の期日から最大で180日間，請願書を回覧し有権者の署名を集めることができる。発案の内容が州の法律の制定・改廃の場合には，直近の知事選挙における総投票者数の5％が，州憲法の修正の場合には，その8％が，それぞれ必要となる。必要な署名数の25％が集まった時点で，提案者は州務長官にその旨を証明しなければならない。その証明が行われると，州務長官は州議会の上下両議院にその旨を伝える。各議院は，発案を適切な常任委員会に付託し，合同公聴会を開催する（ただし，議会は，提案について修正したり投票に付すことを妨げたりすることはできない）。

(5) 必要な署名数が集められると，請願書は，署名が集められた各郡の選挙管理官に提出される。8日以内に署名が数えられ，それが必要数を超えた場合，州務長官は，署名が有効か否かを確認する作業を選挙管理官に依頼する。

(6) 必要数を超える署名について有効であることが郡の選挙管理官によって証明されると，提案された発案は投票に付されることとなる。そして，州務長官は，その旨を提案者に通知する。

(7) 州民発案に基づく提案は，州規模で行われる選挙の日に投票に付される。提案についての題名，趣旨，背景，財政影響見込み，立法分析官による意見書，賛成者・反対者の意見及びそれへの反論などが詳細に記述された小冊子（公式有権者ガイド）が作成され，有権者に送付される。

(8) 投票の結果，その提案に対する賛成票が反対票を上回っていれば，その提案は

可決され，州憲法が修正され，または州の法律が制定・改廃される（それに対して，州知事が拒否権を発動したり，州議会がその結果を覆したりすることはできない）。州民発案・投票の手続によって可決された憲法修正・法律は，州民による投票のみによって変更することができる。

　なお，カリフォルニア州では，州民発案のほかに，州議会で提案され可決された法律案について，異議のある有権者が，直近の知事選挙における総投票者数の5%の署名をもって申し立て，その法律案の承認について過半数の（異議に対する）賛成により決する州民投票（referendum）と，公選の公務員（知事，教育長，州議会上下両議院議員，州裁判所裁判官など）の罷免について，有権者が一定数の署名（全州単位で選出する公務員については，その官職の直近の選挙での総投票者数の12%，それ以外については20%）をもって申し立て，州民による投票で過半数の賛成により決する州民解職請求（recall）の制度が設けられている。

2．カリフォルニア州における教育政策をめぐる州民発案

　カリフォルニア州では，州民発案・投票は，1911年に導入されて以降，頻繁に行われている。州規模での選挙は原則として2年ごとに2回行われ，そのたびに州民発案が投票に付される。例えば，2010年からの10年間で投票に付された州民発案は72件であり，そのうち投票で可決されたものは40件である。州民発案に基づき投票で可決された提案としては，女性に対する投票権の付与（1911年提案4号）や，州民発案などの直接民主主義的制度の創設（1911年提案7・8号）などといった憲法上の政治参加に関する重要なものが含まれる。また，原子力発電所の新規建設の禁止と既存施設の稼働の制限（1976年提案15号，否決），公立学校からの同性愛者の排除（1978年提案6号，否決），同性婚の禁止（2000年提案22号，2008年提案8号，いずれも可決されたが裁判所によって違憲無効とされた[v]），未成年者の人工妊娠中絶の際の妊婦の親への通知の義務づけ（2005年提案73号，否決），大麻の合法化（2010年提案19号，否決，2016年提案64号，可決），死刑制度の廃止（2012年提案34号，否決）など，多くの論争誘発的な政策課題が州民発案・投票の対象となっている。

　以下では，カリフォルニア州における教育政策をめぐる代表的な州民発案について概観することとしよう。

（1）州憲法の改正による教育財政のコントロール

Proposition 13: Tax Limitation. Initiative Constitutional Amendment (1978)

Proposition 98: School Funding. Initiative Constitutional Amendment and Statute (1988)

　カリフォルニア州では，1960年代から，資産評価が公平ではなく地域間で負担の格差が大きいなどの理由から，財産税（固定資産税など）に対する納税者の不満が高まっていた。70年代に入ると，インフレーションの影響で地価が高騰し，納税者の負担が大きくなった。多くの納税者は財産税の減税を求めたが，州議会は効果的な方

策を講じなかった。

　そこで，財産税の減税を強く求める人々が集まり，州民発案を行った。その内容は，州憲法を改正し，財産税について，課税評価額を引き下げ，税率に上限を設けるものとし，また，州政府による租税の新設・増税には，州議会上下両議院の議員の3分の2以上の賛成を必要とすることとし，郡や市等が特別税を創設するには，州民投票で3分の2以上の賛成を必要とすることとするものである。この提案13号は，1978年6月，州民による投票に付され，62.6%の賛成で可決された（この規定は，州憲法13A条となった）。

　「納税者の反乱」とも呼ばれたこの提案によって，その翌年のカリフォルニア州内の市や学校区等の財産税の税収は，州全体で約60%減少した。その結果，財産税を主たる財源としていた市や学校区等は，行政サービスの水準を維持することが困難となった。その一方で，所得税を主要財源とする州政府は，直接的には大きな影響を受けなかった。州政府は市や学校区等へ補助金を交付するなどして対応した。しかし，補助金のみでは足らなかったため，市は，職員の解雇・賃金凍結，警察・消防・図書館・病院運営など経費の削減，市営公共交通機関の運賃の引上げなどにより歳出を削減せざるを得なくなった。また，学校区も，その主たる財源は財産税であったので，州からの補助金に依存することとなった。

　提案13号によって脆弱となった教育財政基盤を立て直すため，その投票から10年後，教育への義務的支出を州に求める州民発案が行われた。その内容は，州憲法を改正し，州の税収の40%以上をK-12教育（幼稚園から高校までの初等・中等教育）とコミュニティカレッジ（主に2年制の高等教育機関）のために支出することとするものである。この提案98号は，1988年11月，州民による投票に付され，賛成50.7%−反対49.3%の僅差で可決された（この規定は，州憲法13B条2節，5.5節，8節，8.5節となった）。

（2）非合法移民に対する教育サービスの制限

Proposition 187: Illegal Aliens. Ineligibility for Public Services.
Verification and Reporting. Initiative Statute (1994)

　アメリカ合衆国の中で最も人口が多いカリフォルニア州には，メキシコなどの中南米諸国からの移民が多く，また，その数は年々増加し続けている。1990年代初頭のカリフォルニア州は，景気の後退によって税収が伸び悩む一方で，州外からの人口流入のために福祉・教育支出が増加し，慢性的な財政難となっていた。医療補助による緊急医療やK-12教育などについては，合法的に滞在している移民に対してはもちろんのこと，非合法移民に対しても行うことを連邦政府が州に義務づけており，これらの事業負担は，移民の多い州の財政を圧迫していた。

　このような厳しい財政状況と高い失業率を背景に，州議会下院のマウントジョイ議員が中心となり，「我らの州を救え（Save Our State: SOS）」という名の市民運動が発足

し，非合法移民に対する福祉・教育サービスを制限することを求めて州民発案を行った。ウィルソン州知事は，非合法移民への対策のために州が多額の費用を支出してきたことを示しつつ，この発案を支持した。そして，この発案は，提案187号として，1994年11月，州民による投票に付され，58.9％の賛成で可決された。その内容は，社会福祉機関，医療機関，公立学校（大学等も含む）等に対して，各機関の公的サービスを提供する際に，利用者に対してその法的地位を確認することを義務づけるものであり，利用者が合衆国市民または合法の滞在者であることが確認されるまでは，公的サービスの提供を禁止するものである（緊急時の医療サービスを除く）。また，警察等は，逮捕した被疑者の法的地位を確認することが義務づけられ，被疑者が非合法移民であれば州司法長官と連邦移民帰化局に通報することも義務づけられた。

　提案187号は，公立の小・中・高等学校が非合法移民を入学させたり，出席させたりすることを禁止し，在籍する生徒については，本人及びその保護者の法的地位を確認することを義務づけるものであったが，非合法移民の子どもに対する教育に関しては，連邦最高裁判所の判例（Plyler v. Doe, 457 U.S. 202 (1982)）がすでに示されていた。この事件は，非合法移民の子どもの教育のための州の支出を留保し，各学校区がその入学を拒否できることとするテキサス州法の合憲性が争われたものである。連邦最高裁判所は，裁判官5名の法廷意見で，この州法が，自らその法的性格をコントロールすることのできない子どもに対して差別的な負担を課すものであり，合衆国憲法修正14条（平等保護）に違反すると判示していた[vi]。

　この判例の立場によれば，同様に非合法移民の子どもに対する教育を否定するカリフォルニア州の提案187号の合憲性は疑わしいと考えられた。そこで，提案187号が投票で承認された直後に，さまざまな人権擁護団体等によって，この提案の執行の差止めなどを求める訴訟が提起された。

　連邦地方裁判所は，1994年11月，提案187号の執行を差し止める仮処分命令を行ったうえで，95年11月，提案の主要部分（大学等に関する部分を除く）が連邦最高裁判所の判例及び合衆国憲法修正14条等に違反すると判示した（League of United Latin American Citizens v. Wilson, 908 F. Supp. 755 (C.D. Cal. 1995)）。提案187号は3年間施行されないまま，1997年11月，移民政策が連邦政府の権限であり州はそれを制限する権限がないことなどを理由に，最終的に違憲であると判断された（League of United Latin American Citizens v. Wilson, 997 F. Supp. 1244 (C.D. Cal. 1997)）。ウィルソン州知事は第9巡回区連邦控訴裁判所に控訴したが，後任のデービス知事は事件を調停に移した（その後，非合法移民の教育や医療等が制限されないことと州が移民政策を規制できないことを確認し，調停は終了した）。提案187号は，執行できない部分が撤回され，2014年9月，社会福祉，医療，教育，治安など，主要部分が除かれた形で法律として制定された。

（3）大学におけるアファーマティブ・アクションの廃止

Proposition 209: Prohibition Against Discrimination or Preferential Treatment by State and Other Public Entities. Initiative Constitutional Amendment (1996)

Proposition 16: Allow Diversity as a Factor in Public Employment, Education, and Contracting Decisions. Legislative Constitutional Amendment (2020)

　カリフォルニア州では，1971年以降，レーガン知事による行政命令に基づき，黒人等に対するアファーマティブ・アクションが行われるようになった。州立大学であるカリフォルニア大学でも，1975年，入学試験等でアファーマティブ・アクションが採用された。1978年6月の連邦最高裁判所によるバッキ判決（Regents of University of California v. Bakke, 438 U.S. 265 (1978)）を受けて，マイノリティのための定数枠を設けることは避けられるようになったが，その一方で，学生の多様性を促進するという目的の下で，アファーマティブ・アクションは継続された。その結果，カリフォルニア大学9校では，1980年の時点で在籍学生の3分の2が白人であったのに対して，15年後には逆にマイノリティが過半数となった。

　1995年7月，カリフォルニア大学の理事会は，教職員の雇用，学生の入学，契約に関して，人種，宗教，性別，民族，出身国を判断基準として用いることを禁止する決定を行った[vii]。この提案は，ウィルソン州知事によって同大学の理事に任命された黒人の実業家ウォード・コナリーによって提案されたものである。

　そして，この理事会決定の翌月，コナリーらが中心となり，「カリフォルニアの市民的権利のための州民発案（California Civil Rights Initiative）」がまとめられた。その内容は，州憲法を改正し，「州は，公的な雇用・教育・契約において，人種，性別，肌の色，民族または出身国に基づいて，いかなる個人または団体に対しても差別またはひいき扱い[viii]をしてはならない」という規定を加えるものである。この発案は，提案209号として州民による投票に付され，54.6%の賛成で可決された（この規定は，州憲法1条31節となった）。

　この提案209号に対しては，さまざまな人権擁護団体等が反発し，提案の執行の差止めなどを求める訴訟が提起された。1996年11月，連邦地方裁判所は，提案209号が合衆国憲法修正14条（平等保護）に違反するとして，執行を差し止めた。しかし，1997年4月，第9巡回区連邦控訴裁判所は，提案が合憲であるとの見解を示し，同年11月，連邦最高裁判所は，上告を受理しなかった。その結果，州立大学は入試で受験生の人種を一切考慮に入れることができなくなり，黒人の入学者数は減少することとなった[ix]。

　アファーマティブ・アクションを廃止する州民発案を求める市民運動は，他の州にも波及した。コナリーは，人種や性別等に基づく優遇措置なしで対等な関係で競争することができてこそ，市民的権利運動が本来目指したところの本当の意味で差別のない社会であると主張し，1997年1月，アメリカ市民的権利協会（American Civil Rights Institute）を創設した。そして，コナリーによる主導の下で，カリフォルニア州の提

案209号と同様の州民発案が，ワシントン州で投票に付され58.2％の賛成で可決（1998年11月），ミシガン州でも57.9％の賛成で可決された（2006年11月）[x]。

このうち，ミシガン州の州民発案に基づく提案2号は，州憲法1条26節1項として，ミシガン州の州立大学等が雇用・教育・契約において人種・性別・肌の色・民族・出身国に基づき差別またはひいき扱いしてはならない旨の規定を設けるものであり[xi]，カリフォルニア州の事例と同様に，その合衆国憲法との適合性をめぐって連邦最高裁判所で争われた。州憲法の修正に反対する原告らは，州憲法の修正によって，マイノリティが再びアファーマティブ・アクションによる恩恵を得たい場合には負担のより重い方法（州憲法のさらなる修正など）を用いるほかないように政治的手続が変更されたため，合衆国憲法修正14条の平等保護条項に違反すると主張したのに対して，修正を支持する側は，州憲法の条文は差別の禁止を内容とする中立的な文言であるなどと主張した。これに対して，連邦最高裁判所は，2014年4月，裁判官6名による法廷意見で，ミシガン州の憲法修正を合衆国憲法に照らして合憲であると判示した（Schuette v. Coalition to Defend Affirmative Action, 572 U.S. 291 (2014)）。法廷意見は，本件が人種に基づく優遇措置をめぐる論争をいかに解決すべきかではなく，だれが解決すべきかという点にかかわるものであり，マイノリティに対する意図的な差別ではない政策についての是非は，裁判所ではなく，民主的な政治過程で決められるべきであるとした。

なお，2001年5月，カリフォルニア大学理事会は，アファーマティブ・アクションを廃止した1995年の決定を撤回した。また，2020年6月，カリフォルニア州議会のウェーバー下院議員が中心となって，州憲法から1条31節を削除する憲法修正案がまとめられ，州議会の上下両議院で可決され，提案16号として，2020年11月，州民による投票に付されたが，56.1％で否決された。

　(4)　公立学校における二言語教育の廃止と復活

Proposition 227: English Language in Public Schools. Initiative Statute (1998)

Proposition 58: English Proficiency. Multilingual Education. Initiative Statute (2016)

カリフォルニア州は，アメリカの中でも特に多様な人種・民族から構成される州である。州民の人種・民族構成は，1980年の国勢調査の統計[xii]によれば，非ヒスパニック系白人66.6％，ヒスパニック19.2％，非ヒスパニック系黒人7.7％，アジア系5.3％であったのに対して，2010年の調査では，非ヒスパニック系白人40.1％，ヒスパニック37.6％，非ヒスパニック系黒人6.2％，アジア系13.0％であり，特にヒスパニックの住民が急激に増加している。

ヒスパニックとは，メキシコやキューバなどのラテンアメリカ出身の人々を指す。母語はスペイン語であり，ヒスパニックのコミュニティで生活している限り英語は必要ではないので，英語を十分に理解できない人も少なくない。

英語を母語としない子どもたちの学習をいかに支援していくかは，ラテンアメリカ

やアジアからの移民が急増し始めた1960年代後半から，課題となっていた。1968
年，いわゆる二言語教育法（Bilingual Education Act）として，連邦の初等・中等教育
法の第7章が改正され，移行型の二言語教育プログラムが導入された[xiii]。これによ
り，英語を母語としない生徒について，十分な英語能力を身に付け英語で授業が受け
られるようになるまでは母語で教育を行うなど，特別な配慮が求められるようになっ
た。二言語教育は，それが始まった当初は，英語への移行のための一時的な教育であ
ると考えられていたが，次第に，自分の母語での学習を通じて自分たちの民族の文化
を学ぶ意義があるとも考えられるようになっていった。カリフォルニア州で二言語教
育を受けるもののほとんどがヒスパニックであったが，二言語教育の目的は，ヒスパ
ニックの子どもたちをアメリカ社会に同化させることから，ヒスパニックの言語と文
化を維持・拡充することへと徐々に変わっていった。

　一方で，カリフォルニア州における二言語教育は，始まった当初は，ヒスパニック
に次いで多い中国からの移民の子どもに対しては，十分に対応できていなかった。中
国系移民の生徒の多くは，教育予算上の理由から，英語を十分に理解できなかったと
しても，学校では英語で授業を受けざるを得ず，結果的に成績不振につながることと
なった。そこで，中国系移民の生徒ラウらは，サンフランシスコ学校区の公立学校で
英語の補習授業が提供されなかったことが，合衆国憲法修正14条（平等保護）や
1964年市民的権利保護法601条（連邦政府の財政支援を受けているあらゆる活動等にお
いて，人種，肌の色または出身国に基づく差別を禁止する）などに違反するとして，連邦
裁判所に訴えを提起した。原告側は，英語を理解できる生徒と理解できない生徒と
で，同じ教科書を与え同じカリキュラムで教育しても，平等な教育とはいえないと主
張する一方で，被告側は，本件では中国系移民の生徒に対して積極的に差別をしては
いないと反論した。

　連邦最高裁判所は，1974年1月，修正14条違反についての結論を避けたものの，
英語の能力が不足する生徒に対して補習などの適切な方策を採らないことにより，学
校区によって提供される教育プログラムに効果的に参加する機会が奪われており，市
民的権利保護法等に違反しているとして，生徒らの主張を認めた（Lau v. Nichols, 414
U.S. 563）。この判決に沿って，連邦政府は，英語の能力が不足する生徒に対する支援
の拡充を強化し始めた。

　もっとも，英語の能力が不足する生徒に対して具体的にどのような方策を採るべき
かについては，裁判所は明確には示さなかった。多くの学校区では，母語と英語の両
方を用いて二言語の能力を育成する方策が推奨されてきた一方で，問題の解決のため
には，二言語能力の育成を伴わない形で母語から英語への移行を目指すという方策も
ありうる。

　カリフォルニア州では，1972年に二言語教育法を制定し，76年には二言語・二文
化教育法と改め，他州よりも積極的に（前者の意味での）二言語教育を実践してきた
が，1980年代に入ると，二言語教育がアメリカの社会的統合の障害となるとの考え

方が人々の間で強くなってきた。1986年には，州民発案に基づき，英語を州の公用語(xiv)とする提案63号が，73.2％の賛成で可決され，州憲法3条6節として成立した。翌87年には，時限立法であった二言語・二文化教育法が失効した。

　そして，二言語能力の育成を伴わない形で母語から英語への移行を目指すべきだとの考え方の下，英語の補習教育をより強化していくべきとの市民運動が高まり始めた。そのうちの1つである「子どもたちのための英語（English for the Children）」という団体は，二言語教育を廃止する州民発案を行った。当時，英語の能力が不足する生徒は，英語で授業を受ける能力を身に付ければ，英語のみで教育を行うクラスに移行するが，それまでは母語で教科の学習をすることになっていた。しかし，この団体は，英語のみのクラスへの移行に成功した生徒がわずか6.7％に過ぎないこと（ヒスパニックの生徒にとって二言語教育が実質的にスペイン語のみの一言語教育となっている）と，州内の公立学校で，生徒の母語である140もの言語すべての二言語教育を実施することが教育的にも財政的に不可能であることなどを指摘した。

　州民発案に基づく提案227号は，カリフォルニア州のすべての公立学校の教育を英語で行うこととするとともに，英語の能力が不足する生徒のために，1年を超えない期間で英語の集中的な教育を行うこととするものである。この提案227号は，1998年6月，投票に付され，60.9％の賛成で可決された。これにより，カリフォルニア州における公立学校での二言語教育は，原則として廃止された。

　その後も，二言語教育は例外的に行われてきたが，二言語教育を再び法律上位置づけるべきだとの議論が高まり，州議会上院のララ議員の主導の下で，ブラウン州知事の支持も受けつつ，公立学校での英語以外の言語の教育を肯定する法律案がまとめられた。この法律案は，2014年5月に上院で，2014年8月に下院で，それぞれ賛成多数で可決され，提案58号として，2016年11月に投票に付され，73.5％の賛成で可決された。これは，生徒の英語の能力を高めることを公立学校に引き続き要求したうえで，公立学校における言語教育プログラムを開発する際に保護者や地域社会の意見を聴取することを学校区に義務づけるとともに，二言語集中教育プログラムを設け，生徒に最も適した言語教育プログラムを保護者が選択できるようにするものである。これにより2017年7月以降，英語の能力が不足する生徒が，英語のみで教育を行うクラスで学習するか，母語を話す教員が英語を教える二言語教育を受けるかを選択できるようになるとともに，英語を母語とする生徒も他の言語で学習することが可能となった。

3．公共政策の決定のあり方をめぐる論点

　ここまでで，カリフォルニア州における教育政策をめぐる州民発案・投票に関する議論を概観してきた。

　ここで，改めて，州民発案・投票などの直接民主主義的な制度の意義を整理しておくこととする。直接民主主義的な制度の長所としては，（1）有権者が議会等などを経

由せずに，公共政策の決定に直接的な役割を果たすことができる，（2）有権者の多数派の意思と政治家の意思とが異なる場合，政治家による判断に対して拒否権を行使し，多数派の望む政策を実現できる（政治家の判断が特定の利益集団に強く影響されている場合，その影響力を排除することができる），（3）有権者の政治的有効感覚が高まることにより，政治参加が促進され，選挙における投票率も向上する，（4）政府・政治家が有権者に対してより応答的になる，などがあげられる。

　その一方で，直接民主主義的な制度には，（1）有権者が十分な知識を有しておらず，理解が不十分なまま決定過程に関与するおそれがある，（2）有権者が自分で熟考せずに，マス・メディア，オピニオンリーダー，特定の利益集団などからの情報のみに基づき投票に参加するおそれがある，（3）発案・投票の対象となる政策が他の政策との調整が図られないまま成立した場合，政策間で相互に矛盾したり，不合理な結果となったり，あるいは実現不可能となったりする可能性がある，（4）多数決で物事が決まるため，少数者の利益が考慮されないおそれがある（特に，人権問題のように単純な多数決で決定してはならないことが，多数者の意思のみで決まる危険性がある），などといった欠点もあるため，代議制の政治過程に取って代わるものとして考えてはならない（あくまで代議制を補完するものとして位置づけるべきである）とする意見もある。

　ここからは，より身近な日本の問題に議論を移して，公共政策の決定のあり方について考えてみることとする。例えば，以下のような論点について，自ら資料を収集し熟考したうえで，可能であれば友人らとともに討議してみよう。

・直接民主主義的な政治制度が適正に機能するための条件とは何か。
・住民発案では，各政策分野の専門的な知識が必要となるが，有権者は提案された内容を理解できるだろうか。すべての有権者が，内容を十分に理解したうえで，署名・投票に参加しているといえるだろうか。問題を的確に理解している有権者の署名・投票が，まったく理解していない有権者の署名・投票と等価値で扱われることは，望ましいことだろうか。
・増税など，住民に負担を増やす政策を住民投票に付したら，有権者は賛成するだろうか。逆に，給付を増やす提案についてはどうだろうか。住民投票が容易にできるようになれば，人々は，それを通じて財政規律を軽視した負担軽減策を実現しようとするのではないか。合理的な判断ができるだろうか。
・地方自治法 12 条 1 項は，直接請求の対象となる条例について，地方税の賦課徴収等に関するものを除外している[xv]。その理由はなぜか。法改正をして，地方税の賦課徴収等に関する事柄を直接請求の対象事項に含めるべきか。
・子どもに対する教育に関する政策を，成人の有権者のみによる住民投票で決めることについて，どう考えるか。教育を受ける子どもを，当事者として，住民投票の投票権者に加えるべきか。教育を行う学校教員のみを住民投票の投票権者にしたり，教員の意見をより強く反映させるために，教員のみに複数の投票を認めたりすることについては，どう考えるか。

- 日本の教育政策についての住民投票を行うとして，その投票権者に外国人を加えることについて，どう考えるか。
- 日本における外国人に対する教育についての政策を，日本国民たる住民のみによる住民投票で決めることについて，どう考えるか。住民投票の投票権者に外国人を加えることは認められるか。
- カリフォルニア州の州民発案では，その活動のために膨大な費用が掛かるため，さまざまな利益集団が多額の資金提供をしているが，このことをどう評価するか。
- カリフォルニア州の州民発案では，署名を集める際にプロの活動家が有償で動員されることが多い（署名1件につきいくらという形で委託を受け，提案の内容の説明を省き短期間で効率よく署名を集める手法が採られることもある）が，このことをどう評価するか。
- 住民発案や住民投票の活動資金に制限がない場合，多額の資金を投入できる利益集団などが関与するかもしれない。市民運動の背後にある利益集団の影響力について，どう評価するか。
- テレビなどのマス・メディアやソーシャル・メディアのオピニオンリーダーは，住民発案や住民投票にどのような影響を与えうるか。情報を不当に操作し，世論を誘導したり，煽動したりする可能性はないのか。
- 地方自治法74条の住民発案は，有権者の50分の1以上の連署をもって首長に請求すれば議会で審議されるが，議会で否決されれば，その政策は実現しない。一方，カリフォルニア州の州民発案は，一定数の署名を集めることに成功すれば，議会を経由せずに州民による投票に付され，投票の結果，賛成が反対よりも多ければ，直ちに法律の制定ないし憲法の修正が行われる。どちらの制度がより望ましいか。
- 議員や首長が住民発案や住民投票を主導することについて，どう考えるか。議員や首長は議会で条例を提案する資格が認められているので，有権者を頼るのではなく，議会の中で賛同者を集め，条例制定に向けた努力をすべきではないか。
- 住民投票で，ある政策に対して賛成51％−反対49％という投票結果が示されたとき，その政策は住民から支持されたといえるのか。僅差であったとしても賛成が反対よりも相対的に多かったのだから，その政策は遂行されるべきか。それとも，住民の約半数が反対しているのだから，その政策は遂行されるべきではないのか。
- カリフォルニア州では，州民による投票で制定された法律や憲法修正は，知事や議会のみでは修正したり廃止したりすることはできず，新たにそれを改廃する提案を州民による投票で承認するほかない（なお，他のほとんどの州では，このような効力は認められていない）。州民投票にこのような強い効力をもたせることについて，どう考えるか。

・日本国憲法の改正手続として，両議院の総議員の３分の２以上の賛成による発議と，国民投票での（有効投票総数の）過半数の賛成が必要であるが，それぞれの手続を経る意味は何か。カリフォルニア州では，州民発案で州憲法の修正ができるが，日本国憲法の改正についても，国会の発議なしで，国民による直接請求のみで憲法改正を行えるようすべきか。また，国民投票を削除し，国会による議決のみで憲法改正できるようにすることについては，どう考えるか。
・カリフォルニア州の事例のように，州民投票によってマイノリティの権利を侵害するような法律の制定がなされた場合に，その権利を回復する手段としてどのようなものが考えられるか。権利侵害が法律に基づくものではなく，憲法改正による場合はどうか。
・住民発案に基づく政策は，議会の審議を経ておらず，また政府内部での審査も経ていないので，裁判所がそれを違憲審査する際には，違憲性が推定され厳格審査を行うべきであるという見解について，どう考えるか。

注

(i) こういった直接的な参加の制度があることをより重視して，日本国憲法の統治の仕組みを半直接民主制と分類する見解も有力である。
(ii) 条例の制定・改廃については，有権者の50分の１以上の者の連署をもって首長に請求すると，議会で審議される（地方自治法74条）。事務監査については，有権者の50分の１以上の者の連署をもって監査委員に請求すると，監査委員によって監査が行われる（75条）。議会の解散と議員・首長の解職については，有権者の３分の１以上の者（当該地方公共団体の有権者の総数によって，必要署名数が異なる）の連署をもって選挙管理委員会に請求すると，住民投票が行われ，そこで有権者の過半数の賛成があれば，解散または解職される（76条，80条，81条）。
(iii) 大都市地域における特別区の設置に関する法律は，道府県の区域内において市町村を廃止し特別区を設置する際には，関係市町村での住民投票において過半数の賛成を必要とすると規定している（7条１項，8条）。この法律の規定に基づき，大阪市では，2015年（平成27）5月と2020年（令和2）年11月の2回，市を廃止し5つの特別区を設置すること（いわゆる「大阪都構想」）の是非を問う住民投票が行われた。しかし，いずれも反対多数で否決された（前者は賛成49.6％－反対50.4％，後者は賛成49.4％－反対50.6％）。
(iv) 法律に基づかない地方公共団体による政策課題についての住民投票として，新潟県旧巻町における原子力発電所の建設の是非をめぐるもの（1996（平成8）年8月），沖縄県における日米地位協定の見直し及び米軍基地の整理縮小の是非をめぐるもの（同年9月），岐阜県御嵩町における産業廃棄物最終処分場の建設の是非をめぐるもの（1997（平成9）年6月），沖縄県名護市における米軍基地の建設の是非をめぐるもの（同年12月），徳島県徳島市における吉野川可動堰の建設の是非をめぐるもの（2000（平成12）年1月），新潟県刈羽村における原子力発電所のプルサーマル計画導入の是非をめぐるもの（2001（平成13）年5月），山口県旧岩国市における在日米軍の空母艦載機移転の受入れの是非をめぐるもの（2006（平成18）年3月），沖縄県における米軍基地の建設のための埋立ての是非をめぐるもの（2019（平成31）年2月）などが注目された。東京都小平市における都市計画道路をめぐる住民投票（2013（平成25）年5月）では，投票率が有権者の過半数に満たず（35.2％），開票されないまま不成立となった。
(v) 2000年提案22号は，男性と女性との間の婚姻のみを有効なものとして認める（州の）法律の

制定を求める州民発案であり，2000 年 3 月，州民による投票に付され，61.4％の賛成で可決された。しかし，制定された法律は，2008 年 3 月，カリフォルニア州最高裁判所によって，州憲法に違反し無効であると判示された（In re Marriage Cases, 183 P.3d 384（Cal. 2008））。その後，男性と女性との間の婚姻のみを有効なものとして認める規定を州憲法に加える修正を求める州民発案（2008 年提案 8 号）が行われ，2008 年 11 月，州民による投票に付され，52.2％の賛成で可決された。しかし，連邦地方裁判所は，2010 年 8 月，提案 8 号が合衆国憲法修正 14 条（適正手続・平等保護条項）に違反すると判示した（Perry v. Schwarzenegger, 704 F. Supp. 2d 921（N.D. Cal. 2010））。シュワルツェネッガー州知事とブラウン州法務長官（その後，州知事）は，この裁判所の判断を支持し，上訴しなかった。州民発案の提案者が連邦最高裁判所に裁量上訴の申立てをし，上訴は一旦認められたが，連邦最高裁判所は，2013 年 6 月，事実上の損害を被っていない提案者には上訴する資格がないとして，事件を第 9 巡回区連邦控訴裁判所に差し戻した（Hollingsworth v. Perry, 570 U.S. 693（2013））。

(vi) 連邦最高裁判所は，子どもたちに対して適切な教育を拒否することは，合衆国の領域内に読み書きのできない人々を生み出し，失業や犯罪の問題を引き起こし，福祉コストを増加させる可能性を高めるとも述べた。なお，この判決には，非合法移民の子どもが教育を受けられないのは賢明ではないが，このテキサス州法は違憲であるとまではいえず，問題は裁判所ではなく立法過程で対応されるべきであるとの 4 名の裁判官の反対意見が付されていた。

(vii) この理事会決定に先立ち，ウィルソン州知事は，1995 年 6 月に，州政府内部でのアファーマティブ・アクションを廃止する行政命令を発出していた。これは，州政府の機関に対して，雇用の際に，人種，性別，信条，肌の色，宗教，出身国などに基づき差別を行うことを禁止し，雇用や契約は能力に基づき決定すべきであるとするとともに，州内の大学等にも必要な措置を講ずるよう求めるものである。

　なお，カリフォルニア大学理事会は，当時，26 名の理事によって構成されていたが，そのうち 7 名が他の地位の充て職であり（ウィルソン知事自身も充て職で，大学の理事であった），1 名が学生の代表，残り 18 名が州知事により任命されていた。

(viii) 当時，有権者の多くはアファーマティブ・アクションを支持していたが，それがひいき扱い（preferential treatment）と表現された場合には，否定的に評価される傾向にあった。そこで，この提案を支持していた司法長官が，発案の公式の題名・趣旨を作成する際に，あえて，「アファーマティブ・アクション」という言葉ではなく，「ひいき扱い」という言葉を使ったといわれている。

(ix) カリフォルニア大学における 1 年次登録者数は，1994 年には，非ヒスパニック系白人 36.2％，黒人 4.3％，ヒスパニック 15.2％，アジア系アメリカ人 37.1％であったのに対して，1999 年には，非ヒスパニック系白人 37.8％，黒人 2.8％，ヒスパニック 11.9％，アジア系アメリカ人 37.4％となっていた。なお，2019 年は，非ヒスパニック系白人 23.1％，黒人 4.1％，ヒスパニック 21.8％，アジア系アメリカ人 29.9％である。

(x) その後，コナリーは，2008 年 11 月の大統領選挙の予備選挙にあわせて，5 つの州で同内容の住民発案を投票に付すためのキャンペーンを展開したところ，ネブラスカ州では 57.5％で可決したものの，コロラド州では 49.2％で否決され，その他 3 つの州では発案が投票までには至らなかった。そのほかに，アリゾナ州（2010 年 11 月，59.5％）とオクラホマ州（2012 年 11 月，59.2％）でも，州民発案に基づき投票の結果，アファーマティブ・アクションの廃止を内容とする憲法修正が行われている。

(xi) アファーマティブ・アクションの合憲性に関するグラッツ判決（Gratz v. Bollinger, 539 U.S. 244（2003））の原告グラッツも，州民発案の提案者の 1 人であった。

(xii) アメリカでは，10 年ごとに国勢調査が行われている。なお，1970 年までの国勢調査では，ヒスパニックという民族的分類を他の人種と区別していなかったため，統計上，ヒスパニックは白人や黒人等に含まれていた。

(xiii) これは，当初，スペイン語を母語とする生徒の教育のための法律として，連邦議会上院に提案されたものである。ヒスパニックの多いテキサス州選出のヤーボロウ議員は，スペイン語を母語とする生徒の学校中退率が相対的に高いことを問題視し，それまでの学校教育に問題があったことを指摘したうえで，学校でスペイン語を母語として，英語を第二言語として教育するプログラムを設けるための法律案を提案した。しかし，立法過程において，教育プログラムの対象がスペイン語を母語とする子どもから英語の能力が不足する子どもへと拡張され，法律の目的が提案者の当初の意図とは異なるものへと変わっていった。

(xiv) 英語は，アメリカ合衆国 50 州のうち，32 の州で公用語とされている（ハワイ州はハワイ語を，アラスカ州は 20 の現地語を，それぞれ英語とともに公用語としている）。しかし，連邦レベルで英語がアメリカ合衆国の公用語とされたことは，これまでに一度もない。

(xv) 地方税の賦課徴収等に関するものは，地方自治法制定当時は，直接請求の対象事項として除外されていなかったが，1948 年の地方自治法の改正により除外された。

第12章　国会・内閣

　日本国憲法の解釈論として取り組むべき課題は，憲法総論，人権論，統治機構論の3つに大別できる。本書では，第1章から第11章までで人権論を扱い，第12章から第14章までで統治機構論を取り扱う。統治機構論としては，国会・内閣・裁判所の組織や権能と，地方自治や財政などが扱われるのが一般的であるが，本章では，国会と内閣の組織・権能について検討する。

　わが国の法体系は，最上位の法規範として，憲法があり，その下位の法規範として，国会が制定する法律があり，さらに下位の法規範として，行政機関が制定する命令（内閣が制定する政令と，各省大臣が制定する内閣府令・各省令）があるという仕組みになっている。この国法秩序の段階構造において，上位の法が下位の法によって具体化され，また，上位の法は下位の法の有効性の根拠となる。

　小・中学校や高等学校の教育課程は，国会が制定した学校教育法という法律によって文部科学大臣が定めるとしており[100]，この規定を受けて，文部科学大臣が制定する学校教育法施行規則という文部省令（文部科学省令）で定められている。ただし，学校教育法施行規則には，各学校の教育課程は具体的には規定されておらず，例えば，「高等学校の教育課程については，この章に定めるもののほか，教育課程の基準として文部科学大臣が別に公示する高等学校学習指導要領によるものとする」（同規則84条）とされ[101]，詳細は文部科学大臣による告示である学習指導要領に委ねられている。

　本章では，学習指導要領の法的性格や高等学校における教師の教科書使用義務が争われた伝習館高校訴訟を扱う。

伝習館高校訴訟

行政処分取消請求事件

最判平成 2 年 1 月 18 日民集 44 巻 1 号 1 頁

1　事件の概要

　X_1〜X_3 は，いずれも福岡県立伝習館高等学校[102] の社会科担当教諭であり，同校において，1967（昭和 42）年度から 1969（昭和 44）年度にかけて，担当科目の授業において所定の教科書を使用せず，高等学校学習指導要領に定められた当該科目の目標・内容を著しく逸脱した指導をした[103]。X_1 は，1968（昭和 43）年 4 月以降，当時の政治体制を否定する思想を鼓舞する文章を学校新聞等に掲載し，1970（昭和 45）年 2 月 10 日には，建国記念の日の趣旨を否定する内容のビラを生徒に配布したり，休業日であるにもかかわらず許可なく討論会などを実施し生徒を参加させた。X_1 と X_3 は，生徒の成績評価に関して，所定の考査を実施せず，全員を一律に同一点とする評価を行った。X_2 は，所定の考査において，当該科目の目標・内容を著しく逸脱した出題をしたほか，授業の内容・態度に不満を抱き授業を放棄した生徒を放任し，指導監督を怠った。

　Y（福岡県教育委員会）は，これらの行為につき地方公務員法 29 条 1 項各号に違反するとして，懲戒免職処分にしたところ，X_1〜X_3 は，学習指導要領にはなんら法的拘束力はなく，教師には教科書使用義務はなく，また，本件処分は懲戒権者の裁量の範囲を逸脱し，裁量権の濫用があるなどと主張し，処分の取消しを求めた。

2　下級裁判所の判断

　第 1 審では，X_1 に対しては懲戒権者の裁量権の範囲の逸脱はないとして，X_1 の請求を棄却したが，X_2 と X_3 については，懲戒免職処分には懲戒権者の裁

量権の範囲の逸脱があるとして，請求を認容した（福岡地判昭和53年7月28日判時900号3頁）。

それぞれ敗訴したX₁とYが控訴したが，控訴審では第1審の判断が維持された（福岡高判昭和58年12月24日判時1101号3頁）ため，各訴訟において敗訴した控訴人がそれぞれ上告した（このうち，X₁による上告（X₁について）を「第1事件」，Yによる上告（X₂とX₃について）を「第2事件」という）。

3　最高裁判所の判断

〔第1事件〕──上告棄却（X₁の請求を認めなかった）

（1）　学習指導要領の法的性質

高等学校学習指導要領が法規としての性質を有するとした控訴審の判断は，正当として是認できる。そのように解釈することが旭川学力テスト事件判決（最大判昭和51年5月21日刑集30巻5号615頁：本書130頁）の趣旨とするところである。

（2）　教科書使用義務

学校教育法51条（現62条）により高校に準用される同法21条（現34条）[104]が高等学校における教科書使用義務を定めたものであるという控訴審の判断は，正当として是認できる。そのように解釈することが旭川学力テスト事件判決の趣旨に徴して明らかである。X₁が1968（昭和43）年度と1969（昭和44）年度の授業で教科書使用義務に違反したとの控訴審の判断は正当として是認できる。

〔第2事件〕──原判決破棄・自判（X₂・X₃の請求を認めなかった）

（1）　懲戒権の裁量判断

学校教育法51条・21条による教科書使用義務に違反する授業をしたことや，高等学校学習指導要領から逸脱する授業・考査の出題をしたことなどを理由とするX₂・X₃に対する懲戒免職処分は，日常の教科の授業・考査に関して

行われたものであって，教科書使用義務違反の行為が年間を通じて継続的に行われ，授業等が学習指導要領所定の当該各科目の目標・内容から著しく逸脱するものであったし，当時，本件高等学校の校内秩序が極端に乱れた状態にあり，X_2・X_3には直前に争議行為参加による懲戒処分歴があるなどの事実関係の下においては，社会通念上著しく妥当を欠くものとはいえず，懲戒権者の懲戒権の範囲を逸脱したものとはいえない。

4 　解　説

(1) 　国会の地位

本件で争われた学校教育法は，国会が制定した法律である。

日本国憲法 41 条は，「国会は，国権の最高機関であつて，国の唯一の立法機関である」と規定している。ここでいう「国権の最高機関」という文言については，国会が，国政についての最高の決定権ないし国政全般の統括権をもった機関であるというように法的意味にとらえる統括機関説も有力であるが，通説は，国会が，主権者である国民によってその構成員たる議員が直接選任され，立法権をはじめ重要な権能を憲法上与えられ，国政の中心的地位を占める機関であるということを強調するための政治的意味をもつにすぎないと解している（政治的美称説）。また，「国の唯一の立法機関」という文言については，（1）憲法上の例外（議院規則（58 条 2 項），最高裁規則（77 条））を除いて国会以外の機関による立法が許されないという国会中心立法の原則[105]と，（2）国会による立法は，国会以外の機関の参与を必要としないで成立するという国会単独立法の原則の 2 つを意味する。

さて，43 条 1 項は，「両議院は，全国民を代表する選挙された議員でこれを組織する」と規定している。ここでいう全国民の「代表」という文言については，代表機関（国会）の行為が法的に代表される者（国民）の行為と同視されるという法的な意味（法的代表）ではなく，国民が代表機関を通じて行動し，代表機関は国民の意思を反映するものとみなされるという政治的意味（政治的

代表）であると解されている。したがって，議員は，選挙区などの選出母体の代表ではなく，全国民の代表であると考えられるので，選出母体の意思に法的には拘束されない（命令委任の禁止，自由委任）。ただし，通説によれば，議員の意思が国民の意思に事実上類似することが求められるので，その意味で，ここでいう代表とは，政治的代表という意味に加えて，社会学的代表という意味を含むものと解される。

(2)　国会の組織・権能と衆議院の優越

国会は，国の唯一の立法機関として，法律案の議決権（59条）をもつが，そのほかにも，次のような権能を有する。すなわち，皇室財産の授受の議決権（8条），予算議決権（60条），条約締結の承認権（61条），弾劾裁判所の設置権（64条），行政監督権（66条3項），内閣総理大臣の指名権（67条），財政統制権（83〜91条），憲法改正の発議権（96条）が，憲法上，国会の権能とされている（さらに，法令によって，その他の権能が付与されている）。

また，議院（衆議院または参議院）の憲法上の権能として，会期前に逮捕された議員の釈放要求権（50条），議員の資格争訟の裁判権（55条），役員選任権（58条1項）などの内部組織に関する自律権（各議院が他の国家機関に干渉されずに自主的に決定できる権能），議院規則制定権（58条2項）や議員懲罰権（同条）などの運営に関する自律権と，国政調査権（62条）がある。

国会は衆議院と参議院とによって構成され（二院制，42条），各議院の権能はほぼ対等である。国会の権能は両院の議決の一致により行使されるのが，原則である。

しかし，例外的に，いくつかの点で衆議院の優越が認められている。具体的には，法律案の議決，予算の議決，条約締結の承認，内閣総理大臣の指名に関して，憲法上，議決上の優越が認められている。すなわち，法律案の議決については，衆議院で可決し参議院でこれと異なった議決をした場合，衆議院において出席議員の3分の2以上の多数で再び可決したときは，それが法律となる。また，参議院が衆議院から法律案を受け取った後，国会休会中の期間を除

いて 60 日以内に議決しないときは，衆議院は参議院がその法律案を否決した
ものとみなすことができる（59条2〜4項）。予算の議決，条約締結の承認，内
閣総理大臣の指名については，参議院の議決が衆議院と異なった場合に，両院
協議会を開いても意見が一致しないとき，または参議院が衆議院の可決した案
を受け取った後，国会休会中の期間を除いて一定期間以内に議決しないとき
は，衆議院の議決が国会の議決となる（60条2項，61条，67条2項）。

　さらに，予算の審議は衆議院が先議であり（60条1項），内閣信任・不信任
の決議権（69条）は衆議院にしか認められない。

（3）　立法権・法規の概念と学習指導要領の法的性格

　国会は国の唯一の立法機関であるが，そこでいう立法とはどのような意味な
のか。形式的意味にとらえるならば，内容如何にかかわらず，国法の一形式で
ある法律（国会が制定する法規範）を定立する作用を指す。一方，立法権を実
質的意味にとらえるならば，国民の権利を直接に制限し義務を課する法規範
（法規）を定立する作用をいう。さらに，今日の通説的見解によれば，実質的
意味の立法をより広くとらえ，法規にとどまらず，一般的・抽象的な法規範の
すべてを定立する作用であると考えられる。

　学校教育法は，文部科学大臣が学校の教科に関する事項を定めると規定し
（33条，48条，52条），同法施行規則は，教育課程の基準として文部科学大臣が
学習指導要領を公示すると規定している（52条，74条，84条）。本件では，学
習指導要領が法規（命令）としての性格を有するか否かが，第1事件の主たる
争点となっている。

　学習指導要領は文部科学大臣による告示という形式をとっている。告示（国
家行政組織法14条1項）とは，行政機関が意思決定や事実を広く一般に公示す
る方式をいい，告示すべてが法的拘束力を有するものとは限らない。告示の内
容はさまざまであり，単なる事実上の通知もあれば，行政処分もあるが，法規
命令が告示の形式で公表されるときは，告示は一種の法規定立行為として機能
し，行政立法の性格を有すると解される。

学習指導要領に関しては，法規としての効力を有する（教員に対する法的拘束力を有する）という法規説と，教員に対する指導助言・参考文書にすぎないとする大綱的基準説とが対立している。

学校教育法 33 条の規定に基づき同法施行規則 52 条の委任により，文部科学大臣が教育課程の基準として学習指導要領を公示すると規定されていることを理由に，学習指導要領は法規としての性格を有するというのが行政解釈である。一方，大綱的基準説は，教育内容についての法規命令事項はごく大綱的な基準（例えば，小・中学校の教科と時間配当，高校の教科・科目・授業時数・単位数など）に限定され，その限界を超えて教育内容に干渉する指導要領の部分は指導助言文書と解される限りで適法とする（法規としての効力を有しない）という。

最高裁判所は，旭川学力テスト判決（最大判昭和 51 年 5 月 21 日刑集 30 巻 5 号615 頁：本書 130 頁）において，文部大臣が，学校教育法の規定に基づき「教育の内容及び方法につき，……教育の機会均等の確保等の目的のために必要かつ合理的な基準を設定することができる」としたうえで，（当時の）学習指導要領は，おおむね，「地域差，学校差を超えて全国的に共通なものとして教授されることが必要な最小限度の基準と考えても必ずしも不合理とはいえない事項が，その根幹をなしていると認められる」のであり，その中には詳細すぎる部分や法的拘束力を認めるのが適切か否か疑わしいものが若干含まれているとしても，「指導要領の下における教師による創造的かつ弾力的な教育の余地や，地方ごとの特殊性を反映した個別化の余地が十分に残されており，全体としてはなお全国的な大綱的基準としての性格をもつものと認められる」と判示し，学習指導要領の法規性を認めていた[(106)]。本件最高裁判決では，明確に学習指導要領の法規性が確認されている。

（4） 内閣の組織と権能

本件で争われている学習指導要領は，文部大臣（現文部科学大臣）の告示である。文部科学大臣は，内閣の統轄の下に他の省庁とともに法律によって設けられた国の行政機関の 1 つである文部科学省の主任の大臣であり，国務大臣の

中から内閣総理大臣によって補職される[107]。文部科学大臣をはじめ各省大臣は，国務大臣として内閣の構成員である。

憲法65条は，「行政権は，内閣に属する」と規定する。行政権とは，すべての国家作用のうちから，立法作用と司法作用を除いた残余の作用である[108]。

内閣とは，内閣総理大臣及びその他の国務大臣で構成される合議体である（66条1項）。内閣法2条2項は，内閣総理大臣以外の国務大臣の数を14人以内（特別に必要がある場合は3人を限度に増やすことができる）と定めている。国務大臣は，各省庁の主任の大臣として，行政事務を分担管理する（内閣法3条1項）が，行政事務を分担管理しない大臣（無任所大臣）を設けることもできる（内閣法3条2項）。なお，内閣府の主任の大臣は内閣総理大臣である（内閣府設置法6条）が，その他の国務大臣をもって経済財政政策や防災などの内閣府の事務を掌理する特命担当大臣とすることもできる（内閣府設置法9条）。

内閣総理大臣及び国務大臣は，文民（軍人ではない人）でなければならない（66条2項）。内閣総理大臣は，国会議員の中から国会が指名し（67条），天皇が任命する（6条1項）。国務大臣は，内閣総理大臣が任命し（68条1項），天皇が認証する（7条5号）。国務大臣については，過半数が国会議員であることを要し，その全員が国会議員である必要はない（68条1項但書）。

内閣の職権は，閣議により行われる（内閣法4条）。閣議は原則として非公開であり，その内容に司法審査は及ばない（苫米地事件最高裁判決（最大判昭和35年6月8日民集14巻7号1206頁））。

内閣の権能には，法律の誠実な執行と国務の総理（73条1号），外交関係の処理（73条2号），条約の締結（73条3号），官吏に関する事務の掌理（73条4号），予算の作成と国会への提出（73条5号），政令の制定（73条6号），恩赦の決定（73条7号）のほか，天皇の国事行為に対する助言と承認（3条，7条），衆議院の解散（7条3号），最高裁判所長官の指名（6条2項），最高裁判所のその他の裁判官及び下級裁判所の裁判官の任命（79条1項，80条1項）などがある（さらに，法律によって，その他の権能が付与されている）。

内閣総理大臣の権限には，国務大臣の任免権（68条）や国務大臣訴追の同意

権（75条）などがある（さらに，法律によって，その他の権能が付与されている）。また，内閣総理大臣は，内閣を代表し（72条），法律・政令に連署する（74条）。

(5) 議院内閣制の意義と解散権の所在

　わが国における議会と政府との関係は，議院内閣制を採っている。これは，国民が議員を選挙で選出し，その議員から構成される議会によって政府（内閣）を選出させ，議会と政府とを一応分離したうえで，政府に対して議会による民主的統制を及ぼすという制度である。議会と政府との関係については，アメリカ合衆国のように，国民が議会の議員と政府（大統領）とをそれぞれ選出し，政府と議会とを厳格に分立させている大統領制（首長制）を採る国もある（わが国の地方公共団体の首長と議会との関係も，基本的には同様である）。

　内閣は，行政権の行使について，国会に対し連帯して責任を負う（66条3項）。内閣は，自らの存続が適当でないと考えるときは，いつでも総辞職することができる。ただし，衆議院が内閣に対する不信任決議案を可決し，または信任決議案を否決したときは，内閣は，（10日以内に衆議院を解散するという選択肢をとらない限り）総辞職しなければならない（69条）。また，内閣総理大臣が欠けたときと，衆議院議員総選挙の後に初めて国会の召集があったときは，内閣は，総辞職をしなければならない（70条）。

　内閣は衆議院を解散（任期満了前に全衆議院議員の議員たる資格を一斉に失わせること）できるが，それを明示した規定が憲法上存在しないため，条文上の根拠をどこに求めるかで議論が分かれている。

　内閣に対する衆議院の不信任の場合の解散について定める69条を根拠とする見解もあるが，この規定は解散を不信任の場合に限定するものか否かが明確ではない。解散は，それに続く総選挙を通じて，民意が国政に正しく反映しているかどうかを確認するための制度であると解される。したがって，このような解散制度の目的からすれば，解散は，衆議院が内閣を信任しない場合に限らず，重要な問題について衆議院と内閣との意見の対立が激しい場合や国家のきわめて重要な政策について民意を確かめる必要がある場合にも，行われうるも

のであるということになる。そこで，7条3号により，形式的な解散権は天皇にあるが，3条により，内閣は天皇の国事行為に助言と承認を与えるので，実質的な解散権は内閣にある（この場合，衆議院の不信任の場合以外にも，内閣に自由な解散権が認められる）という7条説が通説であり，実務の慣行である。

(6)　学習指導要領の法規性と教科書使用義務

　文部科学省は，小学校，中学校，高等学校等の学習指導要領を告示している。そして，前述のとおり，行政解釈によれば，学習指導要領は告示であっても法規命令であり，法的拘束力が認められる。したがって，教育委員会はこれに基づく適切な教育課程の編成・実施とこれに伴い必要となる教育条件の整備を行わなければならないし，小・中学校や高等学校等の教員は，教育の具体的内容・方法について一定の裁量が認められる[(109)]としても，基本的には学習指導要領に基づき教育活動を行わなければならない。

　また，小・中学校や高等学校では，文部科学大臣の検定を経た教科書または文部科学省著作教科書があるときは，原則として，必ずこれらの教科書で，かつ教育委員会が採択したものを使用しなければならない（学校教育法34条，49条，62条）。

　一方，大学をはじめとする高等教育機関においては，研究者である教員には，憲法上，学問の自由（23条）の一内容としての教授の自由が保障されている。大学の教員が教育活動を行うにあたっては，学習指導要領のような準拠すべき基準もなければ，検定制度のような教科書についての使用制限も存在しない。

第13章　司法権の限界

第12章に引き続き，本章でも統治機構論について扱う。

裁判所に関しては，(1)司法権の概念，(2)違憲審査権の性格（付随的違憲審査制），(3)裁判所法3条1項の「法律上の争訟」の意味，(4)司法権の限界，(5)裁判所の組織と権能，(6)司法権の独立と裁判官の身分保障，(7)違憲判決の効力などが主要な論点である。

本章では，司法権の限界について判示した判例の1つである富山大学事件を通じて，裁判所と司法権・違憲審査権について検討する。

富山大学事件

単位不認定等違法確認請求事件
最判昭和52年3月15日民集31巻2号234頁・280頁

1　事件の概要

富山大学経済学部の学生 X_1〜X_6 と同学部の専攻科[(110)] の学生であった X_7 は，1966（昭和41）年度，同学部のA教授担当の「経済原論」や「演習」について，履修届を提出し，受講していた。ところが，その年度期間中に，Aによる成績評価に不正疑惑が生じたため，Y_1（富山大学経済学部長）は，Aの授業担当を停止し，学生に対して代替科目を受講するよう指示した。これに従わずに，Aは，授業を続行し，試験を実施した。X_1〜X_7 は，Aの授業を受講しつづけ，試験を受験し，Aは，X_1〜X_7 について，合格の判定を行い，成績票を

Y_1 に提出した。しかし，Aの授業は正式なものではなかったので，X_1〜X_7 について，当該科目の単位の授与（認定）はなされず，X_7については，それに加えて，専攻科修了の認定がなされなかった。

そこで，X_1〜X_7 は，Y_1 及び Y_2（富山大学学長）に対して，単位授与・不授与の未決定の違法確認及び単位取得の認定の義務の確認を，X_7 は，それに加えて，Y_2 に対して，専攻科修了・未修了の未決定の違法確認及び専攻科修了の認定の義務の確認を，それぞれ求めて訴えを提起した。

2　下級裁判所の判断

第1審は，国立大学の利用関係[111] は特別権力関係であり，単位授与や専攻科修了認定は特別権力関係の内部事項であって，一般市民としての権利義務に関するものではないから，裁判所の審査権の対象外であるとして，訴えをすべて却下した（富山地判昭和45年6月6日民集31巻2号244頁）。

控訴審は，第1審と同様に，国立大学の利用関係を特別権力関係とするが，特別権力関係の内部事項であっても，一般市民としての権利義務に関するものは裁判所の審査の対象となると判示したうえで，単位の授与（認定）は，純然たる大学内部のことであり，審査の対象とならないが，専攻科の修了の認定については，卒業の認定の場合と同様，営造物利用の観念的一部拒否とみることができ，その点で市民法秩序に連なるものであるから，審査の対象となると判断した。そして，単位の授与（認定）に関する請求について，X_1〜X_6 の控訴を棄却し，単位の授与（認定）と専攻科修了の認定に関する請求について，X_7 の請求を却下した第1審判決を取り消し，地方裁判所に審理を差し戻した（名古屋高金沢支判昭和46年4月9日判時643号23頁）。

そこで，単位の授与（認定）に関する請求について敗訴した X_1〜X_6 と，X_7 の請求について敗訴した Y_1 と Y_2 が，それぞれ控訴審判決を不服として上告した（このうち，X_1〜X_6 による上告（X_1〜X_6 について）を「第1事件」，Y_1・Y_2 による上告（X_7 について）を「第2事件」という）。

〔第1事件〕——上告棄却（X₁〜X₆の請求を認めなかった）

（1）　裁判所の権限と部分社会の法理

　裁判所は，憲法に特別の定めがある場合を除いて，一切の法律上の争訟を裁判する権限を有するが（裁判所法3条1項），ここにいう一切の法律上の争訟とは，あらゆる法律上の係争を意味するものではない。法律上の係争といっても，その範囲は広汎であり，そのなかには事柄の特質上裁判所の司法審査の対象外に置くのが適当なものもある。例えば，一般市民社会のなかにあってこれとは別個に自律的な法規範を有する特殊な部分社会における法律上の係争は，それが一般市民法秩序と直接の関係を有しない内部的な問題にとどまる限り，その自主的・自律的な解決に委ねるのを適当とし，裁判所の司法審査の対象にはならないものと解すべきである（山北村議会議員懲罰事件最高裁判決（最大判昭和35年10月19日民集14巻12号2633頁）参照）。

　そして，大学は，国公立であると私立であるとを問わず，学生の教育と学術の研究とを目的とする教育研究施設であって，その設置目的を達成するために必要な諸事項については，法令に格別の規定がない場合でも，学則等によりこれを規定し，実施することのできる自律的・包括的な権能を有し，一般市民社会とは異なる特殊な部分社会を形成しているのであるから，このような特殊な部分社会である大学における法律上の係争のすべてが当然に裁判所の司法審査の対象になるものではなく，一般市民法秩序と直接の関係を有しない内部的な問題は司法審査の対象から除かれるべきである。

（2）　大学における単位認定行為の性質

　大学の単位制度については，大学設置基準という文部省令が定めている。単位の授与という行為は，学生が当該授業科目を履修し試験に合格したことを確認する教育上の措置であり，卒業の要件をなすものではあるが，当然に一般市民法秩序と直接の関係を有するものでないことは明らかである。それゆえ，単

位授与行為は，他にそれが一般市民法秩序と直接の関係を有するものであることを肯認するに足りる特段の事情のない限り，純然たる大学内部の問題として大学の自主的・自律的な判断に委ねられるべきものであって，裁判所の司法審査の対象にはならないものと解すべきである。

X₁〜X₆は，現行法上または社会生活上単位の取得それ自体が一種の資格要件とされる場合があるから，単位授与行為は司法審査の対象になるものと解すべきであると主張する。たしかに，そのような場合はあり，その限りで単位授与行為が一般市民法秩序と直接の関係を有することは否定できないが，そのような場合はきわめて限られており，一部にそのような場合があるからといって，一般的にすべての授業科目の単位の取得が一般市民法上の資格や地位に関係するものであるということはできず，単位授与行為が常に一般市民法秩序と直接の関係を有するものであるということはできない。

したがって，本件単位授与行為は，司法審査の対象にはならないものというべきである。

〔第2事件〕——原判決一部破棄・上告棄却（控訴審判決のうち，X₇の単位授与に関する部分を取り消し（第1審判決どおり，訴えを却下した），専攻科修了認定に関する部分を維持した（控訴審判決どおり，地方裁判所に審理を差し戻した））

(1) 国公立大学の利用関係と司法審査

国公立の大学は公の教育研究施設として一般市民の利用に供されたものであり，学生は一般市民としてこの公の施設である国公立大学を利用する権利を有するから，学生に対して国公立大学の利用を拒否することは，学生が一般市民として有する公の施設を利用する権利を侵害するものとして，司法審査の対象になるものというべきである。

大学の専攻科への入学は，大学の学部入学などと同じく，大学利用の一形態であり，専攻科に入学した学生は，大学所定の教育課程に従いこれを履修し専攻科を修了することによって，専攻科入学の目的を達することができるのであ

る。学生が専攻科修了の要件を充足したにもかかわらず大学が専攻科修了の認定をしないときは，学生は専攻科を修了することができず，専攻科入学の目的を達することができないのであるから，国公立の大学において大学が専攻科修了の認定をしないことは，実質的にみて，一般市民としての学生の国公立大学の利用を拒否することにほかならず，その意味では，学生が一般市民として有する公の施設を利用する権利を侵害するものであると解すべきである。

　したがって，本件専攻科修了の認定・不認定に関する争いは，司法審査の対象になるものというべきである。

　専攻科修了の認定は，大学当局の専権に属する教育作用であるから，司法審査の対象にはならないとのY₁らの主張は，採用できない。同大学の学則によれば，1年以上の在学と所定の単位の修得とが同大学の専攻科修了の要件とされており，この2つの要件が充足されたか否かについては，格別の教育上の見地からする専門的な判断を必要とはしないので，司法審査になじむからである。

(2)　本件について

　X₇による，Y₁に対する単位授与・不授与未決定違法確認（A請求），Y₂に対する専攻科修了・未修了未決定違法確認（B請求），Y₂に対する単位授与・不授与未決定違法確認（C請求），Y₁に対する単位認定義務確認（D請求），Y₂に対する専攻科修了認定義務確認（E請求），Y₂に対する単位認定義務確認（F請求）の各請求について，第1審判決は，単位の授与（認定），専攻科修了の認定いずれも司法審査の対象とはならないとして，各請求にかかる訴えをすべて却下した。控訴審判決は，単位の授与（認定）は司法審査の対象とはならないが，専攻科修了の認定は対象となるとして，第1審判決を全部取り消して，本件を地方裁判所に差し戻した。しかしながら，この判決中，B請求からF請求までの部分の判断は正当であるが，A請求に関する部分は，破棄すべきである。なぜならば，単位の授与（認定）が司法審査の対象となりえないものである以上，単位授与・不授与の未決定の違法確認を求める訴えは不適法で却下すべきであり，第1審判決でA請求につき訴え却下とした部分は正当であり，

その部分をも取り消した訟訴審判決は，その限度で違法であるからである。

（1）　裁判所の組織

　わが国の裁判所は，最高裁判所と下級裁判所とがあり（日本国憲法76条1項），下級裁判所は，裁判所法2条1項によれば，高等裁判所，地方裁判所，家庭裁判所，簡易裁判所の4種類がある。

　地方裁判所は通常の訴訟事件を扱う第1審裁判所であり（簡易裁判所の判決に対する控訴事件などをも扱う），家庭裁判所は家庭事件や少年事件の審判などを扱い，簡易裁判所は，少額・軽微な事件を簡易かつ迅速に処理する。高等裁判所は，地方裁判所の判決に対する控訴事件などを扱い（地方裁判所の第2審判決に対する上告事件などをも扱うほか，特殊な事件の第1審裁判権を有する），最高裁判所は高等裁判所の第2審判決に対する上告事件などを扱う。

　通常の裁判所の系列から独立した特別裁判所（例えば，戦前の軍法会議など）は，設置できない（76条2項前段）。ただし，裁判官の弾劾裁判を扱う弾劾裁判所（64条）は，憲法が認めた例外である。また，76条2項後段は「行政機関は，終審として裁判を行ふことができない」と規定するが，行政機関が行政処分についての審査請求に対して裁決を行うことは，裁判所の裁判の前審にすぎないので認められる。

　裁判所を構成する裁判官は，憲法に定められた手続に基づき選任される[112]。一方，裁判が公正に行われ人権保障が確保されるためには，裁判官が外部から圧力や干渉を受けずに公正無私の立場で裁判をしなければならないため，司法権の独立が，憲法上，規定されている[113]。

（2）　裁判所の権能

　裁判所は，司法権と違憲審査権という2つの権能を行使する機関である（憲法76条1項，81条）。

司法権とは，具体的な争訟について，法を適用し，宣言することによって，これを裁定する国家の作用をいう。この司法権の概念をより厳密に考えれば，当事者間に，具体的事件に関する紛争が存在するとき，当事者からの争訟の提起を前提として，独立の裁判所が統治権に基づき，一定の争訟手続によって，紛争解決のために，何が法であるかの判断をし，正しい法の適用を保障する作用といえる。

　違憲審査権とは，法令や行政処分その他すべての国家行為の憲法適合性を審査する作用である。わが国においては，違憲審査は，具体的な争訟において，当該事件の解決に必要な限りで行われるものであり（付随的違憲審査制），抽象的に法令や行政処分等の憲法適合性を審査することはできない（警察予備隊違憲訴訟最高裁判決（最大判昭和 27 年 10 月 8 日民集 6 巻 9 号 783 頁）[114]）。(1) 違憲審査制度について定める 81 条が第 6 章の司法の部分に置かれていることや，(2) 抽象的違憲審査制を認めるのであれば，そのことを積極的に明示する規定（例えば，提訴権者や裁判の効力に関する規定など）が憲法上定められていなければならないが，そのような規定が憲法に存在しないことなどから，わが国の違憲審査制度は，抽象的違憲審査制ではなく付随的違憲審査制であるといえよう。

　違憲審査の主体としては，81 条の文言をみる限り，最高裁判所のみに与えられているようにもみえるが，すべて裁判官は憲法と法律に拘束され，憲法を尊重し擁護する義務を負っている（99 条）ので，具体的事件に法令を適用して裁判をするにあたって，その法令が憲法に適合するか否かを判断することは，憲法によって課された裁判官の当然の職務と職権であるといえるので，下級裁判所も，司法権の行使に付随して違憲審査権を行使できる（食糧管理法違反事件最高裁判決（最大判昭和 25 年 2 月 1 日刑集 4 巻 2 号 73 頁））。

　違憲審査の対象として，「一切の法律，命令，規則又は処分」と定められているが（81 条），ここに条約が列挙されていないことから，条約に対する違憲審査ができるか否かが問題となる。憲法は条約よりも形式的効力において優位するという前提に立ったうえで（憲法優位説），条約は国内では国内法として通用するのであるから，その国内法的側面については，81 条の「法律」に準じて，違憲審査の対象となると解される。

（3） 司法権・違憲審査権の範囲と限界

　司法権の概念のうちの「具体的な争訟」（具体的事件性）とは，裁判所法3条1項にいう裁判所が裁判すべき「法律上の争訟」と同じ意味である。この法律上の争訟とは，判例によれば，(1) 当事者間の具体的な権利義務ないし法律関係の存否に関する紛争であって，かつ，(2) それが法令を適用することによって終局的に解決することができるものをいう（板まんだら事件最高裁判決（最判昭和56年4月7日民集35巻3号443頁)(115)）。

　したがって，具体的事件性がないにもかかわらず，抽象的に法令の解釈や効力を裁判で争うことは，原則として，できない（警察予備隊違憲訴訟最高裁判決)(116)。また，単なる事実の存否，個人の主観的意見の当否，学問上・技術上の論争，純然たる宗教問題などは，具体的事件性がないので，裁判所の審査の対象とはならない。例えば，国家試験における合格・不合格の判定は，学問上・技術上の知識・能力・意見などの優劣・当否の判断を内容とする行為であるので，試験実施機関の最終判断に委ねられ，裁判の対象とならない（最判昭和41年2月8日民集20巻2号196頁）。本事件では，専攻科修了の認定は，格別に教育上の見地からする専門的な判断を要するものではないので，裁判所の審査の対象となったが，本判決は，試験の合否の判定のような教育上の見地から行うきわめて専門的な判断を要する教育上の措置についてまで，裁判所の審査の対象として認めたものではない。そのほかに，純然たる信仰の対象の価値または宗教上の教義に関する判断自体を求める訴えや，単なる宗教上の地位の確認の訴えも，原則として，法律上の争訟にはあたらない。

　また，裁判所法3条1項は，「一切の法律上の争訟を裁判」すると規定しているが，具体的事件性があり法律上の争訟にあたるものであっても，例外的に，次の3つについては，裁判所の審査権が及ばない（司法権の限界）。すなわち，(1) 憲法が明文でその裁判権を司法裁判所以外の機関に授権しているもの（議員資格争訟の裁判（55条，当該議員が所属する議院による），裁判官の弾劾裁判（64条，裁判官弾劾裁判所による))，(2) 国際法によって定められたもの（国際法上の治外法権や，条約による裁判権の制限など），(3) 事柄の性質上，裁判所の

審査に適しないものについては，裁判所は審査できない。このうち，（3）としては，（a）国会や各議院の自律権に属する行為（議事の定足数や議決の有無などの議事手続，議員の懲罰など），（b）立法府や行政府の自由裁量に委ねられている行為（違法・合法の問題ではなく，当・不当が問題となるだけであるので，裁量権者が裁量権を著しく逸脱するか濫用した場合のみ，裁判所の審査の対象となる），（c）統治行為（直接国家統治の基本に関する高度に政治性のある国家行為のことを指し，判例は，安全保障条約（砂川事件最高裁判決（最大判昭和 34 年 12 月 16 日刑集 13 巻 13 号 3225 頁）(117)）と衆議院の解散の効力（苫米地事件最高裁判決（最大判昭和 35 年 6 月 8 日民集 14 巻 7 号 1206 頁）(118)）について，統治行為にあたるとして，裁判所の審査を認めなかった），（d）地方議会，大学，政党など，自律的な規範を有する団体の内部事項に関する行為があげられる。

　これらは，司法権の限界であると同時に，違憲審査権が司法権に随伴して行使されることから，違憲審査権の限界であるともいえる。

（4）　団体の内部事項に関する行為の司法審査と部分社会論

　前述のような自主的な規律を行うことのできる団体については，その内部での紛争に対しては，純粋に内部的事項の場合には，事柄の性質上，各団体の自治を尊重し，裁判所は審査を控えることがある。

　この点については，本判決は，山北村議会議員懲罰事件最高裁判決（最大判昭和 35 年 10 月 19 日民集 14 巻 12 号 2633 頁）を参照としたうえで，大学が「一般市民社会の中にあつてこれとは別個に自律的な法規範を有する特殊な部分社会」であるとし，そこにおける法律上の係争は，それが一般市民法秩序と直接の関係を有しない内部的な問題にとどまる限り，その自主的・自律的な解決に委ねるのを適当とし，裁判所の司法審査の対象にはならないものと解すべきであると判示した(119)。

　この部分が，一般には，いわゆる部分社会論について判示したものと解されている。部分社会論とは，自律的な法規範を有する特殊な部分社会においては，団体の内部問題は，一般市民法秩序と直接の関係を有する場合を除き，す

べて司法審査の対象にはならないという議論である。その背景には，社会の多元性に応じて法秩序も多元的に存在するという考え方がある。

　部分社会の内部問題に関しても，一般市民法秩序と直接の関係を有する場合は，裁判所の審査権は認められる。本判決では，単なる単位授与行為は司法審査の対象とはならないが，専攻科の修了については対象となると判示されている。本判決が引用する山北村議会議員懲罰事件最高裁判決でも，地方議会による議員の出席停止の懲罰議決は司法審査の対象とはならないが，除名処分については対象となるとされている。一般市民法秩序と直接の関係を有する場合，当該団体が自律的に定めた規範が公序良俗に反するなどの特段の事情のない限り，それに照らして行われたか否かを，また，そのような規範がなければ，条理に基づき適正な手続にのっとって行われたか否かについてのみ，裁判所は審査できる（共産党袴田事件最高裁判決（最判昭和63年12月20日判時1307号113頁））。

　しかし，このような法秩序の多元性を前提とする一般的・包括的な部分社会論については，支持する学説はほとんどない。すなわち，部分社会という概念は不明確であり，多様で異質な団体を部分社会として一括りに扱うことは適切ではないというのが，通説的見解である。団体は，目的・性質（団体への加入が強制的なものか，それとも任意のもの など）・機能などの点で，それぞれ異なるものである。したがって，各団体の目的等の相違に応じて，紛争や争われている権利の性質などを考慮して，個別・具体的に検討すべきであろう。そのうえで，司法審査において団体の自主性を尊重するのであれば，政党に関しては21条を，大学に関しては23条を，地方議会に関しては93条をあげれば十分であり，それらを包摂する概念として部分社会なる観念を創出し，司法審査を一般的に排除する必要がないからである。

　なお，山北村議会議員懲罰事件最高裁判決は岩沼市議会議員懲罰事件最高裁判決（最大判令和2年11月25日）によって判例変更されており(120)，本判決の基礎となる判例法理そのものが今日では否定されていることに，注意が必要である。

第**14**章　　　財政・地方自治

　日本国憲法は，第7章で財政について，第8章で地方自治について規定している。財政と地方自治については，憲法は大枠を定めるにとどめ，詳細の規定は法律に委ねられている。

　本章では，幼稚園の代わりとなる幼児教室への地方公共団体による補助について，憲法が禁止する財政支出に該当するか否かが争われた吉川町幼児教室公費助成訴訟を通じて，憲法上の財政と地方自治の規定について検討する。

吉川町幼児教室公費助成訴訟

公金支出差止等請求事件

最判平成5年5月27日判例集未登載[(121)]

1　事件の概要

　埼玉県吉川町（現在の吉川市）では，既存の私立幼稚園に入園できないほど幼児数が増加していたため，公立幼稚園の設置を求める住民らの要望が寄せられていたが，町の財政上，直ちに公立幼稚園を設置することは困難であった。そこで，公立幼稚園の代替施設として，幼児の保護者と教員によって，吉川町幼児教室が開設された（教職員は9名であり，在室する幼児は毎年100名超であり，週6日，私立幼稚園とほぼ同内容の事業が行われていた）。この幼児教室は，学校法人によるものではなく[(122)]，また，幼稚園として認可されたものでもな

かったが，これに対して，Y₁（吉川町長）は，同町の規則に基づき，1975（昭和50）年，同町所有の土地と建物を無償で使用させるとともに，翌年以降毎年，補助金を支出していた。

　同町の住民 X らは，本件幼児教室に対する町による助成措置が憲法 89 条等に違反するとして，2002（平成 14）年の改正前の地方自治法 242 条の 2 第 1 項 1 号，4 号[123] に基づき，Y₁ に対して，本件幼児教室に土地・建物を無償で使用させることの差止めと，補助を始めた Y₂（前町長）に対して，過去 1 年分の補助金相当額（2,588,000 円）を町へ損害賠償することを求める住民訴訟を提起した[124]。

2　下級裁判所の判断

　第 1 審は，本件助成措置が公の支配に属する事業に対するものであり，日本国憲法 89 条等に違反しないとして，X らの請求を棄却した（浦和地判昭和 61 年 6 月 9 日判時 1221 号 19 頁）。控訴審も，次の理由から，第 1 審判決を維持した（東京高判平成 2 年 1 月 29 日判時 1351 号 47 頁）。

　すなわち，(1) 本件教室の事業は，幼児を保育するものである。保育とは，幼児に対する保護と教育の有機的一体の働きと解される。憲法 89 条にいう「教育の事業」とは，人の精神的又は肉体的な育成をめざして人を教え，導くことを目的とする組織的・継続的な活動をいう。したがって，本件幼児教室の事業は，89 条にいう「教育の事業」にあたる。

　(2) 89 条前段については，国家と宗教との分離を財政面から確保することを目的とするものであるから，その規制は厳格に解すべきである。一方，同条後段の教育の事業に対する支出・利用については，一般的には公の利益に沿うものであるから，同条前段のような厳格な規制は要しない。教育事業はそれを営む者の教育についての信念・主義・思想の実現であるから，公の支配に属しない教育事業に公の財産が支出・利用された場合には，教育の名の下に，公教育の趣旨・目的に合致しない教育活動に公の財産が支出・利用されるおそれが

あり，ひいては公の財産が濫用される可能性がある。

　(3)　教育事業に対して公の財産を支出・利用させるためには，その教育事業が「公の支配」に服することを要するが，支配の程度は，国・地方公共団体等が当該教育事業の運営・存立に影響を及ぼすことにより，事業が公の利益に沿わない場合にはこれを是正しうる途が確保され，公の財産の濫費を防止しうることをもって足りる。具体的には，事業の目的，事業内容，運営形態等諸般の事情によって異なり，必ずしも，事業の人事・予算等に公権力が直接的に関与することを要するものではない。

　(4)　私立学校法59条や私立学校振興助成法10条等の規定(125)の趣旨は，学校法人（私立学校法3条）という形態を採る場合の教育事業に対し，その公教育たる性格に着目し，かつ私立学校の自主性を尊重しつつ，一定の基準に基づき助成することを定めたにすぎず，教育事業に対する助成がこれらの法律による以外には許されないと解すべきではない。また，憲法89条は，助成を受けた教育事業が「公の支配」に服すべきことを規定しているが，この規制が法律によるべきということまでを求めているものではない。

　(5)　本件では，土地・建物等の無償提供や経常経費への助成は，補助金についての一般的な規制のほか，この幼児教室に対する個別の指導により，公の利益に沿わないものに使用されないよう規制・管理されている一方，教室の予算・人事等は教室に委ねられ，町が直接関与していない。町の直接関与が必要ないのは，この教室の目的が幼児の健全な保育という町の方針に一致しており，特定の教育思想に偏するものではなく，その意思決定についての保護者による民主的な意思決定方法が確保されているためである。このような事情の下で，町の関与が教室の予算・人事に直接及ばないものの，この教室は町の公立施設に準ずる施設として町の関与を受けているものということができ，このような関与により教室の事業が公の利益に沿わない場合には是正しうる途が確保され，公の財産の濫費を避けることができるから，この関与をもって憲法89条にいう「公の支配」に服するといえる。

　これに対して，敗訴したXらが上告した。

　　最高裁判所の判断

　　——上告棄却（Ｘらの請求を認めなかった）

Ｘらの上告理由について

　本件幼児教室が吉川町の具体的な監督に服しているものとはいえないということを理由に，本件幼児教室に対する公費助成等が憲法89条に違反するとのＸらの主張は，控訴審で確定した事実関係の下では失当である。

　　解　　説

（1）　財政民主主義

　本件は，地方公共団体による補助金の支出等の違法性に関する事案であり，特に，日本国憲法89条との関係が主たる争点となっている。地方財政そのものについては，詳しくは地方自治法や地方財政法等で規定されており，憲法上は，地方公共団体がその財産を管理する権能を有することを認める94条の規定しか存在しない。日本国憲法第7章が規定しているのはもっぱら国の財政についてであるが，地方財政も，国の財政について定める憲法の規定の適用を受けるため，ここでは，憲法の定める国の財政について解説する。

　83条は，「国の財政を処理する権限は，国会の議決に基いて，これを行使しなければならない」と規定する。これは，国の財政（国家がその任務を行うために必要な財力を調達し，管理し，使用する作用）について，国民の代表によって構成される国会が，その基本を定め，統制しなければならないということを意味する。この財政民主主義こそが，わが国の財政に関する最も基本的な憲法上の原則であり，以下で説明する他の財政に関する憲法上の原則は，すべてこの原則の応用形態である。

　84条は，「あらたに租税を課し，又は現行の租税を変更するには，法律又は法律の定める条件によることを必要とする」と規定する。この租税法律主義の原則は，財政民主主義を歳入面から規定したものである。納税義務者，課税物

件，課税標準，税率などの課税要件や租税の賦課・徴収手続が法律で定められなければならず，かつ，それらが明確に定められなければならない。なお，租税とは，国または地方公共団体が，その課税権に基づいて，その使用する経費に充当するために，強制的に徴収する金銭給付をいう。租税以外にも，専売品の価格，営業許可に対する手数料，各種の検定手数料など国民に対して強制的に賦課される金銭についても，租税法律主義の原則の趣旨にかんがみ，国会の議決が必要であると解されている（財政法3条参照）。しかし，租税はあくまで特別の給付に対する反対給付の性質をもたないものなので，これら手数料等は，84条にいう「租税」には含まれないと解するのが通説である。

85条は，「国費を支出し，又は国が債務を負担するには，国会の議決に基くことを必要とする」と規定する。この国費支出・国庫債務負担行為国会議決主義の原則は，財政民主主義を歳出面から規定したものである。

一会計年度における国の財政行為の準則を予算という。予算は，内閣が作成し，国会に提出し，その審議を受け，議決を経なければならない（86条）が，これも財政民主主義の一発現形態である。なお，予算の法的性格については，行政であるという見解や法律であるという見解もあるが，特殊な国法形式[126]であると解するのが多数説である。

予算に国会の統制が及ぶのと同様に，決算にも国会の事後的統制が及ぶ。90条1項は，「国の収入支出の決算は，すべて毎年会計検査院がこれを検査し，内閣は，次の年度に，その検査報告とともに，これを国会に提出しなければならない」と規定する。ただし，決算は，予算と異なり，法規範性はない。

(2) 公金支出等の禁止

国や地方公共団体の所有する公金・公の財産は，国民の負担と密接に関係するので，適切に管理され民主的にコントロールされることが必要である。そこで，憲法89条は，公金・公の財産を，宗教上の組織・団体の使用・便益・維持のため，または公の支配に属しない慈善・教育・博愛の事業に対して，支出し，またはその利用に供してはならないと規定している。

89 条前段（宗教上の組織・団体のための支出・利用の禁止）は，20 条によって規定される信教の自由の制度的保障である政教分離の原則を財政面から確保しようとする趣旨である。ここでいう宗教上の組織・団体について，組織化された宗教団体に限られると狭く解する見解（箕面忠魂碑訴訟最高裁判決（最判平成 5 年 2 月 16 日民集 47 巻 3 号 1687 頁））と，組織化されていなくとも広く宗教上の活動を目的とする団体も含まれるとする見解とが対立しているが，前者が通説・判例の立場である。

89 条後段（慈善・教育・博愛事業に対する支出・利用の禁止）の立法趣旨については，教育等の私的事業に対して公費の濫用をきたさないように（事業の目的の公共性ゆえに，または慈善・教育・博愛の美名に頼って，公費が濫用されやすいと考えられる），当該事業を監督すべきことが国等に要求されることにあるという公費濫用防止説や，教育等の私的事業の自主性を確保するために公権力による干渉の危険を除こうとすることにあるという自主性確保説などが対立している。

本件控訴審判決では，89 条後段の趣旨について公費濫用防止説に立つ一方で，上告人の上告理由は，これを排して自主性確保説に立つべきと主張しているが，最高裁判所は，控訴審判決の解釈を維持している。

89 条後段は，公の支配に属しない事業に対する公金・公の財産の使用・支出を禁止しているので，逆にいえば，公の支配に属するならば，教育等の私的事業に対する公金支出等は許されることになる。ここでいう公の支配については，国または地方公共団体が，その事業の予算を定め，その執行を監督し，さらにその人事に関与するなど，その事業の根本的方向に重大な影響を及ぼすことのできる権力を有することというように，厳格かつ狭義に解する立場と，国または地方公共団体の一定の監督が及んでいることをもって足りるというように緩やかにかつ広義に解する立場とが対立している。

国や地方公共団体は，私立学校法 59 条及び私立学校振興助成法に基づき，私立学校に対して助成をしている。このいわゆる私学助成制度が憲法 89 条後段に違反するか否かについては，議論がある。89 条後段の意義について自主

性確保説に立ち，かつ公の支配を厳格にとらえれば，私学助成制度における微温的・名目的な監督（報告を徴し，勧告を行うこと）は公の支配とはいえず，私立学校の事業に助成を行うことは違憲であると解しえなくもないが，私立学校は国民の教育を受ける権利（26条1項）の実現に不可欠のものであるから，これを違憲とするのは現実的ではない。そこで，公費濫用防止説に立ち，公の支配について濫用を防ぎうるだけの監督で足りると緩やかに解すれば，私立学校の事業は公の支配に属するものであり，89条後段に違反しないと解される。

なお，本件は幼児教室への町の助成が89条後段に違反するかが争われた事例であるが，この教室は学校法人が設置するものではないので，これに対する町の助成も，私学助成そのものではない。

(3) 地方自治の本旨と地方公共団体の意義

憲法92条は，「地方公共団体の組織及び運営に関する事項は，地方自治の本旨に基いて，法律でこれを定める」として，地方自治制度について憲法上の保障を与えている。

法律によっても侵しえない制度の本質とは，92条にいう「地方自治の本旨」のことである。地方自治の本旨とは，地方自治が，住民の意思に基づいて行われるという民主主義的要素（住民自治）と，国から独立した団体に委ねられ，団体自らの意思と責任の下でなされるという自由主義的要素（団体自治）という2つの要素からなる。具体的には，住民自治は，地方公共団体の長や議会の議員等が住民によって直接選挙されること（93条2項）に，団体自治は，地方公共団体に議事機関として議会が設けられること（93条1項）や，財産管理権，事務処理権，行政執行権及び条例制定権が付与されていること（94条）に，それぞれあらわれている。

なお，憲法上の「地方公共団体」とは，判例によれば，地方自治法1条の3に定めるすべての地方公共団体を指すのではなく，「事実上，住民が経済的文化的に密接な共同生活を営み，共同体意識をもっているという社会的基盤が存在し，沿革的にみても，また現実の行政の上においても，相当程度の自主立法権，

自主行政権，自主財政権等地方自治の基本的権能を附与された地域団体」をいう（区長公選制廃止違憲訴訟最高裁判決（最大判昭和38年3月27日刑集17巻2号121頁））。

　また，地方公共団体に関して，広域的な地方公共団体である都道府県と基礎的な地方公共団体である市町村との間には，上下関係・主従関係は存在せず，基本的には対等なものとされる。

(4)　条例制定権の意義・範囲と限界（憲法上の法律留保事項と条例）

　本件では，幼児教室に対して町が土地・建物等を無償で使用させていることが町の条例（財産の交換，贈与，無償貸付等に関する条例）に違反するか否かも争われていたが，第1審では，本件幼児教室が公共的団体であることを理由に町の行為が条例違反ではないと判断している（控訴審以降も，この判断は維持されている）。

　憲法94条は，「地方公共団体は，その財産を管理し，事務を処理し，及び行政を執行する権能を有し，法律の範囲内で条例を制定することができる」と規定する[127]。条例とは，地方公共団体がその自治権に基づいて制定する自主法である。地方公共団体の自主法であるから，地方公共団体の事務に関する事項しか規定できない（したがって，司法，刑罰，外交，国防などの国の専属的事務については，規定できない）が，その範囲内であれば，国の法令とは無関係に独自に規定を設けることができる。条例は，地方公共団体の議会が制定し，当該地方公共団体内部でのみ効力がある。青少年保護育成条例，迷惑防止条例，公安条例，地方税条例，情報公開条例などが条例の典型であるが，地域の独自性を発揮するべく，個性的な条例を制定する地方公共団体もある。

　ところで，憲法が法律で定めることを条文上求めている事項について，条例で規制することができるか否かについて，次の3点で議論がある。

　第一に，憲法29条2項は財産権の内容について法律で定めると規定しているが，条例で財産権の内容を規制できるか。この点，条例が住民の代表機関である議会の議決によって成立する民主的立法であり，実質的には法律に準ずる

ものであるから，認められると解される。

　第二に，憲法31条は，法律の定める手続によらなければ刑罰は科されないとしているが，条例にその違反に対する制裁として罰則を定めることはできるか。この点，財産権の保障と同様の理由から，認められると解される（地方自治法14条3項参照）。

　第三に，租税の新設・改廃は，憲法上，法律または法律の定める条件によるとされている（84条）が，条例によって地方税の賦課徴収が許されるか。この点，地方公共団体は，そもそも自治権の1つとして課税権を有しており，84条の「法律」には条例も含まれるので，認められると解される（地方税法3条1項参照）。

(5)　法令と条例との関係（条例制定権の限界）

　条例は，憲法上，法律の範囲内で制定できるものとされており（94条），さらに，地方自治法14条1項によれば，その効力は政令などの命令にも劣る。つまり，法令に違反した内容の条例は制定されてはならない。

　かつては，国がひとたび法律で規定した事項については，重ねて条例を制定したり，法律の規制と異なる内容の規制を条例が定めることは，法律の先占領域を侵害することになり認められないとする法律先占論が支配的であったが，公害問題の発生など社会状況の変化を背景に，今日では，先占論は支持を失った。

　最高裁判所は，徳島市公安条例事件判決（最大判昭和50年9月10日刑集29巻8号489頁）において，地方公共団体の条例が国の法令に違反するかどうかは，それぞれの趣旨・目的・内容・効果を比較し，両者に矛盾・抵触があるかどうかによって決まると判示した。通説も，判例と同じ立場を採る。具体的な判断枠組みは，次のように整理することができる。

(1) 法令による規制がない事項については，法令による規制の不存在がいかなる規制も認めないという意味でなければ，条例によって規制できる。

(2) 法令による規制がある事項についても，(a) 法令による規制と異なる目的

であれば，条例の規制によって法令の規制の目的と効果が阻害されない限り，条例によって規制できる。（b）法令と同じ目的であれば，法令が全国的に一律に同一内容の規制を施すという意味でなければ，条例によって規制できる。なお，法令の規制基準が規制の限度を定める趣旨ではなく，規制の目安を定める趣旨であるならば，いわゆる上乗せ条例（法令による規制がある事項について，法令と同一の目的で，法令の定める規制基準より厳しい基準を定める条例）を制定できる。

　なお，公害関係の法律などでは，特に，明文で上乗せ条例や横出し条例（法令の規制範囲外の事項を法令と同一の目的で規制する条例）を許容するものがある（例えば，大気汚染防止法4条1項，32条，水質汚濁防止法3条3項，29条，騒音規制法4条2項，27条1項，2項）。

注

(1) 自衛権とは，国際法上，外国からの急迫または現実の不正な侵害に対して，国家が自国を防衛するためにやむを得ずに行う一定の実力行使の権利をいう。これは，個別的自衛権と集団的自衛権とに分けられる（国際連合憲章 51 条参照）。政府見解によれば，前者は，自国に対する武力攻撃を実力をもって阻止する権利をいう。また，後者は，自国と密接な関係にある外国に対する武力攻撃を，自国が直接攻撃されていないにもかかわらず，実力をもって阻止する権利をいう。政府は，従来，集団的自衛権の行使は憲法上許されないとの見解を示してきたが，2014（平成 26）年 7 月 1 日の閣議決定において，憲法解釈を一部変更し，集団的自衛権の行使を限定的に可能とする新たな武力行使の要件を定めた。すなわち，新たな政府見解によれば，「我が国に対する武力攻撃が発生した場合のみならず，我が国と密接な関係にある他国に対する武力攻撃が発生し，これにより我が国の存立が脅かされ，国民の生命，自由及び幸福追求の権利が根底から覆される明白な危険がある場合において，これを排除し，我が国の存立を全うし，国民を守るために他に適当な手段がないときに，必要最小限度の実力を行使すること」は，憲法上許容されるという。

(2) 政治上の主義または施策・思想的信条を推進し，支持し，または反対する目的をもってする暴力行為を防止するための必要な規制措置を定めるとともに，これらの行為に対する刑罰規定を補整するために，自由民主党と民主社会党との共同提案により，1961（昭和 36）年 5 月に提出された法律案である。同法案は，衆議院で可決されたが，労働組合などによって苛烈な反対運動が行われ，その後，参議院で廃案となった。同法案が提出された背景には，日本社会党の浅沼稲次郎委員長の刺殺事件や，日米安全保障条約の改定に反対する勢力が国会に侵入した事件などがあった。

(3) 日本共産党の指導下にある学生等の政治活動等を行う団体である。

(4) この事件の概要は次のとおりである。1998（平成 10）年の公職選挙法の改正により，2000（平成 12）年 5 月以降，外国に長期間滞在する日本国民であっても，在外選挙人名簿に登録された者は，わが国の選挙で投票できるようになったが，当分の間は，衆議院・参議院の比例代表選挙に限定されていたため，衆議院の小選挙区選挙と参議院の選挙区選挙では，投票できなかった。そこで，外国在住の日本国民らが，これらの選挙でも選挙権を行使する権利を有することの確認と，法改正後に執行された衆議院議員総選挙で投票できなかったことにつき立法不作為による国家賠償を請求した。

　　最高裁判所は，国民の選挙権またはその行使を制限することは原則として許されず，また，制限するには，そのような制限なしには選挙の公正を確保しつつ選挙権の行使を認めることが事実上不能ないし著しく困難と認められる場合など，やむを得ないと認められる事由がなければならないと判示し，原告らの請求を認めた。なお，2006（平成 18）年に公職選挙法が改正され，2007（平成 19）年 6 月以降，比例代表選挙以外の選挙

についても，在外投票が認められるようになった。

(5) 例えば，大学生が地方公共団体の議会の議員を兼ねたり，国会議員が大学院の学生を兼ねたりすることが考えられる。ただし，各学校が学則でどのような規定を設けるかについては，各学校の学則制定権の問題である。

なお，公職選挙法89条は，公務員（一部を除く）は在職中公職の候補者となることはできないと定めており，同法90条は，公務員が立候補の届出をした場合には，辞職したものとみなされると規定している。したがって，公務員たる教員が立候補をした場合には，届出の時点で辞職したものとみなされるが，公務員の身分を有しない教員が立候補をした場合には，各学校の規定によることになる。いずれの場合も，同法137条の適用があり，教育者が，学校の児童・生徒・学生に対する教育上の地位を利用して選挙運動をすることはできない（その違反に対しては，同法239条が罰則を定める）。その具体的内容については，文部科学省初等中等教育局長通知「教職員等の選挙運動の禁止等について」（平成15年1月27日，14文科初第1047号）。

(6) 1945（昭和20）年以降，わが国では満20歳以上の国民に選挙権が認められていたが，2015（平成27）年に公職選挙法が改正され，2016（平成28）年6月以降，選挙権年齢は満18歳に引き下げられた。

(7) 総務省に設置された常時啓発事業のあり方等研究会は，2011（平成23）年12月の最終報告書で，シテイズンシップ教育について，「社会の構成員としての市民が備えるべき市民性を育成するために行われる教育」，ないし「集団への所属意識，権利の享受や責任・義務の履行，公的な事柄への関心や関与などを開発し，社会参加に必要な知識，技能，価値観を習得させる教育」と説明したうえで，その中心をなすものが「市民と政治との関わり」であり，主権者教育であるとした。その後，総務省は，「国や社会の問題を自分の問題として捉え，自ら考え，自ら判断し，行動していく主権者を育成していくこと」を主権者教育と定義している（「主権者教育の推進に関する有識者会議とりまとめ」（2017（平成29）年3月））。一方，文部科学省は，「主権者教育の推進に関する検討チーム最終まとめ」（2016（平成28）年6月）において，主権者教育の目的を，「単に政治の仕組みについて必要な知識を習得させるにとどまらず，主権者として社会の中で自立し，他者と連携・協働しながら，社会を生き抜く力や地域の課題解決を社会の構成員の一人として主体的に担うことができる力を身に付けさせること」と位置づけている。

(8) 義務教育諸学校における教育の政治的中立の確保に関する臨時措置法3条は，「何人も，教育を利用し，特定の政党その他の政治的団体……の政治的勢力の伸長又は減退に資する目的をもって，学校教育法に規定する学校の職員を主たる構成員とする団体……の組織又は活動を利用し，義務教育諸学校に勤務する教育職員に対し，これらの者が，義務教育諸学校の児童又は生徒に対して，特定の政党等を支持させ，又はこれに反対さ

せる教育を行うことを教唆し，又はせん動してはならない」と規定している。なお，教育公務員特例法18条は，教育を通じて国民全体に奉仕するという教育公務員の職務と責任の特殊性に鑑み，地方公務員たる教育公務員の政治的行為の制限を国家公務員と同等とすることを定めている。選挙運動に関して，公職選挙法137条は，教育者（学校教育法に規定する学校の教員等）は「学校の児童，生徒及び学生に対する教育上の地位を利用して選挙運動をすることができない」と規定している。文部科学省初等中等教育局長通知「高等学校等における政治的教養の教育と高等学校等の生徒による政治的活動等について」（平成27年10月29日，27文科初第933号）は，政治的教養の教育に関して，個人的な主義主張を述べることは避け，公正かつ中立な立場で生徒を指導すること，特定の事柄を強調しすぎたり，一面的な見解を十分な配慮なく取り上げたりするなど，特定の見方や考え方に偏った取扱いにより，生徒が主体的に考え，判断することを妨げることのないよう留意すること，多様な見解があることを生徒に理解させることなどにより，指導が全体として特定の政治上の主義・施策または特定の政党や政治の団体等を支持したり反対したりすることとならないよう留意すること，その言動が生徒の人格形成に与える影響が極めて大きいことに留意し，学校の内外を問わずその地位を利用して特定の政治的立場に立って生徒に接することのないよう，また不用意に地位を利用した結果とならないようにすることなどを，教員に対して要請している。

(9) なお，高等学校等の生徒の政治的活動に関して，文部科学省初等中等教育局長通知「高等学校等における政治的教養の教育と高等学校等の生徒による政治的活動等について」（前掲注(8)）は，「生徒が，国家・社会の形成に主体的に参画していくことがより一層期待される」一方で，(1) 学校は，教育基本法14条2項に基づき，政治的中立性を確保することが求められていること，(2) 高校は，学校教育法50条，51条等に定める目的・目標等を達成するべく生徒を教育する公的な施設であること，(3) 校長は，各学校の設置目的を達成するために必要な事項について，必要かつ合理的な範囲内で，在学する生徒を規律する包括的な権能を有するとされていることなどにかんがみると，「高等学校等の生徒による政治的活動等は，無制限に認められるものではなく，必要かつ合理的な範囲内で制約を受けるものと解される」としている。具体的には，高校は，(1) 生徒が教育活動の場（教科・科目等の授業のみならず，生徒会活動，部活動等の授業以外の教育活動を含む）を利用して選挙運動や政治的活動を行うことを禁止することが必要であり，(2) 学校の構内での選挙運動や政治的活動については，放課後や休日等であっても，学校施設の物的管理の上での支障，他の生徒の日常の学習活動等への支障，その他学校の政治的中立性の確保等の観点から教育を円滑に実施するうえでの支障が生じないよう，制限または禁止することが必要であり，そして，(3) 放課後や休日等に学校の構外で行われる生徒の選挙運動や政治活動については，違法なもの，暴力的なもの，そのような政治的活動等になるおそれが高いものと認められる場合には，制限ま

たは禁止することが必要である。また，生徒が政治活動等に熱中するあまり，学業や生活などに支障があると認められる場合，他の生徒の学業や生活などに支障があると認められる場合，または生徒間における政治的対立が生じるなどして学校教育の円滑な実施に支障があると認められる場合には，必要かつ合理的な範囲内で制限または禁止すること（例えば，校長に制定権限のある校則によって，生徒の政治活動を届出制とすること）を含め，適切に指導を行うことが求められる。

(10) この事件の概要は，次のとおりである。被告会社（八幡製鉄株式会社，現在の日本製鉄株式会社）が，1960（昭和35）年3月，自由民主党に対して350万円の政治資金を寄附した。被告会社の株主である原告は，この行為が，被告会社の定款の規定する所定事業目的（「鉄鋼の製造及び販売並びにこれに附帯する事業を営むことを目的とする」）の範囲外の行為であり，改正前の商法266条1項5号（現在の会社法423条1項に相当する規定）の「法令又ハ定款ニ違反スル行為」に該当し，取締役の忠実義務に違反する行為（改正前の商法254条ノ2，現 会社法355条）であると主張し，会社の取締役らに対し，会社に代位して損害賠償責任を追及する訴え（改正前の商法267条，現 会社法847条）を提起した。

　　最高裁判所は，(1) 会社は，一定の営利事業を営むことを本来の目的とする一方，他面，社会の構成単位として，社会通念上期待し要請されることを行いうる，(2) 憲法は，政党の存在を当然に予定しているものであり，議会制民主主義を支える不可欠の要素である政党の健全な発展に協力することも，社会的実在としての会社に当然に期待されていることであるから，会社には政治資金の寄附を行う能力がないとはいえない，(3) 参政権は自然人である国民のみに認められるものであるが，会社は納税者の立場から国や地方公共団体の施策に対して意見を表明するなどの行動ができる，(4) 憲法上の国民の権利・義務は，可能な限り内国法人にも適用されるべきであるから，会社は，国民と同様に，国や政党の特定の政策を支持，推進しまたは反対するなどの政治的行為を行う自由を有する，(5) 政治資金の寄附もその自由の一環であり，政治の動向に影響を与えることがあったとしても，これを自然人たる国民による寄附と別異に扱うべき憲法上の要請があるものではないと判示した（原告の請求を認めなかった）。

(11) この事件の概要は，次のとおりである。アメリカ合衆国の国籍を有する原告は，1969（昭和44）年5月，在留期間を1年とする上陸許可を得て入国したが，入国後，無届で職場を変えたり，ベトナム戦争へのアメリカの介入反対，出入国管理法案反対，日米安全保障条約反対などを目的とする外国人ベ平連に所属し，デモや集会に参加したりするなどした。翌年，原告が1年間の在留期間の更新を申請したところ，法務大臣が許可しなかったので，原告は，この不許可処分の取消しを求めた。

　　最高裁判所は，(1) 憲法上，外国人に入国の自由は保障されていないことはもちろん，在留の権利も保障されていないとしたうえで，(2) 日本国憲法第3章の規定による

人権保障は，権利の性質上国民のみを対象とするものを除き，外国人にも保障されるが，政治活動の自由については，わが国の政治的意思決定またはその実施に影響を及ぼさない範囲でのみ保障されるにすぎないと判示した（原告の請求を棄却した）。

(12) ただし，財政事情等の支障がなければ，政策的に法律によって外国人にも保障を及ぼすことができる。実際，わが国では，外国人に対して手厚い社会保障給付がなされているが，これは憲法上の要請ではない（給付を打ち切ったとしても，当然に違憲となるわけではない）。社会保障給付に関して外国人をどのように処遇するかは，国の政治的判断に委ねられており，国家が国民を外国人よりも優先的に扱うことも許される（塩見訴訟最高裁判決（最判平成元年3月2日判時1363号68頁））。

(13) 在日韓国人が，地方公共団体における選挙権を有すると主張し選挙管理委員会に対して選挙人名簿に登録するよう求め，それが却下されたため，その却下処分の取消しを求めた訴訟において，最高裁判所は，「国民主権の原理及びこれに基づく憲法一五条一項の規定の趣旨に鑑み，地方公共団体が我が国の統治機構の不可欠の要素を成すものであることをも併せ考えると，憲法九三条二項にいう「住民」とは，地方公共団体の区域内に住所を有する日本国民を意味するものと解するのが相当であり」，93条2項の規定が「我が国に在留する外国人に対して，地方公共団体の長，その議会の議員等の選挙の権利を保障したものということはできない」と判示した（原告の請求を認めなかった）。

　なお，この最高裁判決は，次のようにも述べている。「憲法九三条二項は，我が国に在留する外国人に対して地方公共団体における選挙の権利を保障したものとはいえないが，憲法第八章の地方自治に関する規定は，民主主義社会における地方自治の重要性に鑑み，住民の日常生活に密接な関連を有する公共的事務は，その地方の住民の意思に基づきその区域の地方公共団体が処理するという政治形態を憲法上の制度として保障しようとする趣旨に出たものと解されるから，我が国に在留する外国人のうちでも永住者等であってその居住する区域の地方公共団体と特段に緊密な関係を持つに至ったと認められるものについて，その意思を日常生活に密接な関連を有する地方公共団体の公共的事務の処理に反映させるべく，法律をもって，地方公共団体の長，その議会の議員等に対する選挙権を付与する措置を講ずることは，憲法上禁止されているものではないと解するのが相当である。しかしながら，右のような措置を講ずるか否かは，専ら国の立法政策にかかわる事柄であって，このような措置を講じないからといって違憲の問題を生ずるものではない」。

(14) 実務上，公権力の行使または国家意思の形成への参画に携わる公務員となるためには，日本国籍を有することが必要とされており（公務員に関する当然の法理），実際には，国家公務員の採用試験には国籍条項があるため，外国人は試験を受験することができず（したがって，外国人は国家公務員にはなれない），また，地方公共団体でも，採用試験に国籍条項を課しているところがある。ただし，受験資格段階では国籍条項を設

けない地方公共団体も少なくない。

(15) 東京都の保健婦である在日韓国人（特別永住者）が，管理職選考（課長級の職への昇任のために必要となる試験）の受験を拒否されたことを理由に，都に対して損害賠償を請求した事件で，最高裁判所は，地方公務員のうち，公権力行使等地方公務員（住民の権利義務を直接形成し，その範囲を確定するなどの公権力の行使にあたる行為を行ったり，地方公共団体の重要な施策に関する決定を行ったり，これらに参画することを職務とする地方公務員）は，国民に限られると判示した（原告の請求を認めなかった）。

(16) 公務員は，国家公務員（国の各機関の職員，特定独立行政法人の役職員）と地方公務員（地方公共団体の職員，特定地方独立行政法人の役職員）とに大別される。さらに，それぞれ一般職と特別職とに分かれる。特別職国家公務員は，国会議員，内閣総理大臣，国務大臣，副大臣，大臣政務官，国会職員，裁判官その他裁判所の職員，大使・公使，防衛省職員（自衛官を含む）などであり，一般職国家公務員は，特別職以外の国家公務員である（国家公務員法2条）。特別職地方公務員は，都道府県知事，副知事，市町村長，副市町村長，都道府県・市町村の議会の議員などであり，一般職地方公務員は，特別職以外の地方公務員である（地方公務員法3条）。特別職公務員は，選挙によって選ばれるもの，任命権者の裁量によって政治的に任命されるもの，権力分立の観点から内閣の監督に服すべきではないもの，職務の性質上特別な取扱いが適当なものなどであり，服務に関しては，原則として国家公務員法・地方公務員法の適用を受けない。

(17) 1961（昭和36）年度の全国中学校一斉学力調査とは，全国の国公私立中学校のすべての2，3年生（約447万人）を対象にして同年10月に行われた学力調査（国語，社会，数学，理科，英語の5教科につき，各50分）である。この学力調査の目的は，文部省・教育委員会においては，(1) 教育課程に関する諸施策の樹立・学習指導の改善に役立たせる資料とすること，(2) 学習の改善に役立つ教育条件を整備する資料とすること，(3) 育英や特殊教育施設などの拡充強化に役立てるなど，今後の教育施策を行うための資料とすること，中学校においては，自校の学習の到達度を全国的な水準との比較においてみることにより，その長短を知り，生徒の学習の指導とその向上に役立たせる資料とすることなどであった。このような全国的な学力調査は，1956（昭和31）年から66（昭和41）年まで実施され，小学校については，56-61年は5％の抽出調査，62-66年は20％の抽出調査，中学校については，56-60年は5％の抽出調査，61-64年は100％の悉皆調査，65，66年は20％の抽出調査，高校については，56-62年に10％の抽出調査として行われた。当時，この学力調査をめぐっては，日本教職員組合（日教組）が組織的な反対運動を全国的に展開していた。特に，1961年の中学校の5教科・悉皆調査の実施が発表されると，反対運動が激化し，暴力行為を伴うような過激な反対運動が展開され，多数の逮捕者が出るにいたった。学力調査をめぐっては，本件以外に，高知佐喜浜小学校事件（公文書毀棄），福岡南原小学校事件（建造物侵入，公務執行妨害），大阪淀

川高校事件（公務執行妨害），熊本荒尾第三中学校事件（公務執行妨害），山形西郷中学校事件（公務執行妨害），北海道永山中学校事件（建造物侵入，公務執行妨害），大阪茨木市教育委員会事件（公務執行妨害），高知佐川中学校事件（不退去），高知野根小学校事件（建造物侵入，公文書毀棄）などといった刑事事件がある（このうち，北海道永山中学校事件が本書 130 頁で取り上げる旭川学力テスト事件である）。学力調査の実施の適法性をめぐっては，下級裁判所で適法・違法で判断が分かれていたが，最高裁判所は，旭川学力テスト事件判決で，適法であると判示した。

　なお，近年，児童・生徒の学力状況の把握・分析と，これに基づく指導方法の改善・向上を図るため，全国的な学力調査の実施が求められるようになり，自由民主党・公明党の連立政権下で，全国の小学校 6 年生と中学校 3 年生を対象とする悉皆的な学力調査が，2007（平成 19）年，「全国学力・学習状況調査」として再開されるようになった。民主党を中心とした政権になって以降は，同党の有力な支持組織の 1 つである日教組が全国的な悉皆調査に反対していたため，また，調査費用の削減などを理由に，2010（平成 22）年には，抽出調査方式に変更された。しかしながら，学校や児童・生徒の多くが調査への参加を希望していたため，抽出されなかった学校でも自主的に調査が実施できるとされた（その結果，2012（平成 24）年度では，対象学校の約 8 割でこの調査が実施されている）。2013（平成 25）年度には，再び悉皆調査となった。

(18)　人事院規則 14-7 第 5 項及び第 6 項は，次のように規定している。

　（政治的目的の定義）

5　法及び規則中政治的目的とは，次に掲げるものをいう。政治的目的をもつてなされる行為であつても，第六項に定める政治的行為に含まれない限り，法第百二条第一項の規定に違反するものではない。

　　一　規則一四-五に定める公選による公職の選挙において，特定の候補者を支持し又はこれに反対すること。

　　二　最高裁判所の裁判官の任命に関する国民審査に際し，特定の裁判官を支持し又はこれに反対すること。

　　三　特定の政党その他の政治的団体を支持し又はこれに反対すること。

　　四　特定の内閣を支持し又はこれに反対すること。

　　五　政治の方向に影響を与える意図で特定の政策を主張し又はこれに反対すること。

　　六　国の機関又は公の機関において決定した政策（法令，規則又は条例に包含されたものを含む。）の実施を妨害すること。

　　七　地方自治法……に基く地方公共団体の条例の制定若しくは改廃又は事務監査の請求に関する署名を成立させ又は成立させないこと。

　　八　地方自治法に基く地方公共団体の議会の解散又は法律に基く公務員の解職の請求に関する署名を成立させ若しくは成立させず又はこれらの請求に基く解散若しくは

解職に賛成し若しくは反対すること。

（政治的行為の定義）

6　法第百二条第一項の規定する政治的行為とは，次に掲げるものをいう。

一　政治的目的のために職名，職権又はその他の公私の影響力を利用すること。

二　政治的目的のために寄附金その他の利益を提供し又は提供せずその他政治的目的
　をもつなんらかの行為をなし又はなさないことに対する代償又は報復として，任
　用，職務，給与その他職員の地位に関してなんらかの利益を得若しくは得ようと企
　て又は得させようとすることあるいは不利益を与え，与えようと企て又は与えよう
　とおびやかすこと。

三　政治的目的をもつて，賦課金，寄附金，会費又はその他の金品を求め若しくは受
　領し又はなんらの方法をもつてするを問わずこれらの行為に関与すること。

四　政治的目的をもつて，前号に定める金品を国家公務員に与え又は支払うこと。

五　政党その他の政治的団体の結成を企画し，結成に参与し若しくはこれらの行為を
　援助し又はそれらの団体の役員，政治的顧問その他これらと同様な役割をもつ構成
　員となること。

六　特定の政党その他の政治的団体の構成員となるように又はならないように勧誘運
　動をすること。

七　政党その他の政治的団体の機関紙たる新聞その他の刊行物を発行し，編集し，配
　布し又はこれらの行為を援助すること。

八　政治的目的をもつて，第五項第一号に定める選挙，同項第二号に定める国民審査
　の投票又は同項第八号に定める解散若しくは解職の投票において，投票するように
　又はしないように勧誘運動をすること。

九　政治的目的のために署名運動を企画し，主宰し又は指導しその他これに積極的に
　参与すること。

十　政治的目的をもつて，多数の人の行進その他の示威運動を企画し，組織し若しく
　は指導し又はこれらの行為を援助すること。

十一　集会その他多数の人に接し得る場所で又は拡声器，ラジオその他の手段を利用
　して，公に政治的目的を有する意見を述べること。

十二　政治的目的を有する文書又は図画を国又は特定独立行政法人の庁舎……，施設
　等に掲示し又は掲示させその他政治的目的のために国又は特定独立行政法人の庁
　舎，施設，資材又は資金を利用し又は利用させること。

十三　政治的目的を有する署名又は無署名の文書，図画，音盤又は形象を発行し，回
　覧に供し，掲示し若しくは配布し又は多数の人に対して朗読し若しくは聴取させ，
　あるいはこれらの用に供するために著作し又は編集すること。

十四　政治的目的を有する演劇を演出し若しくは主宰し又はこれらの行為を援助すること。

十五　政治的目的をもつて，政治上の主義主張又は政党その他の政治的団体の表示に
用いられる旗，腕章，記章，えり章，服飾その他これらに類するものを製作し又は
配布すること。

十六　政治的目的をもつて，勤務時間中において，前号に掲げるものを着用し又は表
示すること。

十七　なんらの名義又は形式をもつてするを問わず，前各号の禁止又は制限を免れる
行為をすること。

(19) 現在，日本郵政グループの各会社によって行われている郵政三事業（郵便・郵便貯
金・簡易保険）は，かつては，郵政省という国の行政機関によって行われていた（郵政
省は，2001（平成13）年1月，中央省庁の再編に伴い総務省となり，その後，郵政三事
業は，2003（平成15）年4月から2007（平成19）年9月までは，日本郵政公社という
国営公社によって行われていた）。その当時の郵便局の職員は，基本的には，すべて国
家公務員であった。

(20) 堀越事件最高裁判決は，猿払事件の提示した判断枠組み（規制目的の正当性，目的
との合理的関連性，得られる利益と失われる利益との均衡）を踏襲していないが，その
行為の態様からみて公務員が特定の政党の候補者を積極的に支援する行為であることが
一般人に容易に認識されえた猿払事件とは事案が異なるため，猿払事件判決とは矛盾し
ないと述べている。

(21) 1980年代当時，暴走族の反社会的な活動が社会問題化していた。1982（昭和57）年
8月，全国高等学校PTA連合会は，全国大会において，バイク免許を取らない・乗らな
い・買わないといういわゆる「三ない運動」の推進を決議した。このような時代背景に
おいて，この三ない原則は，父母からの要望などもあり，全国の多くの高校で校則など
によって実施されていた（なお，当時の千葉県下の85％の公立高校が，バイク免許の取
得禁止などの規制を行っていた）。

(22) 刑事施設被収容者の喫煙の自由が争われた事件の判決において，最高裁判所は，「喫
煙の自由は，憲法一三条の保障する基本的人権の一に含まれるとしても」と述べたうえ
で，あらゆる時や場所において保障されなければならないものではないとして，拘禁目
的と，制限される人権の内容や制限の必要性などの関係を総合して考察すると，刑事施
設内での喫煙の禁止は，必要かつ合理的な規制であり，13条には違反しないと判示した
（最大判昭和45年9月16日民集24巻10号1410頁）。この引用箇所は，喫煙の自由を
13条によって認める趣旨にも読めなくはないが，一般的には，保障されることを仮定し
たにとどまると解すべきであるとされる。また，名誉やプライバシーの権利を法的権利
として認める判決は少なくないが，最高裁判所が（民法上保障されるべき権利や，刑法
上保護されるべき法益としてでなく）憲法上保障されるべき人権として明言した判決は
ない。

(23) 文部科学省初等中等教育局長通知「問題行動を起こす児童生徒に対する指導について（通知）」（平成 19 年 2 月 5 日，18 文科初第 1019 号）の別紙「学校教育法第 11 条に規定する児童生徒の懲戒・体罰に関する考え方」。教員等が児童等に対して行った懲戒の行為が体罰にあたるかどうかは，当該児童等の年齢・健康・心身の発達状況，当該行為が行われた場所的・時間的環境，懲戒の態様等の諸条件を総合的に考え，個々の事案ごとに判断する必要がある。

(24) X は，その後，東京都立新宿高校（定時制）に入学した（本件調査書は，X の父の要求により書き直された）が，すぐに中退し，フリーライターなどさまざまな職業に就いたり，日本中を放浪するなどしていた。その後，市民運動に積極的に参加するようになり，社会民主党所属の衆議院議員を経て，現在は，東京都の特別区の区長を務めている。

(25) 調査書は，中学校長から志望する高等学校の校長へ送付され（学校教育法施行規則 78 条），高校の入学者選抜の資料として用いられる（同規則 90 条 1 項）。書式は，都道府県ごとに異なるが，基本的には，生徒の学習評価，行動・性格の評価，生徒の人格を総合的に評価する所見などから構成される。

(26) 全共闘とは，全学共闘会議の略称で，1960 年代後半ごろ，全国で展開していた大学紛争の際に，各大学につくられた学生運動のための組織の連合体である。当初は，各大学の学生が，大学側にさまざまな要求を掲げて集会やデモ行進などを行うための団体であった。しかし，次第に，大学を超えた活動になり，多くの学生が運動から撤退する一方で，左翼的な政治団体と密接な関連をもつ一部の学生が中心となって，大学の施設を占領し（東京大学の安田講堂が学生によって占拠された事件が有名である），正常な大学運営を困難にさせたり，街中で投石や火炎びん投げなどをし，制圧しようとする警察官や一般市民を巻き込んだ傷害事件を引き起こすなど，過激な活動へと展開していった。学生運動は，主として大学生によって行われていたが，若年労働者，高校生や大学院生の一部が参加することもあった。

(27) マルクス・レーニン派のことである。

(28) 本件では，Y_1 は，市町村立学校職員給与負担法 1 条に基づき，区立中学校である本件中学校の校長や教諭の給料その他の費用を負担している地方公共団体として，また，Y_2 は，本件中学校を設置・管理し，これに関する教育事務を行う地方公共団体として，Y_2 の職員である校長と教諭の行為についての責任を負うものとして，被告とされた。

(29) 本判決は，生徒の表現の自由について，未決拘禁者の新聞購読の自由に関するよど号ハイジャック記事事件最高裁判決（最大判昭和 58 年 6 月 22 日民集 37 巻 5 号 793 頁）を引用して，相当の蓋然性の基準を適用して，その制限を認めた。これに対して，表現の自由に対する規制の違憲審査基準としては，相当の蓋然性の基準ではなく，より厳しい高度の蓋然性の基準や明白かつ現在の危険の基準を適用し，当該表現行為が教育環境や生徒の学習効果に対して具体的にどのような弊害を与えたのかを実質的に審査すべき

であったという批判がある。

(30) この事件の概要は次のとおりである。被告は，1952（昭和 27）年 10 月に行われた衆議院議員総選挙に日本共産党の公認を得て立候補したが，その選挙運動に際し，ラジオの政見放送や新聞を通じて，対立候補者について虚偽の事実を発表し名誉を毀損した。そこで，その対立候補者（原告）は，名誉回復のために被告に対して謝罪文の放送及び掲載を求める訴訟を提起した。第 1 審（徳島地判昭和 28 年 6 月 24 日民集 10 巻 7 号 809頁）は，原告の請求が正当であるとし，被告に対して「……放送及び記事は真実に相違して居り，貴下の名誉を傷け御迷惑をおかけいたしました。ここに陳謝の意を表します」という文面の謝罪広告を被告の名で新聞紙上に掲載することを命じた。これに対して，被告は，たとえ自分の行為が不法行為に該当するとしても，被告の「全然意図しない言説を上告人の名前で新聞に掲載」させることは，被告の良心の自由を侵害するもので日本国憲法 19 条に違反すると主張した。

　　最高裁判所は，「単に事態の真相を告白し陳謝の意を表明するに止まる程度のもの」であれば，名誉毀損に対する救済手段として謝罪広告の掲載を命じることは，19 条に違反しないと判示した（被告の主張をしりぞけ，原告の請求を認めた）。

(31) 外部に対する学籍の証明の原簿であり，かつ，児童・生徒の学籍，指導の過程・結果の要約を各学年を通じて記載し，成長過程にある児童・生徒の学習・生活を総合的に把握し，継続的に適切な指導・教育を行うための基礎資料であり，各校長が作成しなければならないとされている（学校教育法施行規則 24 条）。

(32) 東京都大田区指導要録開示請求訴訟の最高裁判決が示されるまでは，調査書や指導要録の開示をめぐっては，下級裁判所の判断は分かれていた。小学校の指導要録の一部不開示処分をめぐって争われた東久留米市指導要録開示請求訴訟では，東京高等裁判所は，(1) 児童の自尊心・意欲・向上心を損なう可能性があること，(2) 本人や親の学校・教師への反発・誤解を生み，両者の信頼関係を損なう可能性があること，(3) 教師がマイナス評価を記載しないことにより，指導要録が形骸化・空洞化するおそれがあることを理由に，一部不開示を妥当であると判示した第 1 審判決（東京地判平成 6 年 1 月31 日判時 1523 号 58 頁）を支持した（東京高判平成 6 年 10 月 13 日，確定）。また，中学校の調査書の不開示処分をめぐって争われた高槻市内申書開示請求訴訟でも，(1) 所見欄のような主観的評価の開示は，教師への不信感や遺恨を招き，教師と生徒の信頼関係を損なうおそれがあり，(2) 開示が前提となると，記載が形骸化し，入学者選抜の資料としての客観性・公正さがなくなってしまうことを理由に，不開示を妥当であると判示した（大阪地判平成 6 年 12 月 20 日判時 1534 号 3 頁）。なお，この訴訟の控訴審判決は，調査書がすでに被告である市教育委員会にないことから，訴えの利益がないとした（大阪高判平成 8 年 9 月 27 日，確定）。その一方で，小・中学校の指導要録の一部不開示処分と調査書の全部開示処分をめぐって争われた西宮市指導要録・内申書開示請求訴

訟では，大阪高等裁判所は，教育上の評価は，本人や保護者からの批判に耐えうる適正なものでなければならないとしたうえで，指導要録や調査書の全面開示を命じて，耳目を集めた（大阪高判平成11年11月25日，確定）。大阪高等裁判所は，所見欄にマイナス評価が記載されるのであれば，日ごろから本人や保護者に対しても同趣旨のことが伝えられ，指導されなければならないはずであり，日ごろの注意や指導等もなく，マイナス評価が調査書や指導要録のみに記載されるのであれば，むしろ，そのこと自体が問題であると述べた。また，同判決は，開示によるトラブルを避けるために，適切な表現を心がけ，日ごろから信頼関係を築くなどして対処することが教師の職責であるとした。

(33) これに対して，国旗・国歌を尊重すべきとする勢力からは，国旗に関しては，1870（明治3）年に制定された商船規則（明治3年太政官布告第57号，国旗及び国歌に関する法律により廃止）をあげ，法的根拠がないとはいえないと反論する。政府も，日の丸が国旗であることの法的根拠として，商船規則の規定をあげていた。

(34) これに対する政府見解は，「日本国憲法下においては，国歌君が代の「君」は，日本国及び日本国民統合の象徴であり，その地位が主権の存する日本国民の総意に基づく天皇のことを指しており，君が代とは，日本国民の総意に基づき，天皇を日本国及び日本国民統合の象徴とする我が国のことであり，君が代の歌詞も，そうした我が国の末永い繁栄と平和を祈念したものと解することが適当であると考え，かつ，君が代についてこのような理解は，今日，広く各世代の理解を得られるものと考え」るとしている（衆議院本会議における小渕恵三内閣総理大臣の答弁（1999（平成11）年6月29日，官報号外第145回国会衆議院会議録第41号6頁））。

(35) 小・中・高等学校の学習指導要領では，「入学式や卒業式などにおいては，その意義を踏まえ，国旗を掲揚するとともに，国歌を斉唱するよう指導するものとする」と規定されている。また，小学校学習指導要領では，3年生以上の社会において，わが国や外国には国旗があることを理解させ，それを尊重する態度を育てるよう配慮すること（6年生では，国旗と国歌の意義を理解させることも明記されている）が，音楽において，国歌「君が代」は，いずれの学年においても指導することが定められ，また，中学校学習指導要領では，社会の公民的分野で，国家間の相互の主権の尊重と協力との関連で，「国旗及び国歌の意義並びにそれらを相互に尊重することが国際的な儀礼であることを理解させ，それらを尊重する態度を育てるよう配慮すること」と規定されている。

(36) 衆議院内閣委員会文教委員会連合審査会における有馬朗人文部大臣の答弁（1999（平成11）年7月21日，第145回国会衆議院内閣委員会文教委員会連合審査会議録第1号6頁）。

(37) 最高裁判所は，裁判官15人全員かならなる大法廷または5人の裁判官で構成される小法廷で審理・裁判がなされる（通常は小法廷で審理されるが，法令または行政処分等の憲法適合性の判断をする場合（すでに大法廷の判決で扱われたものを除く）や，憲法

その他の法令の解釈・適用について判例変更をする場合（裁判所法 10 条）などは，大法廷で審理される）。

　2011（平成 23）年 5 月から 6 月にかけて，第 1 小法廷から第 3 小法廷までのすべての小法廷で，国歌斉唱等に関する校長による職務命令は合憲と判示された（本文中であげた第 2 小法廷による最判平成 23 年 5 月 30 日民集 65 巻 4 号 1780 頁のほかに，第 1 小法廷による最判平成 23 年 6 月 6 日民集 65 巻 4 号 1855 頁，第 3 小法廷による最判平成 23 年 6 月 14 日民集 65 巻 4 号 2148 頁，最判平成 23 年 6 月 21 日判時 2123 号 35 頁がある）。

　なお，思想・良心の自由が問題となったもの以外の起立・斉唱行為に関する判例（21 条により保障される表現の自由に関するもの）として，公立高校の卒業式で，元教諭が保護者にビラを配りながら国歌斉唱時に起立しないよう大声で呼びかけ，これを制止した教頭らに対して怒号し，会場を喧噪状態に陥れるなどしたことが威力業務妨害罪にあたるとした都立板橋高校事件最高裁判決（最判平成 23 年 7 月 7 日刑集 65 巻 5 号 619 頁（最高裁判所は，表現の自由は重要な権利として尊重されるべきだが，憲法も絶対無制限には保障しておらず，公共の福祉のために必要で合理的な制限は認められるとして，有罪判決を不服とする元教諭による上告を棄却した））などがある。

(38) 最高裁判所の裁判では，裁判書に各裁判官の意見を表示しなければならない（裁判所法 11 条）。多数意見と異なる個々の裁判官の意見を個別意見といい，補足意見（多数意見に加わった裁判官がさらに意見を付加したもの），意見（多数意見と結論は同じだが，理由づけが異なるもの），反対意見（多数意見と結論・理由ともに異なるもの）の 3 つがある。

　この判決には，補足意見と反対意見が付されている。このうち，補足意見は，原告の歴史観等は保護範囲に含まれ，ピアノ伴奏の職務命令が，原告の思想・良心の自由を侵害するおそれがあるものの，その侵害は正当化されるものなので，憲法 19 条に違反しないとする。また，反対意見は，原告の歴史観等だけでなく，公的儀式における国歌斉唱の一律強制に反対する考えも保護範囲に含まれ，ピアノ伴奏の職務命令は，原告の思想・良心の自由を侵害するとする。そして，その侵害が正当化されるか否かについては，疑問が残るので，より詳細かつ具体的な検討が必要であるため，高等裁判所に差し戻すべきであるという（ピアノ伴奏の職務命令を違憲とする意見ではない）。

(39) この事件は，東京都立の高校の教員が，卒業式の際に，国旗に向かって起立し国歌を斉唱することを命ずる旨の校長の職務命令に従わなかったため，東京都教育委員会によって戒告処分を受け（地方公務員法 29 条 1 項 1 号，2 号，3 号），この処分を理由として定年退職後の再雇用（非常勤嘱託員への任用，常勤勤務職・短時間勤務職への再任用）にかかる採用選考で不合格となったことについて損害賠償等を求めたものである。

　最高裁判所は，職務命令について，外部的行動の制限を介して当該教員の思想・良心

の自由についての間接的な制約となる面はあるものの，職務命令の目的・内容，制限を介して生ずる制約の態様等を総合的に較量すれば，制約を許容しうる程度の必要性と合理性が認められると判示した。そして，各処分が裁量権の範囲内であるとの控訴審判決を支持し，都に対する損害賠償請求も棄却した。

(40) 衆議院内閣委員会における小渕恵三内閣総理大臣の答弁（1999（平成11）年7月21日，第145回国会衆議院内閣委員会議録第13号19頁）。

(41) エホバの証人とは，聖書の「彼らはその剣をすきの刃に，その槍を刈り込みばさみに打ち変えなければならなくなる。国民は国民に向かって剣を上げず，彼らはもはや戦いを学ばない」という教えなどを重視するキリスト教の信者であり，絶対平和主義的な考え方から，剣道や柔道などの格技を行うべきではないとの信念をもっている（なお，正確には「エホバの証人」とは一人ひとりの信者のことを指し，宗教団体としては「ものみの塔聖書冊子協会」というが，本書では，1つの宗派を指すものとして扱う）。

(42) 高等専門学校とは，深く専門の学芸を教授し，職業に必要な能力を育成することを目的とする学校教育法に定める学校の1つである（学校教育法115条）。なお，神戸市立工業高等専門学校は，1989（平成元）年までは剣道などの格技を行える施設がなかった（その一方で，当時，兵庫県内の他の高校では格技を行っており，そのため，神戸市立工業高等専門学校にはエホバの証人の信者が集まる傾向があったとも言われる）が，その後，校舎が移転し，武道場もできたため，1990（平成2）年度から体育の一種目として剣道を採用することになり，学校側は，その履修と修得を生徒に義務づけるとともに，その旨を入試説明会等で入学希望者やその保護者などに説明していた。

(43) 2004（平成16）年改正前の行政事件訴訟法では，抗告訴訟は処分・裁決をした行政庁（本件の場合は，神戸市立工業高等専門学校長）を被告としなければならなかったが，行政訴訟をより利用しやすく，わかりやすくするために，同法が改正され，現在では，処分・裁決をした行政庁の所属する行政主体（国または地方公共団体，本事件の場合は，神戸市がそれにあたる）を被告とすることになった（行政事件訴訟法11条）。

(44) 日本国憲法20条にいう「信教」とは，宗教を意味する。つまり，信教の自由とは，宗教の自由のことである。宗教を一般的に定義することは困難であるが，信教の自由を保障することの意義にかんがみ，できるだけ広く解すべきであるという点に争いはない。なお，宗教の定義について，「超自然的，超人間的本質（すなわち絶対者，造物主，至高の存在等，なかんずく，神，仏，霊等）の存在を確信し，畏敬崇拝する心情と行為」を指すという下級審裁判例がある（津地鎮祭事件名古屋高裁判決（名古屋高判昭和46年5月14日判時630号7頁））。

(45) この事件の概要は，次のとおりである。三重県津市が体育館の建設にあたり起工式を実施する際，神式の地鎮祭としてある神社の宮司に行わせ，その挙式費用7,663円（宮司らに対する謝礼4,000円と供物料金3,663円）を市の公金より支出したところ，出

席した市議会議員が，津市によるこの行為は日本国憲法20条及び89条に違反すると
し，同市長に対して，違憲・違法に支出した公金の津市への賠償を求める住民訴訟など
を提起した。

　最高裁判所は，憲法の政教分離原則は，国家の非宗教性ないし宗教的中立性を確保し
ようとした制度的保障の規定であるとしたうえで，国家と宗教との完全分離は，理想で
はあるが，それを実現することは，実際上不可能であり，かえって不合理な結果を生ず
ることになるから，国家と宗教とのかかわり合いについて，許されるものとそうでない
ものとを分けて考えるべきであるとした。そして，20条3項により禁止される宗教的活
動とは，「当該行為の目的が宗教的意義をもち，その効果が宗教に対する援助，助長，
促進又は圧迫，干渉等になるような行為をいう」とし，本件地鎮祭への市の公金支出
は，神道を援助・助長するものでも，他の宗教を圧迫・干渉するものではないので，違
憲ではないと判示し，原告による上告を棄却した（原告の請求を棄却した）。

(46) 文部事務次官通達「社会科その他初等及び中等教育における宗教の取扱について」
（昭和24年10月25日付文部省文初庶第152号）。

(47) 教科書とは，「小学校，中学校，高等学校，中等教育学校及びこれらに準ずる学校に
おいて，教科課程の構成に応じて組織排列された教科の主たる教材として，教授の用に
供せられる児童又は生徒用図書」であると定義される（教科書の発行に関する臨時措置
法2条）。小・中・高等学校の学校教育においては，国民の教育を受ける権利を実質的
に保障するため，全国的な教育水準の維持向上，教育の機会均等の保障，適正な教育内
容の維持，教育の中立性の確保などが要請されているが，このような要請に応えるた
め，文部科学省は，小・中・高等学校等の教育課程の基準として学習指導要領を定める
とともに，教科の主たる教材として重要な役割を果たす教科書について検定を実施して
いる。基本的には，民間の教科書発行者が学習指導要領や教科用図書検定基準（文部省
令）などをもとに，創意工夫を加えた図書を作成し，検定申請を行う。その図書は，文
部科学省内の教科書調査官（文部科学省の常勤職員）の調査に付されるとともに，文部
科学大臣の諮問機関である教科用図書検定調査審議会に諮問される。教科書として適切
かどうかの審査は，教科用図書検定基準に基づいて行われ，審議会は，教科書調査官や
各委員などによる調査結果を総合して審議し，文部科学大臣に対して答申を行い，大臣
は，この答申に基づき検定を行う。検定済教科書は，通常，各学年・各教科について数
種類存在するが，このなかから学校で使用する教科書を採択する権限は，公立学校につ
いては，所管の教育委員会に，国・私立学校については，校長にある。

(48) この事件の概要は次のとおりである。雑誌「北方ジャーナル」は，北海道知事選挙
のある立候補予定者の人格を辛辣に批判する記事を掲載する準備をしていたところ，そ
の記事内容を知った立候補予定者が，名誉権の侵害の予防を理由に，雑誌の印刷・販売
の禁止等を命じる仮処分を申請し，裁判所もこれを認めた。これに対して，雑誌の出版

社側が，裁判所による事前差止めは憲法21条2項の禁止する検閲に該当すると主張し，国及び立候補予定者に対して損害賠償を請求した。

　最高裁判所は，名誉は生命・身体とともに重大な保護法益であるから，名誉毀損の被害者は，人格権としての名誉権に基づき，加害者に対して，現に行われている侵害行為を排除し，または将来生ずべき侵害を予防するため，侵害行為の差止めを求めることができるとしつつも，表現行為に対する事前抑制は，表現の自由を保障し検閲を禁止する憲法21条の趣旨に照らし，厳格かつ明確な要件の下においてのみ許容されうると述べた。そして，公職の立候補者に対する批判等の表現行為は，一般に公共の利害に関する事項であり，私人の名誉権に優先する社会的価値を含むので，それに対する事前差止めは原則として許されないが，(1) その表現内容が真実でなく，またはそれがもっぱら公益を図る目的のものでないことが明白であって，かつ，(2) 被害者が重大にして著しく回復困難な損害を被るおそれがあるときは，例外的に事前差止めが許されると判示し，上告を棄却した（原告の請求を棄却した）。

(49) Xは，国旗掲揚・国歌斉唱問題や研修制度の問題等で県教育委員会との間で緊張関係にあり，特に，1998（平成10）年7月に新たな教育長が県教育委員会に着任したころから，対立が激化していたという。なお，1999（平成11）年には，広島県立世羅高等学校で卒業式当日に校長が遺書を残し自殺したが，これは，国旗掲揚・国歌斉唱を求める文部省通達の実施を迫る県教育委員会とそれに反対する組合員教職員との対立が原因ではないかと考えられ，国旗及び国歌に関する法律の成立の契機となった。

(50) 呉市立学校施設使用規則によれば，学校施設を使用しようとする者は，使用許可申請書を校長に提出し，市教委の許可を受けなければならない（2条）。このとき，学校施設は，市教育委員会が必要やむを得ないと認めるときその他所定の場合に限り，その用途または目的を妨げない限度において使用を許可することができる（4条）が，5条において，施設管理上支障があるとき（1号），営利を目的とするとき（2号），その他市教育委員会が，学校教育に支障があると認めるとき（3号）のいずれかに該当するときは，施設の使用を許可しない旨定めている。控訴審段階で確定した事実関係によれば，Xが，本件中学校の校長に対して，学校施設の使用を申し込んだところ，校長は，いったんは使用は差し支えないと回答したが，その後，市教育委員会の教育長・学校教育部長と3人で協議したところ，従前，同様の教研集会の会場として学校施設の使用を認めた際に，右翼団体の街宣車が押しかけてきて周辺地域が騒然となり，周辺住民から苦情が寄せられたことがあったため，本件集会に学校施設を使用させることは差し控えられたいとの議論があり，校長も使用を認めないとの考えに達した。本件使用不許可処分が「県教委等の教育委員会と被上告人との緊張関係と対立の激化を背景として行われたものであった」ということは，最高裁判所によっても認定されている。

(51) 学校施設の確保に関する政令1条及び3条は，次のように規定している。

（この政令の目的）

第一条　この政令は，学校施設が学校教育の目的以外の目的に使用されることを防止し，もつて学校教育に必要な施設を確保することを目的とする。

　（学校施設の使用禁止）

第三条　学校施設は，学校が学校教育の目的に使用する場合を除く外，使用してはならない。但し，左の各号の一に該当する場合は，この限りでない。

　一　法律又は法律に基く命令の規定に基いて使用する場合

　二　管理者又は学校の長の同意を得て使用する場合

2　管理者又は学校の長は，前項第二号の同意を与えるには，他の法令の規定に従わなければならない。

（52）結社の自由に関しても，集会の自由と同様に一定の内在的制約に服する。例えば，犯罪を行うことを目的とする結社や，憲法秩序の基礎を暴力により破壊することを目的とする結社は，保障の対象とはならない。「日本国憲法施行の日以後において，日本国憲法又はその下に成立した政府を暴力で破壊することを主張する政党その他の団体を結成し，又はこれに加入した者」（国家公務員法38条5号，地方公務員法16条5号）が公務員の欠格事由とされているのは，結社の自由の限界に関連するものである。

（53）許可制を採用することについては，集会の自由との関係で学説上争いがあるが，判例はこれを肯認している（皇居前広場事件最高裁判決（最大判昭和28年12月23日民集7巻13号1561頁））。

（54）アメリカ合衆国の判例には，集会や表現行為のために公共施設を利用するにあたって，一定類型の施設については，その所有権や管理権よりも，表現行為のほうが優先されるというパブリック・フォーラム（public forum）の法理がある。わが国においても，吉祥寺駅構内ビラ配布事件最高裁判決（最判昭和59年12月18日刑集38巻12号3026頁）における伊藤正己裁判官の補足意見で，このような考え方が示されたが，いまだ確立した判例法理となるには至っていない。

　　具体的には，（1）伝統的に表現行為の用に供されてきた伝統的パブリック・フォーラム（道路，公園など），（2）表現行為の用に供するために創設された非伝統的（指定的）パブリック・フォーラム（公会堂など），（3）政府が自発的に表現行為の用に供してきた限定的パブリック・フォーラム（学校，図書館など），（4）公衆の出入りが自由であっても表現行為のために用いられていない非パブリック・フォーラム（病院，軍事施設など）の4類型が考えられる。学校は，（3）に分類されており，（1）や（2）のような本来的に表現活動をする場とは異なる性格を有すると考えられる。

（55）中核派（革命的共産主義者同盟全国委員会）は，マルクス・レーニン主義に基づく政治団体であり，日本共産党の学生・青年組織の内部分裂の過程で，革マル派（日本革命的共産主義者同盟革命的マルクス主義派）とともに登場した。1960年代以降の安保闘

争（日米安全保障条約改定をめぐる反対運動），ベトナム反戦運動，大学紛争などの反体制運動を通じて勢力を拡大させてきたが，70年代に入ると革マル派との間で内ゲバ（左翼団体構成員同士の意見対立を理由とした対立組織の壊滅を目的とする暴力的抗争）が激化し，大衆からの理解を失っていく。それまでもヘルメットと角材を装備して，しばしば街頭で一般人を巻き込んで警察や対立団体と衝突したりしていたが，80年代に入ると，ますますゲリラ活動が急進化し，時限爆弾，火炎瓶・火炎放射器や迫撃弾・ロケット弾を用いて，皇居や成田空港等の爆破未遂事件，建設省（現在の国土交通省の前身）や新東京国際空港公団（現在の成田国際空港株式会社の前身）の幹部職員宅や警察官居宅等の放火事件，警察署の襲撃，国鉄同時多発ゲリラ事件，千葉県収用委員会会長等の殺人未遂事件，批判者に対する脅迫事件等を数多く引き起こした。

(56) 集会の主催者等と対立し集会の開催を妨害しようとする第三者は，アメリカ合衆国の判例法理にならって，「敵意ある聴衆（hostile audience）」と呼ばれる。最高裁判所は，泉佐野市民会館事件判決では，主催者側のこれまでの活動から，警察による警備によって紛争を防止することは不可能に近いとして，不許可処分を肯認したが，殺害された労働組合幹部の合同葬のための市立会館の使用不許可処分についての国家賠償請求訴訟では，葬儀の主催者や第三者による危険の発生を否定したうえで，警察の警備等によって混乱を防止しうるものであったと判示した（上尾市福祉会館事件最高裁判決（最判平成8年3月15日民集50巻3号549頁））。

(57) 札幌高判昭和52年2月10日判時865号97頁によれば，「日本教職員組合は，文部省ないし学校当局が開催する教員のための教育研究集会，講習会等を，管理組織のもとに行われるいわゆる官製研修であるとし，これに対置さるべき組合員たる教員の自主的，自律的な教育研究活動を組合の組織的活動の一環として推進するため，かねて「全国教育研究集会」……を原則として毎年開催している」という。

　教育公務員特例法22条2項は，「教員は，授業に支障のない限り，本属長の承認を受けて，勤務場所を離れて研修を行うことができる」と規定している。職員団体が主催する教研集会への参加について，この札幌高裁判決は，この承認が認められるか否かに関しては，教研集会に自主的研修と労働運動の二面性があることから，そのいずれに着目して判断するのも校長の裁量の範囲内の問題であるとして，不承認としたことに裁量権の逸脱・濫用はないと判示している。

(58) 教研集会が職員団体の活動の一環として行われていることから，これに参加することは，職員団体活動としての集会の成立と運営に関与することになる。そのため，職務専念義務免除による教研集会への参加は，「職員は，条例で定める場合を除き，給与を受けながら，職員団体のためその業務を行ない，又は活動してはならない」と規定する地方公務員法55条の2第6項に違反することになる。したがって，勤務時間中に教研集会に参加しようとする場合には，校長は，当該教研集会への参加についての研修性の

判断を行うまでもなく，職務専念義務の免除を承認すべきではない（参加を希望する教員が年次有給休暇で対応すべきものである）とする見解が有力である（例えば，神奈川県教職員組合による教研集会をめぐる住民訴訟に対する横浜地判平成 15 年 10 月 20 日や，本件の舞台となった広島県教育委員会は，この立場を採用している）。

(59) 会場として予定されていたグランドプリンスホテル新高輪は，半径 2 キロメートル以内に 16 万人が居住する住宅密集地にあり，幹線道路に隣接しており，周辺には病院や学校が多数あり（病院には入院する患者がおり，また，集会開催当日には学校で入学試験の実施が予定されていた），また，同ホテル（同一敷地内のホテルを含む）には集会参加者以外に約 2 万人の宿泊客や訪問者などが利用することが見込まれていた（結婚式等が開催されることが予定されていた）ため，集会に反対する右翼団体による妨害活動が発生すれば，警備が必要となり，また，顧客及び近隣等に多大な迷惑がかかることが見込まれた。ホテル側は，このような事情を考慮し，同ホテルで集会を開催することは客観的に社会通念上不能であるとして，原始的不能の本件契約が無効であると主張するとともに，あらかじめ警察の警備により第三者への影響は回避できるとの日教組の説明は誤りであり，ホテル側が錯誤に基づき行った本件契約は無効であると主張した。また，日教組が過去の経験から本件集会の開催により第三者に回復不能な損害を与えうることを熟知していた一方で，ホテル側にはその事実が説明されておらず，このような状況で締結された契約を履行させることは，公共の福祉及び信義則の観点（民法 1 条）から妥当ではないとも主張した。

(60) 日教組は，ホテルの宴会場の使用等を求める仮処分命令を申し立て，申立てどおりの裁判所の決定を得た（東京地決平成 20 年 1 月 16 日）。ホテル側は，保全異議申立て・保全抗告を行ったが，これらは認められず（東京地決平成 20 年 1 月 16 日，東京高決平成 20 年 1 月 30 日），仮処分命令は確定した。

(61) 日教組は，ホテルの宴会場の使用契約及び客室の宿泊契約の不履行または不法行為に基づく損害賠償請求を行うとともに，本件会場の使用拒否に関してホテル側が説明文をホテルのウェブサイトに掲載し，記者会見を行ったことにつき，組合の名誉・信用が毀損されたとして謝罪広告の掲載を求めていた。

(62) 大阪市労使関係に関する条例は，「勤務時間中の認められない組合活動や，許可を得ることなく庁舎内の会議室において組合活動を行うなど，労使間の不適正な事案が明らかとなっているところであり，市民の信頼を大きく失墜させる事態となっている」との実態（市による説明）を踏まえ，「適正かつ健全な労使関係の確保を図り，もって市政に対する市民の信頼を確保することを目的」として（条例 1 条），2012（平成 24）7 月に制定され，同年 8 月に施行された。本件条例 12 条は，「労働組合等の組合活動に関する便宜の供与は，行わないものとする」と規定している。

本件訴訟では，条例 12 条の規定が憲法 14 条，28 条に違反するか否かが争われたが，

大阪高等裁判所は，条例の目的のための規制には合理性があり，その手段として労使癒着や違法または不適切な政治活動につながりかねない労働組合等の組合活動に関する便宜供与を禁止することには合理的関連性があると認められるとして，憲法14条に違反しないとするとともに，労働組合が使用者から便宜の供与を受けることが憲法28条の保障する団結権等に内在ないし派生する権利であると解することはできないため，労働組合に対し便宜供与をしないとすることが直ちに憲法28条違反するとはいえないと判示した（なお，原告は，市長が団結権等を侵害する意図をもって本件労働関係条例を制定したと主張したが，条例が市議会での審議に基づき適法に制定されたことから，市長個人の意思に基づき制定されたとはいえないと判断された）。

(63) 大阪高等裁判所は，本件条例の目的等に鑑み，条例12条の規定は，労働組合への便宜供与を一律に禁止したものではなく，労働組合等の組合活動に当たる学校施設の目的外使用の許否についての同施設管理者の裁量権行使に当たり考慮すべき事情の1つとして，適正かつ健全な労使関係を阻害する便宜の供与であるかどうかを考慮すべきことを求めるものと解するべきであり，そのように解するならば，校長は，適正かつ健全な労使関係の確保の観点から便宜供与の是非を個別に検討する必要があったところ，本件不許可処分は，学校施設の使用の必要性等を考慮せず条例12条の存在のみを根拠に行われたものであり，裁量権行使の判断要素の選択に合理性を欠くと判示した。もっとも，行政処分が裁量権の逸脱・濫用として違法であるとしても，直ちに国家賠償法1条1項所定の違法が肯定されるわけではない（在宅投票制度廃止違憲訴訟最高裁判決（最判昭和60年11月21日民集39巻7号1512頁））ところ，校長は適法に成立した条例に従う義務があり，条例12条により労働組合の組合活動に関する便宜供与が一律に禁止されると解釈して本件不許可処分をしたことにつき，校長に過失はないと判示された（大阪市教組による校長等に対する損害賠償請求は認められなかった）。

(64) 1949（昭和24）年8月，福島県松川町（現在の福島市）を通過中の東北本線の列車が，脱線し転覆した事件。事故を検証した結果，転覆地点付近の線路継目部のボルトやナットが緩められ，継ぎ目の板が外され，枕木上に固定する犬釘が抜かれており，レールもずらされ，明らかに列車の脱線を狙った何者かによる計画的な犯行だった。日本国有鉄道（国鉄，現在のJR各社の前身で，当時は公営企業体であった）は，発足時に，GHQから命令を受けて，大規模な人員整理を実施したが，その直後，この事件のほかに，下山事件（下山定則国鉄総裁が行方不明となり，常磐線の線路上で轢死体として発見された事件）や三鷹事件（中央線三鷹駅構内で無人の電車が暴走し，多数の死傷者が出た事件）などが発生し，これらは，国鉄の人員整理に対する労働組合の計画的犯行ではないかと考えられていた。松川事件では，国鉄労働組合と日本共産党との謀議による犯行ではないかと考えられ，労働組合の関係者等が逮捕，起訴された。

(65) 東京大学の学生等が，再軍備反対や徴兵反対などといって署名運動や集会を無届で

行い，警察官の指示に違反し，警察官と衝突し，うち数名が検挙された事件をいう。

(66) 1933（昭和8）年4月，内務省（1947（昭和22）年12月まで設けられていた内政・民政を担当する国の行政機関で，現在の総務省（旧 自治省），警察庁，国土交通省（旧 建設省），厚生労働省などの前身であり，出版物の検閲は同省の警保局の担当であった）は，京都帝国大学（現在の京都大学の前身）法学部の刑法担当の滝川幸辰教授の著書『刑法講義』と『刑法読本』について，内乱罪や姦通罪に関する見解などに問題があるとして，発売禁止処分とした。そして，翌月，鳩山一郎文部大臣が，小西重直京大総長に対して滝川教授の罷免を要求した。これに対して，京大法学部の教授会と小西総長は，文相の要求を拒絶したが，文部省は，文官分限令に基づき滝川教授を休職処分とした。滝川教授の休職処分に反発した京大法学部の教官は，全員辞表を提出して抗議の意思を示したが，大学当局は法学部教授会の立場を支持しなかった（その後，小西総長が混乱の責任をとり辞職し，また，一部の法学部教官の辞職が認められた）。

(67) 東京帝国大学（現在の東京大学の前身）法学部の憲法・行政法担当だった美濃部達吉名誉教授（当時は，東大を退官し，貴族院議員に勅撰されていた）の天皇機関説という学説（天皇を国家の最高機関とし，主権をその機関意思であるとする見解であり，必ずしも天皇が主権者・統治権の総攬者であることを否定するものではなかった）が，軍国主義の進展に伴い，次第に，国体に反する異説であると批判されるようになった。美濃部教授は，1935（昭和10）年9月，貴族院議員を辞職せざるをえなくなり，その著書『逐条憲法精義』や『憲法撮要』などが発売禁止処分となった。

(68) この法律は，クローン技術による人クローン個体の産生を禁止し，クローン技術による胚の取扱いを文部科学大臣の指針によって規制し，違反者に対して刑罰を科すものであり，特定内容の研究活動を直接的に禁止するという点で，きわめてめずらしい法律である。もっとも，人間の育種や手段化・道具化を否定して，人間の尊厳を確保すること，家族秩序の混乱等の社会的弊害を防止すること，人クローン個体の産生の安全性を確保することなどを規制目的としており，すべての人クローンに関する研究を禁止するものではないので，憲法23条の学問研究の自由を一定程度制約するものではあるとしても，その合理性は否定できないと考えられている。

(69) 風適法は，「善良の風俗と清浄な風俗環境を保持し，及び少年の健全な育成に障害を及ぼす行為を防止するため，風俗営業及び性風俗関連特殊営業等について，営業時間，営業区域等を制限し，及び年少者をこれらの営業所に立ち入らせること等を規制するとともに，風俗営業の健全化に資するため，その業務の適正化を促進する等の措置を講ずることを目的とする」（1条）。同法は，キャバレー等を設けて客を接待し飲食させる営業やパチンコ屋を設けて客に射幸心をそそるおそれのある遊技をさせる営業などといった風俗営業を規制するとともに，性風俗関連特殊営業についても規制している。本件で問題となった営業は，性風俗関連特殊営業のうち，店舗型性風俗特殊営業に分類される

ものの1つである（風適法2条5項，6項1号）。このような営業は，かつて，「トルコ
風呂」と呼ばれていた（最高裁判所の判決文では，「いわゆるトルコぶろ営業」とも呼
称されている）が，性風俗営業を指す言葉として特定の国名を用いるのは適切ではない
と考えられるようになり，1980年代後半以降，この呼称はあまり用いられなくなった。

(70)　Yは，当初，営業停止処分の取消しを山形県公安委員会に対して求める訴訟を提起
していたが，営業停止期間が徒過したため，県に対する損害賠償請求訴訟に変更した。

(71)　県の条例によって風営法4条の4第1項（現風適法28条1項）所定の禁止区域に指
定されれば，Yの開業を阻止できるが，県議会招集の時期の関係上，県の条例の改正を
早急に行うことは困難であった。

(72)　この児童遊園は，廃校となった小学校の敷地の一部で，地域住民の要望により，子
どもの遊び場として供されていたもので，町としては，財政上の理由から当面これにつ
いて児童福祉施設として認可を受ける予定はなかった。しかしながら，Yの開業を阻止
することを目的として，児童遊園を児童福祉施設として認可を受けるため，1968（昭和
43）年5月27日に，急遽，町議会を招集し，余目町児童遊園設置条例を制定し，同日，
町長は，山形県知事に対して，児童遊園を児童福祉施設として設置することについての
認可を求める申請をした。この申請には不備があったため，翌日，却下されたが，6月
10日に再申請したところ，異例の速さで認可が行われた。

(73)　そのほかに，かつては，郵便事業やたばこ・塩の専売などが国家独占事業とされて
いた。

(74)　同じ規制目的を達成できるより緩やかな規制手段が存在するか否かを具体的・実質
的に審査し，それがありうると解される場合に，当該規制を違憲とする基準をLRAの基
準という（なお，LRAとは，より制限的でない他の選びうる手段（less restrictive
alternatives）の頭文字をとった略語である）。

(75)　国家による規制は，社会・公共に対する障害の大きさに比例したものであるべきで
あって，規制目的を達成するために必要最小限度にとどまらなければならないという原
則をいう。ある1つの規制目的を達成するために，複数の規制手段が考えられる場合に
は，規制される対象である国民にとって最も侵害的でない手段を選択しなければならな
いと考えられる。

(76)　例えば，公衆浴場の距離制限規制は，1955（昭和30）年の最高裁判決では消極目的
の規制と判示されていた（公衆浴場法事件判決（最大判昭和30年1月26日刑集9巻1
号89頁））が，その後，自家風呂の普及により，判例の認めた立法事実と規制目的の妥
当性には疑義が呈されていた。1989（平成元）年の判決では，昭和30年判決とは異な
った規制目的が示され，しかも，同一の公衆浴場をめぐる刑事事件と行政事件で，異な
る規制目的が認められた。この高津温泉事件では，公衆浴場法の距離制限の規制目的
は，刑事事件（公衆浴場法8条1号の無許可営業罪）では，公衆浴場業者の経営困難を

理由とした転廃業を防止するという積極目的規制と判示され（最判平成元年1月20日刑集43巻1号1頁），行政事件（公衆浴場法2条2項に基づく不許可処分についての取消訴訟）では，消極目的と積極目的とを併有すると判示され（最判平成元年3月7日判時1308号111頁），いずれも合憲とされた。前者は，立法事実や規制目的は社会的状況の変化に伴い変わりうるということを示し，後者は，規制目的が混在する場合がありうるということを示している。

(77) 例えば，森林法事件（最大判昭和62年4月22日民集41巻3号408頁）や，酒類販売免許制事件（最判平成4年12月15日民集46巻9号2829頁）は，経済的自由権に対する規制立法の合憲性が判断された事案であったが，最高裁判所は，規制目的二分論を用いなかった。

(78) 一般に，公共の福祉とは，人権相互の矛盾・衝突を調整するための実質的公平の原理と定義される。29条にいう公共の福祉とは，22条1項にいう公共の福祉と同様に，自由国家的公共の福祉（12条や13条を根拠とした，自由権一般に対する，必要最小限度の内在的な制約）のみならず，社会国家的公共の福祉（22条や29条を根拠とした，社会権を実質的に保障するための経済的自由権に対する，必要な限度での政策的な制約）をも意味する。すなわち，職業選択の自由や財産権といった経済的自由権は，人権の内在的制約のみならず，社会的公平と調和の見地からなされる政策的制約にも服する。

(79) 財産権の規制に対して補償が必要な場合とは，国家が特定の個人に「特別の犠牲」を加えた場合である。すなわち，(1) 侵害行為が特定の者を対象とするものであり（形式的要件），(2) 侵害の程度が受忍限度を超えるものである場合（実質的要件）に，補償が必要である。

「正当な補償」とは，原則として，収用された財産の客観的な市場価格の全額を補償することをいう（最判昭和48年10月18日民集27巻9号1210頁）。ただし，判例は，戦後の農地改革などのように社会の著しい変化が生じた場合には，例外的に，当該財産について合理的に算出された相当な額であれば足りるという立場を採ったこともある（農地改革事件最高裁判決（最大判昭和28年12月23日民集7巻13号1523頁））。

なお，補償請求は，関係法令の具体的規定に基づいて行うのが原則である。しかし，法令に補償規定がない場合であっても，憲法29条3項を直接の根拠として，補償請求ができる（河川附近地制限令事件最高裁判決（最大判昭和43年11月27日刑集22巻12号1402頁））。

(80) 社会保険庁とは，政府が管掌する健康保険や年金保険事業等の運営を担当していた厚生労働省の外局であったが，2009（平成21）年12月末に廃止された。これらの事業は，翌年1月に設立された日本年金機構という特殊法人に引き継がれている。

(81) 1985（昭和60）年の国民年金法の改正は，国民共通の基礎年金制度を導入し，厚生年金や共済年金などの被用者年金の被保険者などについても，国民年金の強制加入被保

険者とするものであった。改正前は，国民年金・厚生年金・共済年金が，それぞれ別々の制度となっていたが，この改正によって，共通の国民年金（基礎年金）が設けられ，被用者年金の被保険者は，被用者年金とともに国民年金にも加入することになり，被用者年金が基礎年金に上乗せされ支給される二階建ての年金給付の仕組みとなった。

(82) 保険料納付義務の免除の可否は，連帯納付義務者である被保険者の属する世帯の世帯主等による保険料の納付が困難かどうかなどを考慮して判断すべきものとされていた。

(83) 食糧管理法違反事件判決（最大判昭和23年9月29日刑集2巻10号1235頁）において，最高裁判所が生存権の具体的権利性を明確に否定していることから，判例はプログラム規定説を採っていると理解する見解も多い。もっとも，この判決では，およそ生存権が裁判規範として一切効力を有していないとまでは判断しておらず，また，この判決を判例として引用している朝日訴訟・堀木訴訟両最高裁判決では，生存権に裁判規範性があることを前提として，緩やかな違憲審査基準を適用していることから，判例は抽象的権利説を採るものと解することもできよう。

(84) この事件の概要は，次のとおりである。全盲の視覚障害者である原告は，離別した内縁の夫との間の子を養育していた。兵庫県知事に対して，児童扶養手当法に基づく児童扶養手当（母子家庭の子のために母に対して支給する金銭給付）の受給資格についての認定を請求したところ，知事は，原告が国民年金法56条（当時）に基づく障害福祉年金（障害者に対する無拠出制の年金で，障害基礎年金の前身）を受給していたため，併給調整規定（改正前の児童扶養手当法4条3項3号）により資格がないものとして，これを却下した。そこで，原告は，この併給調整規定が日本国憲法14条，25条等に違反し無効であると主張して，却下処分の取消しなどを求めた。

　　最高裁判所は，健康で文化的な最低限度の生活の具体的内容は，その時々の文化の発達の程度，経済的・社会的条件，一般的な国民生活の状況等との相関関係において判断決定されるべきものであり，また，生存権の具体化にあたっては，国の財政事情を無視することはできず，複雑多様で高度に専門技術的な考察とそれに基づく政策的判断を必要とすると述べたうえで，生存権の具体化は，立法府の広い裁量に委ねられており，それが著しく合理性を欠き明らかに裁量の逸脱・濫用である場合を除き，裁判所の審査の対象とはならないと判示した（原告の請求を棄却した）。

(85) この事件の概要は，次のとおりである。肺結核のため国立岡山療養所に入所していた原告は，単身で無収入であったため，生活保護法に基づく生活扶助と医療扶助を受けていたが，あるときより実兄から送金を受けることとなった。そこで，社会福祉事務所長は，生活扶助を廃止し，医療扶助を減額する保護変更決定をしたが，これに対して，原告は，生活扶助基準が低く，健康で文化的な最低限度の生活水準を維持するには足りない違法なものであると主張して，不服申立てを行った。それに対する厚生大臣による却下の裁決について，原告は，さらにその取消しを求めた（原告は上告したが，判決を

待たずに死亡したので，その後，相続人（原告の養子夫妻）が訴訟承継を主張した）。

　　最高裁判所は，生活保護受給権は一身専属的な権利であり，相続の対象とはならず，原告の死亡により訴訟は終了すると判示した。そして，「なお，念のため」として，(1) 日本国憲法 25 条 1 項は，すべての国民が健康で文化的な最低限度の生活を営みうるように国政を運営すべきことを国の責務として宣言したにとどまり，直接個々の国民に具体的権利を付与したものではなく，(2) 何が「健康で文化的な最低限度の生活」であるか否かの判断は，厚生大臣の合目的的な裁量に任されており，ただし，(3) 現実の生活条件を無視して著しく低い基準を設定するなど，憲法や生活保護法の趣旨・目的に反し，裁量権の逸脱・濫用がある場合には司法審査の対象になるとしたうえで，本件保護基準の設定に厚生大臣の権限の逸脱・濫用はないと述べた。

(86) 堀木訴訟では，法律の規定そのものの合憲性が，朝日訴訟では，法律に基づき設定される厚生大臣の保護基準の合憲性が，それぞれ争われた。

(87) 14 条 1 項後段には，人種・信条・性別・社会的身分・門地（家柄）の 5 つがあげられているが，これらに基づくものに限って差別が禁止されるという意味ではなく，例示であるので，これら以外に基づく差別も 14 条によって禁止されている。ただし，これら 5 つの事由は，不合理な差別の典型なので，その違憲審査に際しては，人種・信条に基づくものについては，立法目的が必要不可欠なものであるかどうかと，立法目的達成手段が必要最小限度なものであるかどうかを判断する厳格審査基準が，性別・社会的身分に基づくものについては，厳格な合理性の基準が，それぞれ妥当すると考えられる。

　　また，14 条 1 項後段列挙事由以外の事由に基づく差異が平等原則違反で争われる場合，二重の基準論・規制目的二分論の考え方に基づき，対象となる権利が精神的自由権ないしそれに関連する選挙権などであれば厳格審査基準が，経済的自由権に対する消極目的規制であれば厳格な合理性の基準が，それぞれ妥当すると考えられる。

(88) 国民年金法が制定された 1959（昭和 34）年の時点で，大学へ進学する者は，同年齢者の 1 割に満たず，大学生は経済的に余裕があると考えられていた。20 歳に達しながらも稼得活動に従事せず，自ら学生であることを選択した者は，いわゆるエリートであり，そのような者に対して，あえて社会の保護の手を差し伸べる必要はないという社会通念が，当時，存在していた。第 1 審・控訴審ともに，このような社会通念を前提として年金制度が設計されたこと（だからこそ，学生の任意加入に伴う保険料免除の規定は設けられなかった）は不合理ではないと判示している。第 1 審・控訴審とで評価が分かれたのは，大学への進学率が 26.5％に上昇した 1985（昭和 60）年時点で，この社会通念がまだ通用するか否かについてであった。

(89) 一般的に，社会保障には，保険（将来起こりうる保険事故に基づく財産上の需要を満たすため，事故の発生する危険を有する多数の者が保険料を拠出し，事故の発生した者に対して保険金の支給を行う制度）を用いて給付を行う社会保険と，保険を用いない

社会扶助とがある。社会保険には，拠出された保険料を主たる財源とするので拠出制・保険料方式が，社会扶助には，公費負担を主たる財源とするので無拠出制・租税（公費負担）方式が用いられることが多い。社会扶助給付には，資産要件や所得要件が課されるなど受給要件がより厳しく，また，給付の決定は行政庁の広汎な裁量に委ねられることが多い。

(90) もっとも，1989（平成元）年法によって20歳以上の学生が強制加入の対象となるまでの間，任意加入をした学生は，全体のわずか1.25％程度に過ぎなかったといわれている。

(91) この制度に対して，(1) 給付の基本的性格が，障害基礎年金とは異なり，福祉的措置として位置づけられていること，(2) 受給対象者が，1991（平成3）年3月以前の任意加入対象であった学生と，1986（昭和61）年3月以前の任意加入対象であった被用者の配偶者に限定されていること，(3) 支給金額が障害基礎年金の支給金額に比べて低額であることなどを理由に，批判する向きもある。

(92) 判決当時の地方教育行政の組織及び運営に関する法律54条は，次のように規定していた。

教育行政機関は，的確な調査，統計その他の資料に基いて，その所掌する事務の適切かつ合理的な処理に努めなければならない。

文部大臣は地方公共団体の長又は教育委員会に対し，都道府県委員会は市町村長又は市町村委員会に対し，それぞれ都道府県又は市町村の区域内の教育に関する事務に関し，必要な調査，統計その他の資料又は報告の提出を求めることができる。

(93) 判決当時の地方教育行政の組織及び運営に関する法律23条とその17号は，次のように規定していた。

教育委員会は，当該地方公共団体が処理する教育に関する事務で，次に掲げるものを管理し，及び執行する。

一七 教育に係る調査及び基幹統計その他の統計に関すること。

(94) 北教組は，学力調査が，(1) その真の目的は，1954（昭和29）年のいわゆる教育二法（義務教育諸学校における教育の政治的中立の確保に関する臨時措置法と，教育公務員特例法の一部を改正する法律）の制定，1956（昭和31）年の任命制教育委員会制度の採用（教育委員会を公選制としていた教育委員会法を廃止し，地教行法を制定し，教育委員を首長が議会の同意を得て任命することとした），教員の勤務評定制度の実施，教科書検定制度による教科書内容への行政的介入など，一連の教育内容に対する国家による介入の一環であり，(2) 児童・生徒の格づけを図るものであり，高度経済成長のために必要となる労働力を獲得するためのものであって，一片のペーパーテストの結果によって児童・生徒の将来を決定することは，児童・生徒に対する重大な人権侵害であり，(3) 5教科偏重の弊害をもたらし，テスト中心の教育を助長し，(4) 地教行法54条2項

に基づき実施することはできず，法的根拠を欠くなどとして，その実施に反対していた。

(95) 旭川市の労働組合の連合組織である旭川地方労働組合会議（旭労）は，本件学力調査に対して，北教組と共闘体制を組んで反対運動を行うことを決めていた。被告人は，それぞれ，旭川農業高等学校教諭（北教組旭川支部高校部長），国策パルプ株式会社の従業員（旭労執行委員），国鉄職員（国鉄労働組合旭川地方本部執行委員），北王製油株式会社の従業員（同社の労働組合員）であった。

(96) 2006（平成18）年改正前の教育基本法10条は，次のように規定していた。

教育は，不当な支配に服することなく，国民全体に対し直接に責任を負つて行われるべきものである。

教育行政は，この自覚のもとに，教育の目的を遂行するに必要な諸条件の整備確立を目標として行われなければならない。

(97) 1999（平成11）年改正前の地方自治法は，2条3項で地方公共団体の事務を例示列挙しており，その5号で「学校，研究所，試験場，図書館，公民館，博物館，体育館，美術館，物品陳列所，公会堂，劇場，音楽堂その他の教育，学術，文化，勧業，情報処理又は電気通信に関する施設を設置し若しくは管理し，又はこれらを使用する権利を規制し，その他教育，学術，文化，勧業，情報処理又は電気通信に関する事務を行うこと」と規定していた。しかし，地方分権の推進を図るための関係法律の整備等に関する法律により，地方自治法が大改正され，この地方公共団体の事務に関する例示列挙の規定は削除された。

(98) 本判決は，教育の地方自治の原則について，「戦前におけるような国の強い統制の下における画一的教育を排して，それぞれの地方の住民に直結した形で，各地方の実情に適応した教育を行わせるのが教育の目的及び本質に適合するとの観念に基づく」ものと説明したうえで，この地方自治の原則は，現行教育法制における重要な基本原理の1つであると判示した。

(99) 義務教育諸学校の教科用図書の無償に関する法律，義務教育諸学校の教科用図書の無償措置に関する法律。

(100) 小学校については33条が，中学校については48条が，高等学校については52条が，それぞれ規定している。

(101) 小学校については52条が，中学校については74条が，それぞれ同様の規定を設けている。

(102) 1967（昭和42）年ごろまでの福岡県下の県立高等学校では，職員会議を「最高議決機関」とするような学校運営が行われており，校長は福岡県高等学校教職員組合が推薦ないし承認する者から任命する慣行があった（伝習館高等学校も同様であった）。しかし，1968（昭和43）年度からＹが運用を改めたところ，これに対して，組合側が新任

校長の着任拒否闘争を展開するなどして，両者の対立は激化していた（伝習館高等学校の校長は，組合の承認なしに 68 年に着任した者の 1 人であった）。1969（昭和 44）年当時の伝習館高校は，校務運営等に対する教職員組合の事実上の支配力が強く，校長が個々の教員に対して十分な指導監督ができない状況であり，また，卒業式において，県教育長（代理者）の告示の朗読中に，一部の生徒が「拒否」と書いた横幕を掲げ野次を飛ばしたり，校歌斉唱の際には労働歌を歌うなど，相当に混乱した状態にあった（さらに，同校の問題が県議会で取り上げられるなどしていた）。

(103) 例えば，Y による処分事由としては，次のようなことがあげられていた。すなわち，X_1 は，3 年生の政治・経済の授業で，マルクスの『共産党宣言』やエンゲルスの『空想より科学へ』の読後感をレポートとして 2 月に提出するよう求めた（なお，その際に「夏休みに出そうと思ったが，大学受験の勉強ができないようにこの時期に出す」旨を生徒に発言したという）。X_2 は，地理や日本史の授業であるにもかかわらず，学習指導要領に定められた各科目の目標を著しく逸脱した授業を行ったうえで，「社会主義社会における階級とその闘争について」，「スターリン思想とその批判」，「毛沢東思想」などについて論述させるという試験を出題した。X_3 は，「教科書の内容が自分の考えと違うので使用しない」などと述べたうえで，トロツキーの『ロシア革命史』やスノーの『中国の赤い星』などの複数の図書を紹介し，生徒に読むよう指導した。

(104) 現行の学校教育法 34 条 1 項は，「小学校においては，文部科学大臣の検定を経た教科用図書又は文部科学省が著作の名義を有する教科用図書を使用しなければならない」と規定しており（ただし，同条 2 項は，「前項の教科用図書以外の図書その他の教材で，有益適切なものは，これを使用することができる」と規定する），また，62 条本文は，34 条の規定を高等学校に準用すると規定している。

(105) 国会中心立法の原則に関して，国会が他の国家機関に立法を委任すること（委任立法）の可否が問題となる。社会・福祉国家においては国家の任務が増大しており，また，専門的・技術的事項や事情の変化に即応して機敏に適応することが求められる事項に関する立法，地方の特殊な事情に関する立法などについては，国会が他の国家機関に立法を委任するほうが合理的である。そこで，個別・具体的に委任されるならば，立法の委任も国会中心立法の原則に反しないものと考えられる（なお，73 条 6 号但書は，委任立法の存在を前提としたものである）。

(106) もっとも，旭川学力テスト事件の最高裁判決は，大綱的基準説を採用する控訴審判決の大綱的基準の範囲（法的拘束力を認めない部分）が狭すぎるため，それをより広くとらえるべきであるとして，「大綱的基準」という文言を採用していたため，法規説ではなく一種の大綱的基準説を採用したと解釈しうる余地を残したものとなった。

(107) 一般的には，各省の大臣は，各省の主任の大臣として任命されているように考えられているが，厳密にいえば，国務大臣として，内閣総理大臣から任命され，天皇から認

証されたうえで，その後，内閣総理大臣から各省の大臣として命じられる（補職）。各省の大臣は，各省の長としての側面のほかに，内閣の構成員としての国務大臣としての側面の2つを有している（いずれの行政機関にも属さない国務大臣は，各省の長としての側面は有しない）。

　国務大臣が主任の大臣としてその事務を分担管理することとされている行政機関は，内閣府と復興庁のほか，総務，法務，外務，財務，文部科学，厚生労働，農林水産，経済産業，国土交通，環境及び防衛の11省である。これらの行政機関の長としての各大臣は，その府・庁・省の事務を統括し，職員の服務を統督するほか，その府・庁・省に係る主任の行政事務について法律・政令の制定・改廃の案についての閣議請議，法律の委任に基づいた命令（府令・庁令・省令）・告示・訓令・通達を発出することができる。

(108) このような消極的な定義に違和感を覚えるかもしれないが，この行政控除説が通説的見解である。行政控除説は，行政権の発生の沿革（君主の包括的な支配権から，まず立法権と執行権とが分化し，その執行権の内部で司法権が分かれた）に適合するものであり，また，さまざまな行政活動を包括的にとらえることができるという点で妥当であると考えられている。

(109) ただし，本判決は，裁量権の範囲について，次のように判示している。「高等学校においても，教師が依然生徒に対し相当な影響力，支配力を有しており，生徒の側には，いまだ教師の教育内容を批判する十分な能力は備わっておらず，教師を選択する余地も大きくないのである。これらの点からして，国が，教育の一定水準を維持しつつ，高等学校教育の目的達成に資するために，高等学校教育の内容及び方法について遵守すべき基準を定立する必要があり，特に法規によってそのような基準が定立されている事項については，教育の具体的内容及び方法につき高等学校の教師に認められるべき裁量にもおのずから制約が存するのである」。

(110) 大学の専攻科とは，大学を卒業した者やそれと同等以上の学力があると認められた者に対して，特別の事項を教授し，その研究を指導することを目的とする課程であり，その修業年限は，1年以上である（学校教育法91条1項，2項）。

(111) 第1審・控訴審判決ともに，国立大学の利用関係を特別権力関係と判示していたが，本判決では，最高裁判所は，特別権力関係という文言を用いなかった。

　かつては，国立大学の利用関係は特別権力関係であるという見解が通説的地位を占め，また，判例も，京都府立医科大学事件最高裁判決（最判昭和29年7月30日民集8巻7号1463頁）において，「国立および公立の学校は，本来，公の教育施設として，一般市民の利用に供されたものであり，その学生に退学を命ずることは，市民としての公の施設の利用関係からこれを排除するものであるから，私立大学の学生に退学を命ずる行為とは趣を異にし，行政事件訴訟特例法第一条との関係においては，行政庁としての学長の処分に当」たると述べ，特別権力関係論を前提とする判示がなされたことがある

（なお，ここでいう行政事件訴訟特例法とは，行政事件の訴訟手続について民事訴訟法の特例を定めた法律であり，現行の行政事件訴訟法の制定に伴い廃止された）。しかしながら，特別権力関係内の者に対する国の包括的な支配権が認められ，法律の根拠なしに国がその者の人権を制限できるという特別権力関係論そのものが，法治主義に対する著しく重大な例外を設けるものであるとして，もはや学説上ほとんど支持されていない。むしろ，国立大学の利用関係は，私立大学の場合と同様に，私法上の在学契約関係であるという見解が有力であった（国立大学法人化に伴い，現在では，私法上の在学契約関係と解される）。

　もっとも，大学の利用関係について，特別権力関係であると解しようが私法上の契約関係であると解しようが，結論的には，学校は，国公立であると私立であるとを問わず，学生の教育と学術の研究という特殊な目的を有するものであって，その目的を達成するために必要な限度において，学校側に包括的な支配権が認められ，その支配権の行使については，広汎な教育的裁量が認められることは否めない。昭和女子大事件最高裁判決（最判昭和49年7月19日民集28巻5号790頁；本書17頁）でも，「国公立であると私立であるとを問わず，学生の教育と学術の研究を目的とする公共的な施設であり，法律に格別の規定がない場合でも，その設置目的を達成するために必要な事項を学則等により一方的に制定し，これによつて在学する学生を規律する包括的権能を有するものと解すべきである」として，国立大学の利用関係と私立大学の利用関係とが本質的にさほど差異のあるものではないということを認めている。

　なお，大学と学生との間で締結される在学契約については，最高裁判所は，大学が学生に対して，講義などの教育活動を実施するという方法で，大学の目的にかなった教育役務を提供するとともに，これに必要な教育施設等を利用させる義務を負い，他方，学生が大学に対して，これらに対する対価を支払う義務を負うことを中核的な要素とするものであり，学生が部分社会を形成する組織体である大学の構成員としての学生の身分・地位を取得・保持し，大学の包括的な指導・規律に服するという要素も有し，教育法規や教育の理念によって規律されることが予定されている有償双務契約としての性質を有する私法上の無名契約であると判示している（学納金返還請求訴訟最高裁判決（最判平成18年11月27日民集60巻9号3437頁））。

（112）具体的には，下級裁判所の裁判官は，最高裁判所が指名し，内閣が任命する（80条）。任期は10年で，定年は簡易裁判所判事（70歳）を除き65歳である（憲法80条，裁判所法50条）。なお，高等裁判所の長官については，天皇が認証する（憲法7条5号，裁判所法40条2項）。

　最高裁判所は，長官1人とその他の裁判官14人によって構成される（憲法79条1項，裁判所法5条）。最高裁判所長官は，内閣が指名し，天皇が任命する（6条2項）。その他の裁判官は，内閣が任命し（79条1項），天皇が認証する（7条5号）。いずれも

任期はないが，定年は 70 歳である（裁判所法 50 条）。最高裁判所の裁判官に対しては，その任命後初めて行われる衆議院議員総選挙の際に，国民審査が行われ，罷免を可とする投票が過半数を超えた場合，罷免される（80 条 2 項，3 項）。国民審査の後，10 年を経過した裁判官は，再び国民審査に付される。

(113) 司法権の独立とは，司法権が立法権や行政権から独立すべきであること（司法府の独立）と，裁判にあたっては裁判官が各々独立して職権を行使すべきであること（裁判官の職権行使の独立）の 2 つを意味する。

司法府の独立を担保するため，憲法は，最高裁判所に，規則制定権（77 条），下級裁判所の裁判官の指名権（80 条 1 項）と司法行政権を付与し，行政機関による懲戒を禁止している（78 条後段）。

裁判官職権行使の独立を担保するため，憲法は，「すべて裁判官は，その良心に従ひ独立してその職権を行ひ，この憲法及び法律にのみ拘束される」と定める（76 条 3 項）。ここでいう「良心」とは，裁判官個人の主観的良心ではなく，客観的な裁判官としての良心を意味し，また，「法律」とは，形式的意味の法律に限られず，政令，規則，条例及び慣習法などをも含むと解されている。

裁判官の職権行使の独立を実効性のあるものにするには，裁判官の身分が保障されていなければならない。そこで，憲法は，裁判官が罷免される場合を限定し，裁判官に相当額の報酬を保障している（79 条 6 項，80 条 2 項）。裁判官が罷免される場合とは，(1) 心身の故障のために職務をとることができない場合の分限裁判（78 条）と，(2)「職務上の義務に著しく違反し，又は職務を甚だしく怠つたとき」または「その他職務の内外を問わず，裁判官としての威信を著しく失うべき非行があつたとき」（裁判官弾劾法 2 条）の弾劾裁判（64 条，78 条）に限られる。また，最高裁判所の裁判官には，そのほかに国民審査制度がある（79 条 2 項，3 項，4 項）。

下級裁判所の裁判官の任期は 10 年であり，その後については，80 条 1 項が「再任されることができる」と規定している。この文言の意味については，裁判官は再任される権利を有すると解する再任権説や，再任が原則であるが，例外的に，弾劾事由に該当する場合，心身の故障に基づく職務不能の場合，成績不良など不適格者であることが客観的に明白である場合に限り，任命権者である内閣は再任を拒否できると解する羈束裁量説もあるが，実際には，再任は内閣の自由裁量行為とされている（自由裁量説）。

(114) この事件の概要は，次のとおりである。日本社会党の国会議員である原告は，同党を代表して，警察予備隊の設置・維持に関する国による一切の行為が日本国憲法 9 条に違反して無効なものであるとの確認を求める訴えを，直接に最高裁判所に求めた。その際，原告は，憲法 81 条が最高裁判所に違憲審査権を付与したものであり，最高裁判所が一般の司法裁判所としての性格と憲法裁判所としての性格を併有することになったなどと主張した。

最高裁判所は，「わが裁判所が現行の制度上与えられているのは司法権を行う権限であり，そして司法権が発動するためには具体的な争訟事件が提起されることを必要とする。我が裁判所は具体的な争訟事件が提起されないのに将来を予想して憲法及びその他の法律命令等の解釈に対し存在する疑義論争に関し抽象的な判断を下すごとき権限を行い得るものではない。けだし最高裁判所は法律命令等に関し違憲審査権を有するが，この権限は司法権の範囲内において行使されるものであり，この点においては最高裁判所と下級裁判所との間に異るところはないのである」と述べ，訴えを却下した。

(115) この事件の概要は，次のとおりである。ある宗教法人の設置する宗教団体の会員であった原告らは，本尊の板まんだらを安置する施設の建立のための供養として同法人に金銭を寄付したが，この宗教団体から脱会した後，本尊が偽物であるなどと主張し，寄付金の返還を求めるに至った。

最高裁判所は，「裁判所がその固有の権限に基づいて審判することのできる対象は，裁判所法三条にいう「法律上の争訟」，すなわち当事者間の具体的な権利義務ないし法律関係の存否に関する紛争であつて，かつ，それが法令の適用により終局的に解決することができるものに限られる」と述べたうえで，本件は，訴訟は具体的な権利義務ないし法律関係に関する紛争の形式をとっているが，その前提として，信仰の対象の価値または宗教上の教義に関する判断を行わなければならず，結局，実質的に法令の適用による終局的な解決の不可能なものであるので，裁判所法3条にいう法律上の争訟にあたらないと判示した（原告らの請求を棄却した）。

(116) ただし，例外的に選挙訴訟（公職選挙法203条，204条）や住民訴訟（地方自治法242条の2）といった民衆訴訟など，具体的な事件性を前提とせずに出訴できる制度を，法律で創設することはできる（客観訴訟）。

(117) この事件の概要は，次のとおりである。1957（昭和32）年7月，米軍が使用する東京都砂川町（現在の立川市）の立川飛行場の拡張工事に対して，1,000人以上の基地反対派の集団が，基地の境界柵外に集合し，境界柵を数十メートルにわたって破壊して，基地内に乱入した。この行為が，日本国とアメリカ合衆国との間の安全保障条約第三条に基く行政協定に伴う刑事特別法2条に違反するとして起訴された。

第1審（東京地判昭和34年3月30日判時180号2頁）は，当該行為が刑事特別法2条に違反する行為に該当すると判示しながらも，駐留米軍は日本国憲法9条2項で保持が禁止される戦力に該当し違憲であることを理由として，刑事特別法2条の規定が憲法31条に違反する無効な法律であると判断し，被告人らに対して無罪を言い渡したため，検察側が最高裁判所に跳躍上告した（刑事事件に関して，地方裁判所または簡易裁判所がした第1審判決に対しては，その判決において法律，命令，規則または処分が憲法に違反するものとした判断について（地方公共団体の条例・規則が法律に違反するとした判断についても），不当であることを理由に，最高裁判所に上告することができる（刑

事訴訟規則254条，刑事訴訟法406条））。

　最高裁判所は，日本国憲法9条が「わが国が主権国として持つ固有の自衛権は何ら否定されたものではなく，わが憲法の平和主義は決して無防備，無抵抗を定めたものではない」と述べたうえで，(1) わが国がその平和と安全を維持するために他国に安全保障を求めることは禁止されておらず，(2) 9条2項にいう戦力とは，わが国がその主体となって指揮権・管理権を行使しうる戦力をいうので，わが国に駐留する外国の軍隊は該当しないと判示した。また，(3) 米軍駐留の合憲性は，いわゆる日米安全保障条約の合憲性の判断が前提となるが，同条約は，対日講和条約と密接不可分の関係にあり，主権国家としてのわが国の存立の基礎に極めて重大な関係をもつ高度の政治性を有するものであって，その合憲性判断は，純司法的機能を使命とする司法裁判所の審査には原則としてなじまないので，「一見極めて明白に違憲無効であると認められない限りは，裁判所の司法審査権の範囲外のものであつて，それは第一次的には，右条約の締結権を有する内閣およびこれに対して承認権を有する国会の判断に従うべく，終局的には，主権を有する国民の政治的批判に委ねられるべき」であると判示した（原判決を破棄し，事件を地方裁判所に差し戻した）。

(118) この事件の概要は，次のとおりである。衆議院議員であった原告は，1952（昭和27）年8月28日の衆議院解散（いわゆる抜き打ち解散）によって，その地位を失った。そこで，原告は，(1) 衆議院の解散は日本国憲法69条所定の内閣不信任決議を待って行われなければならないのに，この解散は7条のみを根拠としてなされた，(2) 解散についての天皇に対する内閣の助言と承認のための適式な閣議を欠いていたなどと主張し，この解散が違憲無効であることを理由に，国に対して，衆議院議員としての資格の確認を求めるとともに，任期満了までの歳費を求める訴訟を提起した。

　最高裁判所は，「直接国家統治の基本に関する高度に政治性のある国家行為のごときはたとえそれが法律上の争訟となり，これに対する有効無効の判断が法律上可能である場合であつても，かかる国家行為は裁判所の審査権の外にあり，その判断は主権者たる国民に対して政治的責任を負うところの政府，国会等の政治部門の判断に委され，最終的には国民の政治判断に委ねられているものと解すべきである。この司法権に対する制約は，結局，三権分立の原理に由来し，当該国家行為の高度の政治性，裁判所の司法機関としての性格，裁判に必然的に随伴する手続上の制約等にかんがみ，特定の明文による規定はないけれども，司法権の憲法上の本質に内在する制約と理解すべきである」と述べたうえで，衆議院の解散は，統治行為にあたり，裁判所の審査の対象外であると判示した（原告の請求を棄却した）。

(119) 最高裁判所は，本件の第1事件では，単位の授与（認定）が，一般市民法秩序と直接の関係を有するものであることを肯認するに足りる特段の事情がない限り司法審査の対象とならないと判示している（なお，教育職員免許法5条1項など，法律上特定の授

業科目の単位の取得が一定の法的資格取得のための前提要件とされている場合には，特段の事情があるとされる可能性もある）。一方，第2事件では，国公立大学における専攻科修了の認定が，学生が一般市民として有する公の施設を利用する権利に関係するものであるため，行政事件訴訟法3条にいう処分に該当する（つまり，司法審査の対象となる）と判断している。後者の趣旨に照らせば，卒業の認定についても，司法審査の対象となるといえる。

(120) 最高裁判所は，地方議会による議員の出席停止の懲罰議決は，これが科されると，その期間，当該議員の議員としての中核的な活動をすることができず，住民の負託を受けた議員としての責務を十分に果たすことができなくなるため，その適否は，もっぱら議会の自主的・自律的な解決に委ねられるべきであるとはいえないとしたうえで，懲罰議決が，議会の自律的な機能に基づいてされたものとして，議会に一定の裁量が認められるべきであるものの，裁判所は常にその適否を判断することができると判示した。

(121) 勇順子「吉川町幼児教室裁判，最高裁勝利への道程」保育情報206号（1994年）23頁に，最高裁判決と上告理由が掲載されている。

(122) 本件幼児教室は，現在はNPO法人によって運営されているが，本件訴訟時には，権利能力なき社団（町内会や同窓会など，法人格を取得せず，したがって，法律上，権利・義務の主体となりえないものの，社団としての実質を備えて活動している任意団体）であった。

(123) 住民訴訟とは，住民からの請求に基づいて，地方公共団体の執行機関または職員の行う違法・不当な行為または怠る事実の発生を防止し，またはこれらによって生じる損害の賠償等を求めることを通じて，地方公共団体の財務の適正を確保し，住民全体の利益を保護することを目的とする制度である。地方公共団体の住民は，監査委員に対して住民監査請求（地方自治法242条）を行ったうえで，違法な財務会計上の行為・怠る事実について予防・是正のための措置を裁判所に対して求めることができる。

　具体的には，(1) 執行機関・職員に対する当該行為の差止めの請求（242条の2第1項1号，当該行為を行った執行機関・職員を被告とする），(2) 行政処分たる当該行為の取消しまたは無効確認の請求（2号，当該行政処分を行った行政庁を被告とする），(3) 執行機関・職員に対する当該怠る事実の違法確認の請求（3号，当該怠る事実に係る執行機関・職員を被告とする），(4) 当該職員または当該行為・怠る事実に係る相手方に損害賠償・不当利得返還の請求をすることを執行機関・職員に対して求める請求（4号，執行機関・職員を被告とする）の4つの類型が地方自治法に設けられている。

　本件では，242条の2第1項1号に基づく請求（1号訴訟）と4号に基づく請求（4号訴訟）が提起されているが，これらの規定は，2002（平成14）年の地方自治法の改正により大きく変更されている。すなわち，1号訴訟に関しては，従来は「回復の困難な損害を生ずるおそれがある場合」に限って違法な財務会計行為の差止めを求めることが認

められていたが，改正によって，この要件は削除されている。また，4号訴訟は構造そのものが大幅に変更された。旧4号訴訟では，住民が，地方公共団体に代位して，団体に被害を与えたり不当利得を得た執行機関・職員個人を被告として，損害賠償請求や不当利得返還請求などの訴えを起こすこととされていたが，改正によって，住民が，地方公共団体の機関としての執行機関・職員を被告として，団体に被害を与えたり不当利得を得た職員・相手方に対する損害賠償請求・不当利得返還請求をすべきことを求める訴訟を提起するものとなった。従来は，代位訴訟として職員の個人責任を追及する形式をとりながら，財務会計行為の前提となっている地方公共団体の政策判断や意思決定を争っていたのが実情であったが，執行機関・職員は裁判に伴う各種の負担を個人として担わざるをえず，地方公共団体としての住民に対する説明責任が十分に果たされなかったり，職員が応訴に伴う負担を恐れて積極的な政策展開を控えたりするなどといった弊害が指摘されていたため，現行の4号訴訟のように，機関としての職員を被告とする構造に改正された。

(124) X は，本件幼児教室と競業する私立幼稚園の理事らである。なお，前町長 Y$_2$ は選挙に敗れ，新たに町長に選ばれたのは私立幼稚園の理事であった。

(125) 私立学校法59条は，「国又は地方公共団体は，教育の振興上必要があると認める場合には，別に法律で定めるところにより，学校法人に対し，私立学校教育に関し必要な助成をすることができる」と，私立学校振興助成法10条は，「国又は地方公共団体は，学校法人に対し，第四条，第八条及び前条に規定するもののほか，補助金を支出し，又は通常の条件よりも有利な条件で，貸付金をし，その他の財産を譲渡し，若しくは貸し付けることができる……」と，規定している。

(126) 予算が政府を拘束するのみで一般国民を直接拘束しないこと，予算の効力は一会計年度に限られていること，提出権が内閣に専属していること，衆議院に先議権があり再議決が認められていることなどの点で，通常の法律とは異なる。

(127) 条例という概念の定義は本文中で示したとおりであるが，この一般的な概念とは別に，日本国憲法94条でいう「条例」が何を指示しているのかについては，別途の検討が必要となる。この点，94条でいう「条例」は，地方議会の制定する形式的意味の条例（地方自治法14条）に限られるのか，長の制定する規則（同法15条）をも含めるのか，あるいは，行政委員会の定める規則（同法138条の4第2項）をも含めるのか，争いがあるが，最広義説が多数説である。具体的には，本件では，町による幼児教室への助成は町長が制定する規則（補助金などの交付手続等に関する規則）に基づき行われたものであるが，この規則も，あくまで法形式としては（法律上は）規則であるが，解釈上，憲法94条にいう「条例」に含まれると解される。

事項索引

判例索引

下級裁判所

第九一条　内閣は、国会及び国民に対し、定期に、少くとも毎年一回、国の財政状況について報告しなければならない。

第八章　地方自治

第九二条　地方公共団体の組織及び運営に関する事項は、地方自治の本旨に基いて、法律でこれを定める。

第九三条　地方公共団体には、法律の定めるところにより、その議事機関として議会を設置する。

２　地方公共団体の長、その議会の議員及び法律の定めるその他の吏員は、その地方公共団体の住民が、直接これを選挙する。

第九四条　地方公共団体は、その財産を管理し、事務を処理し、及び行政を執行する権能を有し、法律の範囲内で条例を制定することができる。

第九五条　一の地方公共団体のみに適用される特別法は、法律の定めるところにより、その地方公共団体の住民の投票においてその過半数の同意を得なければ、国会は、これを制定することができない。

第九章　改正

第九六条　この憲法の改正は、各議院の総議員の三分の二以上の賛成で、国会が、これを発議し、国民に提案してその承認を経なければならない。この承認には、特別の国民投票又は国会の定める選挙の際行はれる投票において、その過半数の賛成を必要とする。

２　憲法改正について前項の承認を経たときは、天皇は、国民の名で、この憲法と一体を成すものとして、直ちにこれを公布する。

第一〇章　最高法規

第九七条　この憲法が日本国民に保障する基本的人権は、人類の多年にわたる自由獲得の努力の成果であつて、これらの権利は、過去幾多の試錬に堪へ、現在及び将来の国民に対し、侵すことのできない永久の権利として信託されたものである。

第九八条　この憲法は、国の最高法規であつて、その条規に反する法律、命令、詔勅及び国務に関するその他の行為の全部又は一部は、その効力を有しない。

２　日本国が締結した条約及び確立された国際法規は、これを誠実に遵守することを必要とする。

第九九条　天皇又は摂政及び国務大臣、国会議員、裁判官その他の公務員は、この憲法を尊重し擁護する義務を負ふ。

第一一章　補則

第一〇〇条　この憲法は、公布の日から起算して六箇月を経過した日から、これを施行する。

２　この憲法を施行するために必要な法律の制定、参議院議員の選挙及び国会召集の手続並びにこの憲法を施行するために必要な準備手続は、前項の期日よりも前に、これを行ふことができる。

第一〇一条　この憲法施行の際、参議院がまだ成立してゐないときは、その成立するまでの間、衆議院は、国会としての権限を行ふ。

第一〇二条　この憲法による第一期の参議院議員のうち、その半数の者の任期は、これを三年とする。その議員は、法律の定めるところにより、これを定める。

第一〇三条　この憲法施行の際現に在職する国務大臣、衆議院議員及び裁判官並びにその他の公務員で、その地位に相応する地位がこの憲法で認められてゐる者は、法律で特別の定をした場合を除いては、この憲法施行のため、当然にはその地位を失ふことはない。但し、この憲法によつて、後任者が選挙又は任命されたときは、当然その地位を失ふ。

✂ 切り取り線に沿って切り取り、ステープラーで留めて、しおりとして使用することができます。

七　大赦、特赦、減刑、刑の執行の免除及び復権を決定すること。

第七四条　法律及び政令には、すべて主任の国務大臣が署名し、内閣総理大臣が連署することを必要とする。

第七五条　国務大臣は、その在任中、内閣総理大臣の同意がなければ、訴追されない。但し、これがため、訴追の権利は、害されない。

第六章　司法

第七六条　すべて司法権は、最高裁判所及び法律の定めるところにより設置する下級裁判所に属する。

　特別裁判所は、これを設置することができない。行政機関は、終審として裁判を行ふことができない。

　すべて裁判官は、その良心に従ひ独立してその職権を行ひ、この憲法及び法律にのみ拘束される。

第七七条　最高裁判所は、訴訟に関する手続、弁護士、裁判所の内部規律及び司法事務処理に関する事項について、規則を定める権限を有する。

　検察官は、最高裁判所の定める規則に従はなければならない。

　最高裁判所は、下級裁判所に関する規則を定める権限を、下級裁判所に委任することができる。

第七八条　裁判官は、裁判により、心身の故障のために職務を執ることができないと決定された場合を除いては、公の弾劾によらなければ罷免されない。裁判官の懲戒処分は、行政機関がこれを行ふことはできない。

第七九条　最高裁判所は、その長たる裁判官及び法律の定める員数のその他の裁判官でこれを構成し、その長たる裁判官以外の裁判官は、内閣でこれを任命する。

　最高裁判所の裁判官の任命は、その任命後初めて行はれる衆議院議員総選挙の際国民の審査に付し、その後十年を経過した後初めて行はれる衆議院議員総選挙の際更に審査に付し、その後も同様とする。

　前項の場合において、投票者の多数が裁判官の罷免を可とするときは、その裁判官は、罷免される。

　審査に関する事項は、法律でこれを定める。

　最高裁判所の裁判官は、法律の定める年齢に達した時に退官する。

　最高裁判所の裁判官は、すべて定期に相当額の報酬を受ける。この報酬は、在任中、これを減額することができない。

第八〇条　下級裁判所の裁判官は、最高裁判所の指名した者の名簿によつて、

内閣でこれを任命する。その裁判官は、任期を十年とし、再任されることができる。但し、法律の定める年齢に達した時には退官する。

　下級裁判所の裁判官は、すべて定期に相当額の報酬を受ける。この報酬は、在任中、これを減額することができない。

第八一条　最高裁判所は、一切の法律、命令、規則又は処分が憲法に適合するかしないかを決定する権限を有する終審裁判所である。

第八二条　裁判の対審及び判決は、公開法廷でこれを行ふ。

　裁判所が、裁判官の全員一致で、公の秩序又は善良の風俗を害する虞があると決した場合には、対審は、公開しないでこれを行ふことができる。但し、政治犯罪、出版に関する犯罪又はこの憲法第三章で保障する国民の権利が問題となつてゐる事件の対審は、常にこれを公開しなければならない。

第七章　財政

第八三条　国の財政を処理する権限は、国会の議決に基いて、これを行使しなければならない。

第八四条　あらたに租税を課し、又は現行の租税を変更するには、法律又は法律の定める条件によることを必要とする。

第八五条　国費を支出し、又は国が債務を負担するには、国会の議決に基くことを必要とする。

第八六条　内閣は、毎会計年度の予算を作成し、国会に提出して、その審議を受け議決を経なければならない。

第八七条　予見し難い予算の不足に充てるため、国会の議決に基いて予備費を設け、内閣の責任でこれを支出することができる。

　すべて予備費の支出については、内閣は、事後に国会の承諾を得なければならない。

第八八条　すべて皇室財産は、国に属する。すべて皇室の費用は、予算に計上して国会の議決を経なければならない。

第八九条　公金その他の公の財産は、宗教上の組織若しくは団体の使用、便益若しくは維持のため、又は公の支配に属しない慈善、教育若しくは博愛の事業に対し、これを支出し、又はその利用に供してはならない。

第九〇条　国の収入支出の決算は、すべて毎年会計検査院がこれを検査し、内閣は、次の年度に、その検査報告とともに、これを国会に提出しなければならない。

　会計検査院の組織及び権限は、法律でこれを定める。

要すると認められるもの以外は、これを公表し、且つ一般に頒布しなければならない。

出席議員の五分の一以上の要求があれば、各議員の表決は、これを会議録に記載しなければならない。

第五八条　両議院は、各々その会議その他の役員を選任する。

両議院は、各々その会議その他の手続及び内部の規律に関する規則を定め、又、院内の秩序をみだした議員を懲罰することができる。但し、議員を除名するには、出席議員の三分の二以上の多数による議決を必要とする。

第五九条　法律案は、この憲法に特別の定のある場合を除いては、両議院で可決したとき法律となる。

衆議院で可決し、参議院でこれと異なった議決をした法律案は、衆議院で出席議員の三分の二以上の多数で再び可決したときは、法律となる。

前項の規定は、法律の定めるところにより、衆議院が、両議院の協議会を開くことを求めることを妨げない。

参議院が、衆議院の可決した法律案を受け取った後、国会休会中の期間を除いて六十日以内に、議決しないときは、衆議院は、参議院がその法律案を否決したものとみなすことができる。

第六〇条　予算は、さきに衆議院に提出しなければならない。

予算について、参議院で衆議院と異なった議決をした場合に、法律の定めるところにより、両議院の協議会を開いても意見が一致しないとき、又は参議院が、衆議院の可決した予算を受け取った後、国会休会中の期間を除いて三十日以内に、議決しないときは、衆議院の議決を国会の議決とする。

第六一条　条約の締結に必要な国会の承認については、前条第二項の規定を準用する。

第六二条　両議院は、各々国政に関する調査を行ひ、これに関して、証人の出頭及び証言並びに記録の提出を要求することができる。

第六三条　内閣総理大臣その他の国務大臣は、両議院の一に議席を有すると有しないとにかかはらず、何時でも議案について発言するため議院に出席することができる。又、答弁又は説明のため出席を求められたときは、出席しなければならない。

第六四条　国会は、罷免の訴追を受けた裁判官を裁判するため、両議院の議員で組織する弾劾裁判所を設ける。

弾劾に関する事項は、法律でこれを定める。

第五章　内閣

第六五条　行政権は、内閣に属する。

第六六条　内閣は、法律の定めるところにより、その首長たる内閣総理大臣及びその他の国務大臣でこれを組織する。

内閣総理大臣その他の国務大臣は、文民でなければならない。

内閣は、行政権の行使について、国会に対し連帯して責任を負ふ。

第六七条　内閣総理大臣は、国会議員の中から国会の議決で、これを指名する。この指名は、他のすべての案件に先だつて、これを行ふ。

衆議院と参議院とが異なった指名の議決をした場合に、法律の定めるところにより、両議院の協議会を開いても意見が一致しないとき、又は衆議院が指名の議決をした後、国会休会中の期間を除いて十日以内に、参議院が、指名の議決をしないときは、衆議院の議決を国会の議決とする。

第六八条　内閣総理大臣は、国務大臣を任命する。但し、その過半数は、国会議員の中から選ばれなければならない。

内閣総理大臣は、任意に国務大臣を罷免することができる。

第六九条　内閣は、衆議院で不信任の決議案を可決し、又は信任の決議案を否決したときは、十日以内に衆議院が解散されない限り、総辞職をしなければならない。

第七〇条　内閣総理大臣が欠けたとき、又は衆議院議員総選挙の後に初めて国会の召集があつたときは、内閣は、総辞職をしなければならない。

第七一条　前二条の場合には、内閣は、あらたに内閣総理大臣が任命されるまで引き続きその職務を行ふ。

第七二条　内閣総理大臣は、内閣を代表して議案を国会に提出し、一般国務及び外交関係について国会に報告し、並びに行政各部を指揮監督する。

第七三条　内閣は、他の一般行政事務の外、左の事務を行ふ。

一　法律を誠実に執行し、国務を総理すること。

二　外交関係を処理すること。

三　条約を締結すること。但し、事前に、時宜によつては事後に、国会の承認を経ることを必要とする。

四　法律の定める基準に従ひ、官吏に関する事務を掌理すること。

五　予算を作成して国会に提出すること。

六　この憲法及び法律の規定を実施するために、政令を制定すること。但し、政令には、特にその法律の委任がある場合を除いては、罰則を設けることができない。

護人の出席する公開の法廷で示されなければならない。

第三五条　何人も、その住居、書類及び所持品について、侵入、捜索及び押収を受けることのない権利は、第三十三条の場合を除いては、正当な理由に基いて発せられ、且つ捜索する場所及び押収する物を明示する令状がなければ、侵されない。
捜索又は押収は、権限を有する司法官憲が発する各別の令状により、これを行ふ。

第三六条　公務員による拷問及び残虐な刑罰は、絶対にこれを禁ずる。

第三七条　すべて刑事事件においては、被告人は、公平な裁判所の迅速な公開裁判を受ける権利を有する。
刑事被告人は、すべての証人に対して審問する機会を充分に与へられ、又、公費で自己のために強制的手続により証人を求める権利を有する。
刑事被告人は、いかなる場合にも、資格を有する弁護人を依頼することができる。被告人が自らこれを依頼することができないときは、国でこれを附する。

第三八条　何人も、自己に不利益な供述を強要されない。
強制、拷問若しくは脅迫による自白又は不当に長く抑留若しくは拘禁された後の自白は、これを証拠とすることができない。
何人も、自己に不利益な唯一の証拠が本人の自白である場合には、有罪とされ、又は刑罰を科せられない。

第三九条　何人も、実行の時に適法であつた行為又は既に無罪とされた行為については、刑事上の責任を問はれない。又、同一の犯罪について、重ねて刑事上の責任を問はれない。

第四〇条　何人も、抑留又は拘禁された後、無罪の裁判を受けたときは、法律の定めるところにより、国にその補償を求めることができる。

第四章　国会

第四一条　国会は、国権の最高機関であつて、国の唯一の立法機関である。

第四二条　国会は、衆議院及び参議院の両議院でこれを構成する。

第四三条　両議院は、全国民を代表する選挙された議員でこれを組織する。
両議院の議員の定数は、法律でこれを定める。

第四四条　両議院の議員及びその選挙人の資格は、法律でこれを定める。但し、人種、信条、性別、社会的身分、門地、教育、財産又は収入によつて差別してはならない。

第四五条　衆議院議員の任期は、四年とする。但し、衆議院解散の場合には、その期間満了前に終了する。

第四六条　参議院議員の任期は、六年とし、三年ごとに議員の半数を改選する。

第四七条　選挙区、投票の方法その他両議院の議員の選挙に関する事項は、法律でこれを定める。

第四八条　何人も、同時に両議院の議員たることはできない。

第四九条　両議院の議員は、法律の定めるところにより、国庫から相当額の歳費を受ける。

第五〇条　両議院の議員は、法律の定める場合を除いては、国会の会期中逮捕されず、会期前に逮捕された議員は、その議院の要求があれば、会期中これを釈放しなければならない。

第五一条　両議院の議員は、議院で行つた演説、討論又は表決について、院外で責任を問はれない。

第五二条　国会の常会は、毎年一回これを召集する。

第五三条　内閣は、国会の臨時会の召集を決定することができる。いづれかの議院の総議員の四分の一以上の要求があれば、内閣は、その召集を決定しなければならない。

第五四条　衆議院が解散されたときは、解散の日から四十日以内に、衆議院議員の総選挙を行ひ、その選挙の日から三十日以内に、国会を召集しなければならない。
衆議院が解散されたときは、参議院は、同時に閉会となる。但し、内閣は、国に緊急の必要があるときは、参議院の緊急集会を求めることができる。
前項但書の緊急集会において採られた措置は、臨時のものであつて、次の国会開会の後十日以内に、衆議院の同意がない場合には、その効力を失ふ。

第五五条　両議院は、各々その議員の資格に関する争訟を裁判する。但し、議員の議席を失はせるには、出席議員の三分の二以上の多数による議決を必要とする。

第五六条　両議院は、各々その総議員の三分の一以上の出席がなければ、議事を開き議決することができない。
両議院の議事は、この憲法に特別の定のある場合を除いては、出席議員の過半数でこれを決し、可否同数のときは、議長の決するところによる。

第五七条　両議院の会議は、公開とする。但し、出席議員の三分の二以上の多数で議決したときは、秘密会を開くことができる。
両議院は、各々その会議の記録を保存し、秘密会の記録の中で特に秘密を

第一二条　この憲法が国民に保障する自由及び権利は、国民の不断の努力によつて、これを保持しなければならない。又、国民は、これを濫用してはならないのであつて、常に公共の福祉のためにこれを利用する責任を負ふ。

第一三条　すべて国民は、個人として尊重される。生命、自由及び幸福追求に対する国民の権利については、公共の福祉に反しない限り、立法その他の国政の上で、最大の尊重を必要とする。

第一四条　すべて国民は、法の下に平等であつて、人種、信条、性別、社会的身分又は門地により、政治的、経済的又は社会的関係において、差別されない。

華族その他の貴族の制度は、これを認めない。

栄誉、勲章その他の栄典の授与は、いかなる特権も伴はない。栄典の授与は、現にこれを有し、又は将来これを受ける者の一代に限り、その効力を有する。

第一五条　公務員を選定し、及びこれを罷免することは、国民固有の権利である。

すべて公務員は、全体の奉仕者であつて、一部の奉仕者ではない。

公務員の選挙については、成年者による普通選挙を保障する。

すべて選挙における投票の秘密は、これを侵してはならない。選挙人は、その選択に関し公的にも私的にも責任を問はれない。

第一六条　何人も、損害の救済、公務員の罷免、法律、命令又は規則の制定、廃止又は改正その他の事項に関し、平穏に請願する権利を有し、何人も、かかる請願をしたためにいかなる差別待遇も受けない。

第一七条　何人も、公務員の不法行為により、損害を受けたときは、法律の定めるところにより、国又は公共団体に、その賠償を求めることができる。

第一八条　何人も、いかなる奴隷的拘束も受けない。又、犯罪に因る処罰の場合を除いては、その意に反する苦役に服させられない。

第一九条　思想及び良心の自由は、これを侵してはならない。

第二〇条　信教の自由は、何人に対してもこれを保障する。いかなる宗教団体も、国から特権を受け、又は政治上の権力を行使してはならない。

何人も、宗教上の行為、祝典、儀式又は行事に参加することを強制されない。

国及びその機関は、宗教教育その他いかなる宗教的活動もしてはならない。

第二一条　集会、結社及び言論、出版その他一切の表現の自由は、これを保障する。

検閲は、これをしてはならない。通信の秘密は、これを侵してはならない。

第二二条　何人も、公共の福祉に反しない限り、居住、移転及び職業選択の自由を有する。

何人も、外国に移住し、又は国籍を離脱する自由を侵されない。

第二三条　学問の自由は、これを保障する。

第二四条　婚姻は、両性の合意のみに基いて成立し、夫婦が同等の権利を有することを基本として、相互の協力により、維持されなければならない。

配偶者の選択、財産権、相続、住居の選定、離婚並びに婚姻及び家族に関するその他の事項に関しては、法律は、個人の尊厳と両性の本質的平等に立脚して、制定されなければならない。

第二五条　すべて国民は、健康で文化的な最低限度の生活を営む権利を有する。

国は、すべての生活部面について、社会福祉、社会保障及び公衆衛生の向上及び増進に努めなければならない。

第二六条　すべて国民は、法律の定めるところにより、その能力に応じて、ひとしく教育を受ける権利を有する。

すべて国民は、法律の定めるところにより、その保護する子女に普通教育を受けさせる義務を負ふ。義務教育は、これを無償とする。

第二七条　すべて国民は、勤労の権利を有し、義務を負ふ。

賃金、就業時間、休息その他の勤労条件に関する基準は、法律でこれを定める。

児童は、これを酷使してはならない。

第二八条　勤労者の団結する権利及び団体交渉その他の団体行動をする権利は、これを保障する。

第二九条　財産権は、これを侵してはならない。

財産権の内容は、公共の福祉に適合するやうに、法律でこれを定める。

私有財産は、正当な補償の下に、これを公共のために用ひることができる。

第三〇条　国民は、法律の定めるところにより、納税の義務を負ふ。

第三一条　何人も、法律の定める手続によらなければ、その生命若しくは自由を奪はれ、又はその他の刑罰を科せられない。

第三二条　何人も、裁判所において裁判を受ける権利を奪はれない。

第三三条　何人も、現行犯として逮捕される場合を除いては、権限を有する司法官憲が発し、且つ理由となつてゐる犯罪を明示する令状によらなければ、逮捕されない。

第三四条　何人も、理由を直ちに告げられ、且つ、直ちに弁護人に依頼する権利を与へられなければ、抑留又は拘禁されない。又、何人も、正当な理由がなければ、拘禁されず、要求があれば、その理由は、直ちに本人及びその弁

日本国憲法

（昭和二一年一一月三日公布　昭和二二年五月三日施行）

日本国民は、正当に選挙された国会における代表者を通じて行動し、われらとわれらの子孫のために、諸国民との協和による成果と、わが国全土にわたつて自由のもたらす恵沢を確保し、政府の行為によつて再び戦争の惨禍が起ることのないやうにすることを決意し、ここに主権が国民に存することを宣言し、この憲法を確定する。そもそも国政は、国民の厳粛な信託によるものであつて、その権威は国民に由来し、その権力は国民の代表者がこれを行使し、その福利は国民がこれを享受する。これは人類普遍の原理であり、この憲法は、かかる原理に基くものである。われらは、これに反する一切の憲法、法令及び詔勅を排除する。

日本国民は、恒久の平和を念願し、人間相互の関係を支配する崇高な理想を深く自覚するのであつて、平和を愛する諸国民の公正と信義に信頼して、われらの安全と生存を保持しようと決意した。われらは、平和を維持し、専制と隷従、圧迫と偏狭を地上から永遠に除去しようと努めてゐる国際社会において、名誉ある地位を占めたいと思ふ。われらは、全世界の国民が、ひとしく恐怖と欠乏から免かれ、平和のうちに生存する権利を有することを確認する。われらは、いづれの国家も、自国のことのみに専念して他国を無視してはならないのであつて、政治道徳の法則は、普遍的なものであり、この法則に従ふことは、自国の主権を維持し、他国と対等関係に立たうとする各国の責務であると信ずる。

日本国民は、国家の名誉にかけ、全力をあげてこの崇高な理想と目的を達成することを誓ふ。

第一章　天皇

第一条　天皇は、日本国の象徴であり日本国民統合の象徴であつて、この地位は、主権の存する日本国民の総意に基く。

第二条　皇位は、世襲のものであつて、国会の議決した皇室典範の定めるところにより、これを継承する。

第三条　天皇の国事に関するすべての行為には、内閣の助言と承認を必要とし、内閣が、その責任を負ふ。

第四条　天皇は、この憲法の定める国事に関する行為のみを行ひ、国政に関する権能を有しない。

天皇は、法律の定めるところにより、その国事に関する行為を委任することができる。

第五条　皇室典範の定めるところにより摂政を置くときは、摂政は、天皇の名でその国事に関する行為を行ふ。この場合には、前条第一項の規定を準用する。

第六条　天皇は、国会の指名に基いて、内閣総理大臣を任命する。

天皇は、内閣の指名に基いて、最高裁判所の長たる裁判官を任命する。

第七条　天皇は、内閣の助言と承認により、国民のために、左の国事に関する行為を行ふ。

一　憲法改正、法律、政令及び条約を公布すること。

二　国会を召集すること。

三　衆議院を解散すること。

四　国会議員の総選挙の施行を公示すること。

五　国務大臣及び法律の定めるその他の官吏の任免並びに全権委任状及び大使及び公使の信任状を認証すること。

六　大赦、特赦、減刑、刑の執行の免除及び復権を認証すること。

七　栄典を授与すること。

八　批准書及び法律の定めるその他の外交文書を認証すること。

九　外国の大使及び公使を接受すること。

十　儀式を行ふこと。

第八条　皇室に財産を譲り渡し、又は皇室が、財産を譲り受け、若しくは賜与することは、国会の議決に基かなければならない。

第二章　戦争の放棄

第九条　日本国民は、正義と秩序を基調とする国際平和を誠実に希求し、国権の発動たる戦争と、武力による威嚇又は武力の行使は、国際紛争を解決する手段としては、永久にこれを放棄する。

前項の目的を達するため、陸海空軍その他の戦力は、これを保持しない。国の交戦権は、これを認めない。

第三章　国民の権利及び義務

第一〇条　日本国民たる要件は、法律でこれを定める。

第一一条　国民は、すべての基本的人権の享有を妨げられない。この憲法が国民に保障する基本的人権は、侵すことのできない永久の権利として、現在及び将来の国民に与へられる。

［著者紹介］

柳瀬　昇（やなせ のぼる）

日本大学法学部教授
1977 年 4 月神奈川県生まれ
慶應義塾大学法学部卒業，大学院法学研究科前期博士課程修了，大学院
政策・メディア研究科後期博士課程単位取得退学
修士（法学）・博士（政策・メディア）（慶應義塾大学）
信州大学専任講師，准教授，駒澤大学准教授，日本大学准教授を経て，
現職
カリフォルニア大学バークレー校客員研究員
憲法学専攻
主要著書『裁判員制度の立法学—討議民主主義理論に基づく国民の司法
　　　　　参加の意義の再構成』（日本評論社，2009 年）
　　　　『熟慮と討議の民主主義理論—直接民主制は代議制を乗り越え
　　　　　られるか』（ミネルヴァ書房，2015 年）

教育判例で読み解く憲法　第 2 版

2013 年 4 月 5 日　　第 1 版第 1 刷発行
2017 年 1 月 30 日　　第 1 版第 4 刷発行
2021 年 1 月 30 日　　第 2 版第 1 刷発行
2023 年 8 月 10 日　　第 2 版第 2 刷発行

著　者　柳瀬　昇

発行者　田中千津子

〒 153-0064　東京都目黒区下目黒 3-6-1
電話　03（3715）1501 ㈹
FAX　03（3715）2012

発行所　株式
　　　　会社 **学 文 社**

https://www.gakubunsha.com

印　刷　シナノ印刷㈱

ISBN978-4-7620-3052-9